***ACCESO GRATIS** a la Lectura en la Nube*

Para visualizar el libro electrónico en la nube de lectura envíe junto a su nombre y apellidos una fotografía del código de barras situado en la contraportada del libro y otra del ticket de compra a la dirección:

ebooktirant@tirant.com

En un máximo de 72 horas laborables le enviaremos el código de acceso con sus instrucciones.

10 AÑOS DE VIGENCIA DE LA CARTA VALENCIANA DE DERECHOS SOCIALES

DE LA LETRA DE LA LEY A SU DESPLIEGUE NORMATIVO

Procedimiento de selección de originales, ver página web:
www.tirant.net/index.php/editorial/procedimiento-de-seleccion-de-originales

10 AÑOS DE VIGENCIA DE LA CARTA VALENCIANA DE DERECHOS SOCIALES

DE LA LETRA DE LA LEY A SU DESPLIEGUE NORMATIVO

MARIANO VIVANCOS
Universitat de València

tirant lo blanch
Valencia, 2024

En caso de erratas y actualizaciones, la Editorial Tirant lo Blanch publicará la pertinente corrección en la página web www.tirant.com.

© TIRANT LO BLANCH
EDITA: TIRANT LO BLANCH
C/ Artes Gráficas, 14 - 46010 - Valencia
TELFS.: 96/361 00 48 - 50
FAX: 96/369 41 51
Email: tlb@tirant.com
www.tirant.com
Librería virtual: www.tirant.es
DEPÓSITO LEGAL: V-690-2024
ISBN: 978-84-1197-682-4
MAQUETA: Tink Factoría de Color

Si tiene alguna queja o sugerencia, envíenos un mail a: *atencioncliente@tirant.com*. En caso de no ser atendida su sugerencia, por favor, lea en *www.tirant.net/ index.php/empresa/politicas-de-empresa* nuestro procedimiento de quejas.

Responsabilidad Social Corporativa: http://www.tirant.net/Docs/RSCTirant.pdf

Índice

Prólogo

LOS DERECHOS SOCIALES DEL S. XXI

I
El reconocimiento de derechos sociales y su contenido prestacional

Una plasmación del estado del bienestar en su moderna concepción es, en nuestros días, la ampliación del alcance de los derechos con contenido prestacional. Este ensanchamiento de los derechos se ha hecho especialmente evidente en nuestro derecho interno en los años precedentes a la crisis económica de 2008, probablemente a raíz de una situación de bonanza económica. En este sentido, hay que recordar que el reconocimiento de derechos de carácter prestacional no solo se limitó, en el Estado, a la Ley 39/2006, de 14 de diciembre, de Promoción de la Autonomía Personal y Atención a las personas en situación de Dependencia, comúnmente conocida como *Ley de Dependencia*, pues también algunos Estatutos de Autonomía introdujeron en su articulado derechos con este perfil.

El primero de ellos es el de la *Comunitat Valenciana* cuya reforma operada por Ley Orgánica 1/2006, de 10 de abril, introdujo un novedoso y polémico —desde el punto de vista doctrinal[1]— Título II intitulado "De los derechos de los valencianos y las valencianas" —de desafortunada redacción y sistemática— con referencias expresas a derechos de tipo social, como anuncia su art. 10 que proclama que la Generalitat defenderá y promoverá los derechos sociales de los

---

1 Se debatió intensamente sobre si era posible que los Estatutos de autonomía podían reconocer derechos subjetivos. Téngase en cuenta que no está entre los contenidos del art. 147.2 CE —"*Los Estatutos deberán contener…*—. Vid. al respecto, y por todos, las aportaciones en contra de Luis María Díez-Picazo, "¿Pueden los Estatutos de Autonomía declarar derechos, deberes y principios?", en *Revista Española de Derecho Constitucional*, nº 78, y a favor, en el nº siguiente de la misma Revista, de Francisco Caamaño, en "Sí, pueden (Declaraciones de derechos y Estatutos de Autonomía)".

valencianos y a tal fin, mediante ley, se había de elaborar una Carta de Derechos Sociales[2].

Los Estatutos de nueva generación —los reformados durante la VIII Legislatura de las Cortes Generales— siguieron la senda iniciada por la reforma del valenciano y así se constata en los nuevos textos catalán[3], andaluz[4], balear[5], o aragonés[6], donde se prevén títulos específicos dedicados a derechos, libertades, deberes y principios manifestación, cuyo objetivo genérico es reforzar las grandes líneas de acción en el ámbito social por parte de las Comunidades Autónomas.

Estos reconocimientos estatutarios han sido desarrollados en los años siguientes a su entrada en vigor, legal e incluso reglamentariamente (*v.gr.* Ley 9/2007, de 12 de marzo, de Renta Garantizada de Ciudadanía de la *Comunitat Valenciana*).

Bien es verdad que, tal y como señaló el Tribunal Constitucional en su STC 247/2007, los derechos estatutarios así enunciados presentan como rasgo distintivo el de no ser ejercitables de modo directo e inmediato en vía jurisdiccional, "*pues sólo podrán serlo cuando los poderes*

---

2 Con anterioridad a la reforma del Estatuto, las Cortes Valencianas habían aprobado diversas leyes sobre derechos sociales, como la Ley 11/2003, de Estatuto de personas con discapacidad; la Ley 15/2008, de integración de personas inmigrantes; la Ley 6/2009, de protección de la maternidad; o la Ley 18/2010, sobre juventud.

3 Reforma operada por Ley Orgánica 6/2006, de 19 de julio (BOE de 20 de julio de 2006) que recoge en los arts. 15 a 54 un exhaustivo y amplio catálogo. Así, el Título I referido a *"Derechos, deberes y principios rectores"*, se subdivide a su vez en el Capítulo I (*"Derechos y deberes del ámbito civil y social"*), Capítulo II (*"Derechos en el ámbito político y de la Administración"*), Capítulo III (*"Derechos y deberes lingüísticos"*), Capítulo IV (*"Garantías de los derechos estatutarios"*), y Capítulo V (*"Principios rectores"*).

4 El reformado Estatuto de Andalucía dedica el Título I (arts. 12 a 41) a los *"Derechos sociales, deberes y políticas públicas"*. En éste, el Capítulo I alude a las *"disposiciones generales"*, el II a los *"Derechos y deberes"*, el Capítulo III sobre los *"Principios rectores de las políticas públicas"*, y el IV acerca de las "Garantías".

5 El reformado Estatuto de las Islas Baleares, dedica su Título II (arts. 12 a 27) a los *"De los derechos, los deberes y las libertades de los ciudadanos de las Illes Balears"*, sin división alguna en capítulos.

6 También el Estatuto de Aragón prevé un nuevo título dedicado a los derechos de los aragoneses.

autonómicos lo instrumenten y aún ello, de acuerdo con la CE y la legislación estatal".

Y es que, aunque formalizados en su dicción como derechos, se sitúan en la órbita de las directrices, objetivos básicos o mandatos dirigidos a los poderes públicos valencianos.

La mayoría de estos nuevos derechos, con un perfil claramente social, no encuentran un reconocimiento expreso en la Constitución, por lo que su origen es legal o, en su caso, estatutario. Ello tiene su lógica si se atiene a las circunstancias en las que se elaboró la Constitución, en 1978, tanto económicas como jurídicas. Ahora bien, consideramos que encuentra fácilmente cobertura constitucional en tanto que plasmación de principios rectores efectivamente enunciados en la Carta Magna, tales como el previsto en el artículo 49 de la Constitución. Y todo ello, sin obviar la proyección que sobre estos derechos tiene el derecho de igualdad consagrado en el artículo 14, según reconoció el Consejo de Estado en su dictamen sobre el anteproyecto de Ley de Dependencia y el mandato del art. 9.2 que prescribe que corresponde a los poderes públicos promover las condiciones para que la libertad y la igualdad del individuo y de los grupos en que se integra sean reales y efectivas y, a tal fin, mandata, igualmente, remover los obstáculos que impidan o dificulten su plenitud.

Estos derechos *nuevos* tienen un claro perfil prestacional. Y es aquí donde echa sus raíces buena parte del debate político y social que generó en nuestro país la Ley 39/2006, de 14 de diciembre, de promoción de la autonomía personal y atención a las personas en situación de dependencia. Los derechos civiles y políticos, los llamados derechos de primera y segunda generación, son básicamente derechos de libertad, que reconocen esferas de libertad a los ciudadanos. Los derechos de tercera generación, los derechos culturales, sociales y económicos, son en buena medida prestacionales e implican una acción positiva por parte de los poderes públicos para hacerlos efectivos.

Una discusión previa a la aprobación de la Ley de Dependencia, en medios políticos y académicos, abordaba la cuestión de las prestaciones que esta reconoce a partir de dos soluciones distintas: la ampliación del catálogo de prestaciones de la Seguridad Social; o el reconocimiento de un derecho subjetivo universal a obtener las prestaciones. La opción del legislador fue esta última. Y así se plasma en el artículo 1 de la Ley: "*La presente Ley tiene por objeto regular las condiciones básicas que garanticen la igualdad en el ejercicio del* ***derecho subjetivo de ciudadanía*** *a la promoción de la autonomía personal y atención a las personas en situación de dependencia …*".

Según algunas interpretaciones esta opción del legislador está íntimamente relacionada con la financiación de las prestaciones. Esto es así porque si las prestaciones reconocidas se incardinaban en el sistema de la Seguridad Social, su coste era asumido íntegramente por el Estado en base a las cotizaciones con las que se nutre la Seguridad Social. Dado lo ambicioso del sistema prestacional que se pretendía implantar, se hubiera puesto en situación muy delicada a la Seguridad Social. En cambio, la opción de crear un sistema autónomo de los actuales sistemas de previsión social, vinculándolo a una financiación a través del sistema impositivo permitía al legislador, por una parte, no poner en riesgo financiero la Seguridad Social, y por otra parte, implicar a las Comunidades Autónomas en la financiación de las nuevas prestaciones, ya que en su mayoría se corresponden con ámbitos competenciales autonómicos.

Como se ve claramente, el reconocimiento de un nuevo derecho "de ciudadanía" viene en cierta manera vinculado a la financiación de las prestaciones y, lo que es más importante, a la efectividad de los derechos reconocidos.

La principal crítica que recibió la Ley de Dependencia –y es un dato que se puede comprobar constantemente en la prensa– es precisamente la deficiencia de su previsión de financiación. Algunos autores[7] apuntaron que las previsiones contenidas en la memoria económica del Anteproyecto de Ley se realizaron "a la baja", lo que junto con una gradualidad considerada podía suponer la pérdida de efectividad del reconocimiento de derechos realizado por la Ley indicada norma legal.

---

[7] Monereo Pérez, J.L., y otros, *La protección jurídica de las situaciones de dependencia: estudio sistemático de la Ley de 39/2006, de 14 de diciembre, de promoción de la autonomía personal y atención a las personas en situación de dependencia.* Comares, 2007, págs. 235 y ss.

La clave de bóveda del Sistema de Autonomía y Atención a la Dependencia es, pues, su financiación, los recursos que las Administraciones Públicas, principalmente, vayan a destinar a la implementación de las prestaciones previstas. Así lo puso de relieve el Comité Económico y Social al pronunciarse sobre el Anteproyecto.

El mecanismo de financiación está íntimamente ligado a la existencia de tres niveles de protección:

1. El primer nivel, de carácter mínimo, igual en todo el país, costeado íntegramente por la Administración General del Estado con cargo a sus presupuestos.
2. El segundo nivel, complementario del anterior, podrá ser pactado por el Estado con cada Comunidad Autónoma, siendo cofinanciado por el Estado y la respectiva Comunidad Autónoma.
3. Un último nivel, que la Ley llama adicional, financiado íntegramente por la Comunidad Autónoma.

La particularidad de este sistema es que, si bien los niveles mínimo y adicional tienen una financiación clara, la aportación de las Comunidades Autónomas al nivel intermedio deberá ser equivalente a la aportación que realice el Estado para financiar ese nivel de protección y el nivel mínimo, no podrá ser superior ni inferior. Esta previsión fundamentó la interposición de un recurso de inconstitucionalidad contra la Ley por el Gobierno de Navarra que, no obstante, fue posteriormente retirado.

Además, la Ley prevé la participación de los usuarios en función de su disponibilidad de renta (art. 33).

Así, *a priori*, solo las prestaciones del nivel mínimo son previsibles y ello teniendo en cuenta que las prestaciones de carácter económico no son determinadas *ex lege* sino que son diferidas a un Real Decreto posterior[8] (art. 20) que debe actualizarse anualmente. El resto de

---

8 Real Decreto 614/2007, de 11 de mayo, sobre nivel mínimo de protección del Sistema para la Autonomía y Atención a la Dependencia garantizado por la Administración General del Estado y Real Decreto 727/2007, de 8 de junio, sobre criterios para determinar las intensidades de protección de los

prestaciones y, en consecuencia, su cuantificación, queda a expensas de los acuerdos que se suscriban entre el Estado y las Comunidades Autónomas o al criterio de éstas últimas si deciden aplicar el nivel avanzado o no. En consecuencia, el monto económico que implica la implementación del SAAD es, de hecho, indeterminado y lo que es peor, constantemente cambiante hasta el punto que podría darse el caso de que prestaciones de los niveles intermedio y avanzado pudieran desaparecer, una vez reconocidas, en función de las disponibilidades presupuestarias.

II
La importancia de la memoria económica para garantizar la eficacia del contenido prestacional de los derechos sociales

Estas reflexiones sobre el caso concreto vienen a dar soporte a la importancia, que ha sido puesta de manifiesto de manera reiterada por los órganos consultivos y, en nuestro caso, por el *Consell Jurídic Consultiu* especialmente, de la incorporación de una adecuada memoria económica al expediente de los correspondientes anteproyectos de ley y de los proyectos de normas reglamentarias, lo que adquiere notable relevancia cuando se trata de normas cuya aplicación va a comportar una carga evidente para los fondos públicos.

En el caso del Estado, el artículo 26.3.d) de la Ley 50/1997, de Gobierno prescribe la necesidad de esta memoria entre los informes que han de acompañar a un anteproyecto de ley. Memoria que deberá contener una estimación del coste a que dará lugar la aplicación de la Ley. En el caso de la Ley de Dependencia, como puso de relieve el Consejo de Estado[9], la memoria económica incorporada no contemplaba la previsión de las aportaciones de las Comunidades Autónomas, algo que podía parecer obvio al tener en cuenta que se

servicios y la cuantía de las prestaciones económicas de la Ley 39/2006, de 14 de diciembre, de Promoción de la Autonomía Personal y Atención a las personas en situación de dependencia.

9 Dictamen 336/2006, de 23 de marzo.

trataba de una norma estatal, pero que en el caso concreto reducía ostensiblemente la viabilidad del SAAD definido por la Ley.

El trámite de la memoria económica está encaminado al objetivo de garantizar la "factibilidad de las normas", esto es, el estudio sobre el coste de su posible puesta en práctica, parámetro económico indisociable de la viabilidad de la norma proyectada.

Este trámite esencial persigue la utilización eficaz de los recursos económicos del Estado o de las Comunidades Autónomas y, por tanto, a satisfacer el principio constitucional de eficacia (artículo 103.1 de la Constitución) en su vertiente de eficiencia de la Administración Pública en la programación y desarrollo de objetivos y control de la gestión y de los resultados, así como el principio democrático de transparencia en la toma de decisiones.

Y lo que es más importante en el caso de normas reconocedoras de derecho sociales —como la Ley de Dependencia o la Lay de la Generalitat 4/2012, que aprobó la Carta de Derechos Sociales— no crear frustración en las legítimas expectativas de los ciudadanos.

La preceptividad de la exigencia de la memoria económica aparece por primera vez en la Orden de Presidencia del Gobierno de 4 de febrero de 1980 (BOE de 9 de febrero siguiente), por la que se aprobaron las *"normas para la elaboración de la memoria Económica justificativa de los proyectos de Leyes y disposiciones administrativas"*[10].

---

10 Los tres artículos de la citada Orden eran del siguiente tenor:
1º Todo anteproyecto de Ley o proyecto de disposición administrativa cuya aplicación pueda suponer un incremento de gastos o disminución de ingresos públicos, deberá incluir, entre los antecedentes y estudios previos, una Memoria Económica en la que se ponga de manifiesto debidamente evaluados, cuantos datos resulten precisos para conocer las posibles repercusiones presupuestarias de su ejecución.
2º La Memoria económica deberá contener, como mínimo, los siguientes apartados, elaborados de acuerdo con los modelos que se acompañan en anexo:

a) Gastos presupuestarios y fiscales, ocasionados a partir de su entrada en vigor, con distinción de: gastos de primer establecimiento, y demás de funcionamiento, especialmente cuando deriven de la entrada de servicio de nuevas inversiones; subvenciones y demás gastos corrientes; gas-

El estudio económico debe abordarse, por tanto, desde dos perspectivas:

1. En primer lugar, teniendo en cuenta la relación entre el coste que puede comportar la aplicación de la norma proyectada y las disponibilidades presupuestarias de la Administración correspondiente. Sería absurda la aprobación de una norma que comportara un excesivo gasto que ni estuviera presupuestado, ni racionalmente pudiera estarlo. Por ello, en algún caso se exige también que, si de la memoria económica del anteproyecto se desprende que la aplicación de la futura norma puede comportar incremento de gasto en el ejercicio de inicio de su eficacia o en cualquier ejercicio posterior, deberá recabarse un informe preceptivo y vinculante del Departamento competente en materia de Hacienda.

Tal ocurre en la Comunidad Valenciana en la que la Ley 5/83, de 30 de diciembre, del *Consell*, exige en su artículo 42 que todo anteproyecto de Ley vaya acompañado de una memoria económica, y el artículo 26.1 de la Ley 1/2015, de Hacienda, Sector Público y

---

tos de inversión, transferencias de capital y operaciones financieras, y gastos fiscales.

b) Financiación de los gastos presupuestarios, con expresión de los recursos o ingresos generados por la disposición, en su caso; propuestas de baja en créditos presupuestarios sobrantes; solicitud de nuevas dotaciones presupuestarias; operaciones de crédito exterior o interior, y fuentes de financiación al margen de los Presupuestos Generales del Estado.

c) Memoria explicativa, en la que se describirán los antecedentes y justificación de la necesidad de la disposición; tabla de correspondencia entre los preceptos y evaluación de los gastos; en su caso, descripción del programa presupuestario en que se inserta y modificaciones que implica en función de los objetivos perseguidos, y evaluación económica y social de su aplicación.

3º De acuerdo con lo dispuesto en el artículo 3 del Real Decreto 2855/1979, de 21 de diciembre la Memoria económica deberé ser informada por la Oficina Presupuestaria del Departamento, con carácter previo a la elevación al órgano de decisión competente, del anteproyecto de Ley o proyecto de disposición administrativa, al cual acompañará.

Posteriormente, en los Anexos, se concretan una serie de instrucciones relativas a los posibles gastos de personal, otros gastos corrientes, gastos fiscales y gastos financieros.

Subvenciones, que determina la obligatoriedad del Informe preceptivo y vinculante de la *Conselleria* competente en materia de Hacienda respecto a la adecuación de la norma proyectada a las disponibilidades presupuestarias e incluso a los límites de los escenarios presupuestarios plurianuales. Ahora bien, este Informe no será necesario siempre que en el texto que se someta a aprobación o autorización del *Consell* se incluya, a través de la incorporación de un apartado, artículo, disposición o cláusula específica, una referencia expresa a la no incidencia presupuestaria de la actuación en cuestión.

En el caso de la Ley de Dependencia, como he comentado anteriormente, la imposibilidad de una adecuada previsión presupuestaria que pudieran ser valorada en la memoria económica se basaba en tres circunstancias particulares:

a) el diferimiento en el tiempo de la implementación de la norma.

b) la indeterminación de la aportación que debieran realizar las CC.AA. en función de los niveles de prestación que implementen. Y

c) la indeterminación de la cuantía de las prestaciones que la propia Ley reconoce.

Esta indeterminación cuantitativa no solo afecta, por tanto, al momento previo a la aprobación de la Ley, sino que a pesar del mandato de suficiencia de recursos (art. 32.1) y la necesaria estabilidad del sistema que se desprende de la Ley, la incertidumbre derivada del régimen convencional con el que se aplican los otros niveles de protección tendrá su inevitable traslación a la financiación.

La relevancia de la memoria económica se evidencia en diversos pronunciamientos del Tribunal Supremo, Sala de lo contencioso-administrativo[11], llegando incluso a declarar la nulidad de una norma reglamentaria por insuficiencia en la memoria de impacto normativo de un análisis de las repercusiones económicas y presupuestarias[12].

---

11 Por ejemplo, en la STS 27-11-2006.

12 SSTS 12.12.2016 y 902 y 903/2014). Vid también, dictámenes del Consejo de Estado 254/2018 (que contiene, al respecto, una observación de carácter esencial) y 57/2019.

Dicho lo anterior, hay que indicar que la memoria económica no puede considerarse como una mera cláusula de estilo tal y como ha advertido el Consejo de Estado[13], que ha destacado la importancia de la existencia de los adecuados medios económicos para poder hacer frente de forma correcta a los derechos y obligaciones que establezcan las disposiciones de carácter general, pues si una norma carece de respaldo presupuestario necesario para su efectiva aplicación puede quedar vacía de contenido.

No obstante, la ausencia de memoria económica no puede considerarse causa invalidante de un proyecto de ley ni, desde luego, de la ley que apruebe el Parlamento. Sin embargo, la importancia de aquella ha propiciado, como he indicado, algún pronunciamiento jurisprudencial declarando la nulidad de una disposición de carácter reglamentario, por contraria a derecho, al haberse aprobado sin la previa elaboración de la correspondiente memoria económica, pues, *"no es indiferente la existencia o no, con las debidas formalidades y contenido, de una verdadera memoria económica financiera como estudio antecedente de la decisión normativa que no puede soslayarse o cumplirse formulariamente"*[14].

Ahora bien, la memoria económica tiene un carácter finalista, esto es, ha de cumplir un objetivo concreto que es el de evaluar el coste de aplicación de la norma y de constatar que existen fondos suficientes para hacer frente a ello. En ocasiones puede ocurrir que los gastos que pueda generar la aplicación de una norma puedan ser atendidos con cargo a las correspondientes partidas presupuestarias del Presupuesto de un determinado Departamento, en cuyo caso así se debe hacer constar. En otras ocasiones, del expediente puede deducirse claramente que de la aplicación de la norma proyectada no va a derivar impacto económico alguno para el sector público, en cuyo caso puede considerarse innecesaria la memoria económica, como así ha tenido ocasión de señalar el Tribunal Supremo, entre otras en sus Sentencias de 26 de enero y de 1 de febrero de 2000.

---

13 Dictámenes 4242 y 2646 de 1996, entre otros.

14 *Vid.* Sentencias del Tribunal Supremo de 19 de mayo de 2000 y de 2 de abril de 2001, entre otras. Asimismo, la Sentencia del Tribunal Superior de Justicia de la Comunidad Valenciana nº 591/2003, de 8 de abril.

2. La segunda perspectiva desde la que debe abordarse el estudio económico es la de la relación entre el coste y el beneficio de la norma que se pretende aprobar, de cuyo estudio se ocupó ampliamente LÓPEZ JALLE[15], quien advirtió que la forma en que el sector público ha de calcular los gastos y beneficios es diferente que la del sector privado. No obstante, en el caso de la Ley de Dependencia, como se ha dicho, la memoria económica incluye una previsión de la repercusión que sobre el mercado laboral vaya a tener la aplicación de la norma, previsiones que por otra parte, son cuestionadas por parte de la doctrina[16].

III
Consideración conclusiva

El estado de bienestar comporta el progresivo reconocimiento de derechos de carácter social y su incorporación al elenco, cada vez mayor, de prestaciones públicas. El ciudadano es cada vez más exigente y la sociedad más solidaria, aunque en ocasiones, a mi juicio, se incluyen prestaciones que nada tienen que ver con las necesidades que toda persona precisa para un desarrollo de una vida digna pues se pretende que los poderes públicos atiendan también las más variadas actividades cuyo coste deberíamos asumir los ciudadanos. Y ello sin olvidar, que para conjugar la igualdad de todas las personas ante la ley, en ocasiones, se reconocen prestaciones de tipo económico a quienes no las necesitan, si tenemos en cuenta su capacidad económica y situación patrimonial.

Por otra parte, hay que tener en cuenta que los recursos públicos no son ilimitados y que, por tanto, no se debe aspirar a transformar la realidad *ex lege* sin valorar ni contemplar la eficacia real de las nor-

---

15 López Jalle, Y, "La elaboración de las normas: propuesta de la Administración de la Generalitat de Cataluña", en AA.VV., *La Técnica legislativa a debate.* Tecnos (1994), págs. 180-181.

16 *Vid.* Monereo Pérez, J.L. y otros, *La protección jurídica de las situaciones de dependencia: estudio sistemático de la Ley de 39/2006, de 14 de diciembre, de promoción de la autonomía personal y atención a las personas en situación de dependencia,* cit. págs. 243 y ss.

mas. La Ley, *per se* no tiene el valor taumatúrgico que muchas veces pretende el legislador.

Una correcta tramitación de las fases previas al proceso legislativo, el llamado procedimiento prelegislativo, permite al legislador y a los operadores jurídicos una adecuada valoración de la efectividad que vaya a tener la norma una vez aprobada. En este sentido, la veracidad de la memoria económica constituye una garantía de eficacia y eficiencia de las medidas adoptadas.

Y todo ello para evitar la frustración de los ciudadanos que pueden comprobar cómo el necesario reconocimiento de un derecho no viene acompañado de una virtualidad en el ejercicio del mismo.

El desarrollo en nuestros ordenamientos jurídicos de un cada vez más amplio catálogo de derechos de corte social que implican una prestación por parte de los poderes públicos, en mi opinión, debe trasladarse, en el ámbito de los procesos legislativo y reglamentario, a un mayor rigor en la elaboración de las correspondientes memorias económicas y presupuestarias de suerte que dejen de ser un mero trámite burocrático más en el procedimiento, como muchas veces parece que sucede.

Lo contrario, nos abocará a legislaciones ineficaces, frustrantes y lo que es peor, a constantes reformas normativas para conseguir adecuar las normas y la práctica administrativa a los fines perseguidos.

La monografía que tengo el honor de prologar presenta un completo panorama de los derechos sociales vinculados a servicios básicos, a la dependencia, a la vivienda social, a la diversidad y política de identidad…todo ello en el ámbito de la *Comunitat Valenciana*, al cumplirse diez años de la vigencia de la Ley 4/2012, de 15 de octubre, que aprobó la Carta de derechos sociales.

Siempre es una satisfacción prologar un libro, en primer lugar, por el hecho mismo del nacimiento de una obra, ésta, en el ámbito jurídico; y, en segundo lugar, por la deferencia de su autor al escoger al prologuista, elección que se justifica en este caso por la estrecha relación académica que nos une, forjada fundamentalmente en el Departamento de Derecho Constitucional, Ciencia Política y de la Administración y por los lazos de amistad que se han ido conformando progresivamente. Mariano Vivancos Comes, el autor, además de profesor de Derecho Constitucional de la Universitat de Valencia ha ostentado cargos de responsabilidad en la Administración autonómica —algunos de ellos en el ámbito del bienestar social— lo que que le aporta una visión práctica que enriquece, sin duda alguna, la simple investigación de laboratorio y que dota a su obra de una perspectiva que resulta especialmente útil.

A la vez que felicito al Dr. Vivancos por el resultado de su esfuerzo, le animo a que continúe desarrollando su vocación universitaria —en su doble faceta docente e investigadora— porque son muchos los éxitos que de tal dedicación le esperan. Estoy seguro que la lectura de las páginas que siguen será fructífera para quienes deseen acercarse a la problemática que encierra la configuración de los derechos sociales, tan de actualidad en estos tiempos.

Vicente Garrido Mayol
Catedrático de Derecho Constitucional
de la Universitat de Valencia

I. Introducción: 10 años de la Ley 4/2012, de 15 de octubre, que aprueba la primera Carta social valenciana

El pasado día 15 de octubre la *Carta valenciana de Derechos Sociales* (aprobada mediante Ley autonómica 4/2012, de 15 de octubre[1]) cumplía una década de vigencia. Tras la Carta vasca (2011)[2] la valenciana es la segunda de similares características que, dando cumplimiento a un mandato estatutario ampliamente generalizado[3],

---

1 DOCV núm. 6884, de 18 de octubre de 2012, pp. 28978-28990; y BOE núm. 268, de 7 de noviembre de 2012, pp. 78063 a 78078.

2 Aprobada mediante Ley 10/2000, de 27 de diciembre, de Carta de Derechos Sociales (BOPV núm. 249, de 30 de diciembre de 2000; y BOE núm. 299, de 13 de diciembre de 2011, pp. 134137-134141) en desarrollo del art. 9.2 del Estatuto de Autonomía para el País Vasco (Ley Orgánica 3/1979, de 18 de diciembre, de Estatuto de Autonomía para el País Vasco. BOE núm. 306, de 22 de diciembre de 1979 y BOPV núm. 32, de 12 de enero de 1980) que ordena a los poderes públicos vascos que, en el ámbito de su competencia, garanticen "el adecuado ejercicio de los derechos y deberes fundamentales de la ciudadanía, impulsen una política tendente a mejorar las condiciones de vida y de trabajo, fomenten el incremento del empleo y la estabilidad económica, promuevan las condiciones y remuevan los obstáculos para que la libertad y la igualdad de las personas y de los grupos en que se integran sean efectivas y reales y faciliten la participación de todas las ciudadanas y de todos los ciudadanos en la vida política, económica y cultural de Euskadi". Esta ley, además, es fruto (como expresa su propio Preámbulo) de una iniciativa legislativa popular destina a regular el reparto del trabajo y la renta básica en Euskadi.

3 Ley Orgánica 6/2006, de 19 de julio, de reforma del Estatuto de Autonomía de Cataluña (DOGC núm. 4680 y BOE núm. 172, de 20 de julio de 2006) contemplaba una declaración de derechos, deberes y principios rectores (Tit. I, arts. 15-54) y la previsión de una Carta de los derechos y deberes de los ciudadanos de Cataluña, aprobada mediante ley autonómica (art. 37.2) que no ha llegado a materializarse. Anteriormente, se había aprobado por el Consell Executiu de la Generalitat de Catalunya el 24 de julio de 2001 una Carta de derechos y deberes de los ciudadanos en relación con la salud y la atención sanitaria, documento que puede consultarse en la siguiente

materializa una reserva legal para su desarrollo (a diferencia de la madrileña que la configura como Carta de servicios[4]) y proyecta un

---

dirección web: https://ico.gencat.cat/web/.content/minisite/ico/ciutadans/documents/arxius/carta_derechos_y_deberes.pdf

En la Ley Orgánica 1/2007, de 28 de febrero, de reforma del Estatuto de Autonomía de las Illes Balears (BOIB núm. 32 y BOE núm. 52, de 1 de marzo de 2007) figuran los derechos, deberes y libertades de los ciudadanos de las Illes Balears (Tít. I, arts. 13 a 29), destacando el mandato contenido en el art. 16.2 ("Mediante una ley del Parlamento se elaborará la Carta de Derechos Sociales de la Comunidad Autónoma de las Illes Balears, como expresión del espacio cívico de convivencia social de los ciudadanos de las Illes Balears, que contendrá el conjunto de principios, derechos y directrices que informan la actuación pública de las Administraciones públicas de las Illes Balears en el ámbito de la política social") de similar redacción al valenciano. En desarrollo de tal previsión se comenzaría a tramitar un Anteproyecto de ley de Carta de Derechos Sociales, llegando a ser informado por el CES (dictamen. 27/2010) sin llegar a culminar su tramitación.

Igualmente, la Ley Orgánica 2/2007, de 19 de marzo, de reforma del Estatuto de Autonomía para Andalucía (BOJA núm. 56 y BOE núm. 68, de 20 de marzo de 2007) concreta los derechos sociales, deberes y políticas públicas (Tit. I, arts. 12-41) sin llegar, si quiera, a plantear la existencia de una Carta de similares características; probablemente debido a la exhaustiva regulación incorporada a nivel estatutario.

Por último, la Ley Orgánica 14/2007, de 30 de noviembre, de reforma del Estatuto de Autonomía de Castilla y León (BOE núm. 288, de 1 de diciembre de 2007 y BOCYL núm. 234, de 3 de diciembre de 2007) también concreta los derechos y principios rectores (Tit. I, arts. 7-18) mandatándose que sólo por ley podrá desarrollarse el capítulo referido a los derechos (art. 17.2). Habiéndosele dado, parcialmente cumplimiento, a través de la Ley 2/2010, de 11 de marzo, de Derechos de los Ciudadanos en sus relaciones con la Administración de la Comunidad de Castilla y León y de Gestión Pública (BOCyL núm. 55/2010, de 22 de marzo de 2010 y BOE núm. 100, de 26 de abril de 2010) limitada a concretar el estatuto jurídico de las castellano-leoneses en sus relaciones con la Administración (órganos, organismos y entes dependientes) Junta de Comunidades de Castilla y León cuando se relacionan con los servicios administrativos, a partir de una formulación expansiva del ámbito de aplicación de los derechos subjetivos reconocidos y la ampliación de los beneficiarios (extranjeros residentes o ciudadanos con residencia fuera del territorio).

4 La Carta Marco de Derechos Sociales de la Comunidad Autónoma de Madrid se aprueba como carta de servicio vinculándose al desarrollo de la Ley 11/2003, de 27 de marzo, de Servicios Sociales de la Comunidad de

marco general de referencia ahondando en una sistemática común aplicada a principios, directrices y garantías (junto a otras actuaciones) en dicho ámbito. Algo ilustrativo sobre la importancia capital de un instrumento legal que ha pasado, prácticamente, desapercibido por la doctrina constitucionalista, con limitadas excepciones (Catalá i Bas, 2005; Tur Ausina, 2007; Sánchez Ferriz, 2007 y 2011; Vivancos Comes, 2013, entre otros).

La apelación a una ulterior Carta de Derechos sociales constituye una de las principales novedades incorporadas al renovado Estatut (Ley Orgánica 1/2006, de 10 de abril, de Reforma de la Ley Orgánica 5/1982, de 1 de julio, de Estatuto de Autonomía de la Comunidad Valenciana[5]), como así atestiguan los principales comentarios efectuados hasta la fecha sobre el mismo (Baño León, 2007; y Garrido Mayol, 2013); convirtiéndola en una hoja de ruta imprescindible para no sólo identificar aquellos derechos de naturaleza comunitaria (Marshall, 2007) cuyo ejercicio efectivo corresponde garantizar a los poderes públicos valencianos, situándose entre las crecientes y renovadas exigencias que basculan entre lo económico (mayor bienestar) y lo político (procomún), que tienen un alto poder emancipatorio y los conecta con valores preciados (dignidad, libertad, igualdad, solidaridad, y diversidad) partiendo de un reconocimiento "excluyente" de ciertos grupos o colectivos (definidos por su posición social, su sexo u orientación sexual, su marginalidad…).

El presente análisis desea centrarse no tanto en su contenido original, en su día objeto de escrutinio doctrinal más por sus carencias o defectos jurídico formales o de sistemática (Remedio Sánchez, 2007: 5; Sancho López, 2015; Uceda i Maza, 2023), sino en el papel desempeñado por el legislador autonómico valenciano en el desarrollo de tales derechos, a partir de los grandes ejes que identifica (*igualdad*

Madrid (BOCM núm. 88, de 14 de abril de 2003 y BOE núm. 157, de 2 de julio de 2003) recientemente actualizada mediante Ley 12/2022, de 21 de diciembre, de Servicios Sociales de la Comunidad de Madrid (BOCM núm. 304, de 22 de diciembre de 2022); pudiendo ser consultada en la siguiente dirección web: http://www.madrid.org/bvirtual/BVCM014063.pdf

5 DOCV núm. 5238, de 11/04/2006, páginas 13339-13384 y BOE núm. 86, de 11/04/2006, páginas 13934 a 13954.

de trato y no discriminación; lucha contra la pobreza y la exclusión social; igualdad de oportunidades; asistencia universal; inclusividad; defensa integral de la familia; protección reforzada de grupos vulnerables...) y que articularán la Carta misma. Y hacerlo, por supuesto, a partir de un triple y desigual contexto: a) *institucional* (cohabitación de gobiernos de distinto signo a nivel vertical, así como la sucesión y continuidad de estos en el ámbito autonómico); b) *competencial* (donde la premisa de que la configuración de tales derechos no podía añadir títulos competenciales nuevos o modificar los ya existentes, ha generado una conflictividad "moderada" centrada en algunos desarrollos puntuales); y, por último, c) *económico* (condicionado por un doble crisis, económico-financiera y pandémica, agravado, a su vez, por una infrafinanciación crónica que constituye una verdadera "espada de Damocles" ante cualquier conquista o avance social).

A través de dicho ejercicio, se pretende identificar aquellos desarrollos de la "agenda social" que han tenido una mayor concreción y continuidad a lo largo de esta última década, mostrando su alineamiento con los nuevos desafíos globales (Agenda 2030 y Objetivos de Desarrollo Sostenible[6]) y la Carta misma; e identificando aquellos otros en los cuáles, por el contrario, dicho avance no ha sido posible.

Nos parecía que la cuestión era de suficiente envergadura para darle autonomía respecto del debate previo que suscitó el mero planteamiento de tales derechos en el contenido estatutario (Díez-Picazo Giménez, 2006 y 2007; Caamaño Domínguez, 2007; Balaguer Callejón, 2009; Canosa Usera, 2013), cuestión que perdió actualidad tras el consiguiente aval constitucional (SSTC 247/2007, de 13 de diciembre; y 31/2010, de 28 de junio, respectivamente) a dicha posibilidad. Mayormente, teniendo en cuenta que era un análisis todavía pendiente desde la perspectiva jurídica y que traía consigo cierta complejidad, dada la gran producción jurídica de las tres últimas legislaturas y el gran número de leyes autonómicas (con sus desarrollos reglamentarios) aprobadas en dicho periodo.

---

6 Sobre este particular, Robert, Sabrina y Ricard, Pascal (Coords). *White Paper 18 SDGs beyond 2030*. Brussels: International Law Association.

II. Proceso de redacción de una Carta autonómica centrada en los Derechos Sociales

De forma previa, parece resultar oportuno mostrar alguna de las dificultades iniciales por las que atravesó la Carta valenciana de Derechos sociales, en el curso de dos legislaturas autonómicas (VII y VIII), antes de convertirse en un documento fundamental para la realización de una de las definiciones estatales básicas (*Estado social*). No podemos olvidar, tampoco, que su redacción responde a un compromiso estatutario cierto (consignado en el art. 10.2 EACV) sino que está destinado no sólo a garantizar diferentes derechos a prestaciones sino, también, a iguales cuotas de acceso a los servicios sociales básicos, aunando las tradicionales perspectivas liberal o socialdemócrata que han venido confluyendo en el ámbito de los derechos sociales; e, incluso, avanzando sobre estas, al intentar dar satisfacción a la demanda de dignidad (basada en el resentimiento según Fukuyama, 2019) de ciertos colectivos (feminismo; LGTBiQ+; antideshaucios...) para una mejor inclusión social de los mismos.

A su vez, la Carta desde una perspectiva jurídica pretende (no siempre consiguiéndolo) elevar la garantía de los derechos subjetivos reconocidos a los valencianos, algo que ha servido históricamente para forzar su diferenciación con los derechos humanos constitucionalizados (fundamentales). Pero difícilmente podrá lograrlo si el mismo legislador valenciano no parece sentirse vinculado a la misma, cuando silencia su fundamentación en las normas que le sirven de desarrollo a pesar de que su diseño y aprobación responde no sólo al mandato estatutario anteriormente aludido sino, también, a un compromiso parlamentario resultado de una resolución[7] subsiguiente al

---

7 Resolución 382/VII sobre la elaboración de la Carta de los Derechos Sociales de la Comunitat Valenciana mediante un proyecto de ley, aprobada por el Pleno de Les Corts en la sesión del día 28 de septiembre de 2010 (BOCV núm. 259, de 13 de octubre de 2010, pp. 32952-32953).

debate de política general celebrado en las Corts valencianes el 27 de septiembre de 2010; donde se instaba al Consell a su elaboración mediante un proyecto de ley que debía ser presentado "en el plazo de tres meses (desde la citada fecha) o, en cualquier caso, en el inicio del (inmediato) periodo de sesiones".

Por lo que hace a sus antecedentes, el primer Anteproyecto está fechado el 14 de abril de 2011, aunque dicho borrador decaería sin llegar a ser aprobado como proyecto de Ley a la finalización de la VII legislatura (2007-2011) al no considerarse la oportunidad ni idoneidad de dar impulso al mismo por parte de la Vicepresidencia "social" del Consell (que en aquel entonces, acumulaba la Conselleria de Bienestar Social[8]); un texto, cuya redacción técnica se había inspirado en los trabajos previos de un grupo de expertos del Instituto de Derecho Público, gracias a la colaboración estructurada con la Conselleria de Bienestar Social (cuyo titular en esos momentos ostentaba la vicepresidencia segunda del Gobierno autonómico, y que ejercerá la coordinación de una materia trasversal respecto de la organización departamental), por los difíciles momentos económicos por los que se atravesaba y que terminará por incidir en servicios sociales básicos.

El texto (retomado nuevamente en la legislatura siguiente) será aprobado como proyecto de Ley, a través del acuerdo de 11 de noviembre de 2011, acompañado de los estudios justificativos de su necesidad y oportunidad, así como de los informes y dictámenes preceptivos de los órganos directivos y órganos consultivos (Comité Económico y Social[9]

---

8 Decreto 116/2007, de 27 de julio, del Consell, por el que se aprueba el Reglamento Orgánico y Funcional de la Conselleria de Bienestar Social (DOCV núm. 5566, de 30 de julio de 2007).

9 Del dictamen del CES, aprobado el 9 de enero de 2012 lo más destacable es la sugerencia general de incluir "otros derechos de índole social como la educación, la sanidad, las prestaciones sociales, etc., tal y como se reconoce en otras cartas de derechos sociales existentes como la Carta Social Europea, texto fundamental del Consejo de Europa, firmada en Turín el 18 de octubre de 1961 o la más reciente Carta Comunitaria de los Derechos Sociales Fundamentales de los Trabajadores, aprobada en la Cumbre de Estrasburgo de 1989, cuya última modificación, data de 28 de junio de 2005", además de insistir en las mismas observaciones al articulado en una

y Consell Jurídic Consultiu[10]) antes de su tramitación parlamentaria, que incluirá muy pocas novedades respecto del proyecto de Ley inicial.

Las más destacables, el olvido inicial de servicios básicos, como la educación o sanidad, no presentes en los primeros borradores de la Carta tal y como se insistirá en el debate parlamentario[11] de la misma; destacando la mayor ambición de la normativa europea[12], la-

---

serie de aspectos, en concreto la llamada de atención respecto del derecho de acceso a los servicios (y no sólo a las prestaciones) del Sistema para la Autonomía y Atención a la Dependencia (SAAD); o la incorporación de una referencia a la prohibición de discriminación a causa tanto de la orientación como de la identidad sexual, respectivamente. El texto del dictamen está accesible en la siguiente dirección web: http://www.ces.gva.es/pdf/trabajos/revista66/dic0311.pdf

10 El dictamen núm. 222, de 1 de marzo de 2012, del CJCCV insistirá en el carácter programático del texto, "más propio de un plan de actuación o de un programa de gobierno" según el órgano consultivo de relevancia estatutaria. Aconsejando, a su vez, "sintetizar el contenido de la parte expositiva" contenido en la norma. En cuanto al articulado, las observaciones fueron mínimas dirigidas a reflejar la carencia de contenido normativo, de alguno de sus preceptos (*derechos de conciliación vida familiar y profesional*) toda vez que, según el órgano consultivo "nada impide difundir e informar, en el ejercicio de la competencia autonómica sobre los derechos y obligaciones regulados en la normativa estatal"; exigiendo una mayor precisión en la referencia a los titulares de las situaciones de unión legalizadas, recomendando la reproducción íntegra del precepto legal aludido (art.1, Ley 1/2001, de 6 de abril, por la que se regulan las uniones de hecho); o, por último, en cuanto al sistema de garantías de los derechos sociales reconocidos en la Carta, recomendará reproducir el mandato constitucional de forma explícita, entre otras. El texto del dictamen está accesible en la siguiente dirección web: https://www.cjccv.es/dictamenes/2012/CS/2012-0222.pdf

11 Uceda i Maza (2023: 170-171) resume lo más destacado del debate parlamentario, deteniéndose tanto en las enmiendas a la totalidad que sobre el texto presentan los grupos parlamentarios de la oposición (PSPV-PSOE, Compromís y Esquerra Unida) como en los principales argumentos esgrimidos por tales fuerzas en el debate parlamentario que culmina con su aprobación.

12 En particular la Carta Social Europea, abierta a la firma en Turín el 18 de octubre de 1961 y sus Protocolos, mediante la cual, los Estados miembros del Consejo de Europa convinieron en garantizar a sus pueblos los derechos sociales especificados en tales instrumentos con la intención de

mentando la vinculación de su efectividad a la suficiencia de recursos económicos y financieros o, incluso, la necesidad de incorporar a última hora el derecho de los mayores a (una) atención gerontológica adecuada[13] en ciertos ámbitos (sanitario, social y asistencial), entre otros.

La Carta valenciana de Derechos sociales, que aprueba finalmente la Ley 4/2012, de 15 de octubre[14], cuenta con 53 artículos, estructurados en siete títulos: generalidades (Tít. Preliminar, arts. 1 a 11) que incluye tanto su objeto (articulación de principios, derechos y directrices informadores de la actuación de la Generalitat en el ámbito de los Derechos sociales, siendo "expresión de la convivencia social"), como los principios generales (vinculación a los derechos y libertades reconocidos en el constitucionalismo multinivel; trasversalidad de la aplicación de las políticas sociales; y participación ciudadana en el desarrollo de los derechos sociales) que serán de aplicación para dotar de una especial protección social a ciertos colectivos (sorprendentemente sólo aparecen relacionados los siguientes: menores, juventud, mayores y dependientes), así como las previsiones relativas al desarrollo, interpretación y aplicación de la carta (donde se impide cualquier interpretación limitativa o que suponga una reducción en clave de derechos) o la prohibición de utilización de un lenguaje no discriminatorio (que ahora llamaríamos inclusivo, pese a no ser lo mismo); los principios, derechos y directrices en el ámbito de la política social (Título I, arts. 12-19),

---

mejorar su nivel de vida y de promover su bienestar social. Recientemente el Gobierno español ha dado el primer paso para ratificar la Carta Social Europea (Instrumento de Ratificación de la Carta Social Europea (revisada), hecha en Estrasburgo el 3 de mayo de 1996. BOE núm. 139, de 11 de junio de 2021, pp. 71274-71327).

13 Así lo establece una de las enmiendas aprobadas en el debate de este proyecto de Ley en la Comisión de Coordinación, Organización y Régimen de las Instituciones de la Generalitat de las Cortes Valencianas. Este derecho será finalmente incorporado en el art. 8.2 (De la protección de las personas mayores) de la Carta de Derechos Sociales, aprobada mediante Ley 4/2012, de 15 de octubre.

14 DOCV núm. 6884, de 18 de octubre de 2012; y BOE núm. 268, de 7 de noviembre de 2012, pp. 78063-78078.

tomando como referencia no sólo la protección multinivel de los derechos sociales[15] sino los mandatos constitucional (9.2 CE) y estatutario (10.1 EACV); igualdad inter-sexos, subrayando la prohibición de discriminación por sexo u orientación sexual y concretando algunos principios orientadores en dicho ámbito (Título II, arts. 20-28); la protección a la familia, con una mención expresa a la maternidad, las familias numerosas y la equiparación de los derechos a las situaciones de unión legalizadas (Título III, arts. 29-39); personas con diversidad funcional, incluyendo tanto medidas de discriminación positiva como ayudas y prestaciones específicas (Título IV, arts. 40-47); principios rectores dirigidos a la integración de inmigrantes (Título V, arts. 48-49) y sus derechos; y, finalmente, el sistema de garantías (Título VI, art. 50-53)

El sistema de garantías diseñado adolece de la exigencia necesaria que debería reunir un instrumento de las características apuntadas. Mayormente, cuando no es exigente a la hora de trasladar a aquella algunas garantías fundamentales, de carácter orgánico y/o institucional (Sindicatura de Greuges) con una especial sensibilidad para atender y remediar cualquier situación de especial vulnerabilidad en ciertos colectivos (mayores y dependientes; personas en riesgo de o en exclusión social; que padecen diversidad funcional…) y que ha motivado la reciente constitución de un Observatorio[16] para la defensa de sus derechos que se ha mostrado especialmente activo en tiempos de pandemia. O, incluso, al no explorar todas las posibilidades que brinda la protección multinivel de tales derechos (no reservada en exclusiva a los derechos fundamentales) y su triple estándar

---

15 Básicamente, art. 25 ONU Asamblea General, *Declaración Universal de Derechos Humanos, 10 Diciembre 1948* [217 A (III)]; el art. 14, Consejo de Europa, *Carta Social Europea, 18 Octubre 1961* (BOE núm. 153, de 26 de junio de 1980); o, arts. 27-38, Unión Europea, Carta de los Derechos Fundamentales de la Unión Europea, 26 Octubre 2012 ((DOUEC núm. 303 de 14 de diciembre de 2007).

16 La constitución del Observatorio para la defensa de los derechos de las personas en situación de vulnerabilidad responde a una decisión del Síndic de Greuges, ratificada en Junta de Coordinación celebrada el 1 de diciembre de 2015.

de protección (europeo, estatal y autonómico), que abre sin duda nuevas perspectivas en su aplicación judicial (Jimena Quesada, 2022) de la que bien podría aprovecharse los derechos consignados en la misma.

Tampoco una redacción por “bloques” materiales que impide una sistemática jurídica precisa, evitando clarificar, como veremos en el epígrafe siguiente, el suelo del que se partía. Pero que ha quedado claramente desfasado de los llamados “principios” del pilar europeo de Derechos sociales (2017)[17], proclamados en la Cumbre de Gotemburgo, especialmente por cuanto afecta al capítulo de la protección e inclusión social. Sin que, tampoco, incorpore garantías precisas para asegurar su plena efectividad, más allá de la vinculación de la legislación positiva (informada por ciertos órganos estatutarios: Consell Jurídic Consultiu de la Comunitat Valenciana, Comité Econòmic i Social y Consell Valencià de Cultura) y la actuación de los poderes públicos (art. 53.3 CE) y de otras garantías orgánicas o institucionales (Síndic de Greuges[18]) e, incluso, económicas (suficiencia presu-

---

17 Recomendación (UE) 2017/761 de la Comisión, de 26 de abril de 2017, sobre el Pilar Europeo de Derechos Sociales (DOUE, n.º 113, de 29 de abril de 2017).

18 Debe recodarse que la figura del Síndic de Greuges tiene especial significación en nuestro sistema de autogobierno; no sólo como “comisionado” de las Corts Valencianes en defensa de los derechos y libertades de valencianos y valencianas (función primordial en nuestro estado social y democrático de derecho) sino también como institución de rango estatutario integrada en la Generalitat (conjunto de instituciones de autogobierno). El desarrollo legal de esta institución estatutaria (art. 38 EACV) mediante Ley 2/2021, de 26 de marzo, del Síndic de Greuges de la Comunitat Valenciana (DOCV núm. 9052, de 31 de marzo, pp. 13778-13809; y BOE núm. 91, de 16 de abril de 2021, pp. 43676-43714) ha servido para no sólo desarrollar su estatuto jurídico (Tít. I) sino para regular sus actividades investigadoras (Tít. II) que, ahora, incluye también las situaciones de riesgo de exclusión o especial vulnerabilidad y las relacionadas con la defensa de la igualdad de género; o la apertura a relaciones de colaboración a otras instituciones u organismos de la Generalitat (Agencia de Prevención y Lucha contra el Fraude y la Corrupción de la Comunitat Valenciana y el Consejo de Transparencia, Acceso a la Información Pública y Buen Gobierno) más allá de las Corts (Tít. V), abriéndose también a otras de naturaleza análoga.

puestaria), quizás uno de sus aspectos más criticables pero que, no cabe duda, posibilitaron su aprobación en un contexto de consolidación fiscal.

III. Marco normativo previo a la entrada en vigor de la Carta

La Carta valenciana de Derechos sociales, sin embargo, no parte de cero. Previamente, ciertos grupos vulnerables habían sido objeto de un desarrollo normativo específico e intenso en distintos estadios temporales de nuestro autogobierno; avanzando, en algunos casos una regulación pionera, como al regular las uniones de hecho formalizadas (Ley 1/2001, de 6 de abril[19] modificada mediante la Ley 5/2012, de 15 de octubre, de Uniones de Hecho formalizadas en la Comunitat, instrumento normativo aprobado el mismo día de la Carta[20]) equiparando sus efectos a la unión matrimonial y posibilitando una legislación propia en dicho ámbito o, incluso, facilitando un estatuto específico a ciertos colectivos, como es el caso de las personas con diversidad funcional (Ley 11/2003, de 10 de abril, sobre el estatuto de las personas con discapacidad[21]).

---

19 DOCV núm. 3978, de 11 de abril de 2001 y BOE núm. 112, de 10 de mayo de 2001, pp. 16933 a 16935.

20 DOCV núm. 6884, de 18 de octubre de 2012, pp. 28991-28997; y BOE núm. 268, de 7 de noviembre de 2012, pp. 78079-78086.

21 Resultan de interés el haz de derechos y garantías que se reconocen a las personas con "diversidad funcional" (entonces sinónimo de "discapacidad", término proscrito en el momento actual y que ha motivado una reforma constitucional en trámite) en el art. 6 de dicho instrumento normativo frente a la Administración de la Generalitat (o sus entidades autónomas y sus entidades de Derecho Público sujetas al Derecho Privado), como las garantías a una igual protección jurídica y de trato "personalizado e individualizado" en el acceso a los servicios públicos e, incluso, aquellos ajustes "razonables" que favorezcan el goce y ejercicio de los derechos; haciendo un especial hincapié en determinados derechos fundamentales (imagen que se proyecta en el ámbito social calificándose de "ajustada, normalizada, respetuosa e inclusiva" y la libre expresión u opinión, vinculándola al acceso en "igualdad de condiciones" a la otra gran libertad comunicativa y al conocimiento a través de las TICs) y mandatos dirigidos a los poderes públicos (como el "reconocimiento y protección (…) de la lengua de signos" como parte determinante de su identidad y diversidad). Estatuto jurídico, recientemente, actualizado mediante la Ley 9/2018, de 24 de abril

Pauta que será más tarde extendida, también, a otros colectivos o grupos vulnerables (mujeres[22], menores[23] o jóvenes[24], migrantes[25];

(DOCV núm. 8282, de 26 de abril de 2018 y BOE núm. 117, de 14 de mayo de 2018, pp. 50060-50071) para "reforzar el reconocimiento de derechos ya existentes sino (también) para incorporar los nuevos derechos" directamente relacionados con los "apoyos y ajustes razonables, así como con la lengua de signos", nacidos al albur de la Convención sobre los derechos de las personas con discapacidad, ratificada por España con posterioridad a su aprobación el 13 de diciembre de 2006 (Instrumento de Ratificación, BOE núm. 96, de 21 de abril de 2008, pp. 20648-20659), primer tratado de derechos humanos del siglo XXI. El texto añade nuevos capítulos a la Ley 11/2003, de 10 de abril, tales como el Cap. III bis ("Del acceso a la justicia", arts 20 bis y ter), IX (De la participación en la vida política y pública", art. 70 bis) y X ("De los ajustes razonables", art. 70 ter y quáter). Véase supra Capítulos VI y X de la presente monografía, pp. 126-129 y 176-193, respectivamente.

22 Ley 9/2003, de 2 de abril, para la igualdad entre mujeres y hombres (BOE núm. 110, de 8 de mayo de 2003, páginas 17427 a 17433; y DOCV núm. 4474, de 4 de abril de 2003). Un instrumento legal que tendrá por objeto regular y hacer efectivo el principio de igualdad inter-sexos, los principios generales que deben orientar dicha igualdad, determinar las acciones básicas que deben ser implementadas, así como establecer la organización administrativa de la igualdad de oportunidades entre hombres y mujeres en el ámbito territorial valenciano. Refiriéndose a continuación a la actuación administrativa en una serie de ámbitos (educativo, laboral, funcionarial, bienestar y familiar...). Merecerán especial atención la igualdad y participación política en las principales instituciones políticas de la Generalitat (Consell y Cortes Valencianas) y la estructura institucional que avanza (Observatorio de Género, Consejo Valenciano de la Mujer, Defensoría de la Igualdad de Géneros...). Una ley "con un alto contenido ideológico pero con pocas medidas prácticas" (Aguiló, 2004: 318), desactivada en los aspectos más determinantes (representación institucional paritaria; incorporación de mujeres en las candidaturas autonómicas...) al hacer depender la eficacia de éstas de una ulterior modificación de la Ley Electoral que no llegaría a producirse.

23 Leyes 8/2008, de 20 de junio, de los Derechos de Salud de Niños y Adolescentes (DOCV núm. 5793 de 26 de junio de 2008; y BOE núm. 171 de 16 de julio de 2008) y 12/2008, de 3 de julio, de protección integral de la infancia y la adolescencia de la Comunitat Valenciana (DOCV núm. 5803, de 10 de julio de 2008, pp. 70591-70642; y BOE núm. 200, de 19 de agosto de 2008, pp. 70591-70642). Siendo el objeto de la primera garantizar, de forma integrada, los derechos de la salud de niños y adolescentes (específicos refe-

ridos al nacimiento y lactancia; prevención de enfermedades y promoción de la salud; atención sanitaria pediátrica; información, participación y elección; atención específica de adolescentes entre 13 y 18 años; al desarrollo en un medio ambiente saludable...), prestando una especial atención a los de mayor vulnerabilidad (discapacidad y enfermedades crónicas; seropositivos; desprotegidos; aquellos que sufren cualquier tipo de maltrato...). Complementándose a través del segundo instrumento normativo que concreta (a su vez) el reconocimiento y la protección de los derechos básicos del menor, concretados en una Carta específica; así como estableciendo el conjunto de medidas, estructuras, recursos y procedimientos para dar plena efectividad a la protección social y jurídica del menor en situación de riesgo o desamparo. Desde una perspectiva institucional debe destacarse tanto la creación del Observatorio Permanente de la Familia e Infancia como el Comisionado del Menor, que adoptará una denominación de origen foral (Pare d'Orfens). No cabe, por último, olvidar tampoco la ya derogada Ley 13/2008, de 8 de octubre, reguladora de los Puntos de Encuentro familiar (DOCV núm. 5871 de 16 de octubre de 2008, pp. 43544-43570; y BOE núm. 265, de 3 de noviembre de 2008, pp. 43564 a 43570) dictada en desarrollo del art. 9 de la Declaración de los Derechos del Niño de las Naciones Unidas y que tendrá también en cuenta igualmente las recomendaciones del Consejo de Europa (CdE), del Consejo de Ministros de los Estados miembros, de 21 de enero de 1998, al igual que los arts. 39.1 CE y 10.3 EACV, respectivamente.

24 Ley 18/2010, de 30 de diciembre, de juventud (DOCV núm. 6429, de 31 de diciembre de 2010, pp. 47478-47495; y BOE núm. 23, de 27 de enero de 2011, pp. 8727 a 8747), derogada con posterioridad mediante la Ley 15/2017, de 10 de noviembre, de políticas integrales de juventud (DOCV núm. 8168, de 13 de noviembre de 2017, pp. 40569-40590; y BOE núm. 311, de 23 de diciembre de 2017, pp. 127299-127954). Esta se dictaba invocando títulos competenciales propios (arts. 49.1.25 y 27 EACV), derogando el marco normativo previo en dicho ámbito [básicamente las Leyes 4/1989, de 26 de junio, del Institut Valencià de la Joventut (IVAJ), y 8/1989, de 26 de diciembre, de Participación Juvenil] pero salvaguardando los principios generales que las inspiraban; incorporando una regulación de marcado corte organizativo (redenominando el IVAJ por "Generalitat Jove" y los ámbitos autonómico y local de la representación juvenil) a partir del planteamiento de una política de carácter integral y trasversal al mismo tiempo; incorporándose (a su vez) nuevos instrumentos de planificación en dicho ámbito desde la perspectiva de políticas públicas.

25 Ley 15/2008, de 5 de diciembre, de integración de las personas inmigrantes en la Comunitat Valenciana (DOCV núm. 5911, de 11 de diciembre de

madres gestantes[26]) o realidades, como la asociativa[27]); teniendo alguna de ellas una indudable trascendencia en el debate nacional en

---

2009, pp. 90324-90337; y BOE núm. BOE núm. 9, de 10 de enero de 2009, pp. 3416-3431). Una propuesta "voluntaria" de integración que no sólo pretendía mejorar las condiciones de vida de los colectivos de inmigrantes residentes en la Comunitat sino garantizar su diversidad cultural posibilitar la asunción por su parte de la escala de valores y del modelo de convivencia que encierra el marco constitucional y el pleno respeto al ámbito competencial propio del autogobierno.

26 Ley 9/2006, de 30 de junio, de protección de la maternidad (DOCV núm. 6049, de 3 de julio de 2009, pp. 26543-26552; y BOE núm. 177, de 23 de julio de 2009, pp. 62888-62898), que será derogada por la Ley 6/2017, de 24 de marzo (DOCV núm. 8010, de 29 de marzo de 2017, pp. 10157-10158; y BOE núm. 112, de 11 de marzo de 2017, pp. 37956-37957), de artículo único (una técnica que serviría, también, para derogar la Ley 6/2015, de 2 de abril, de reconocimiento, protección y promoción de las señas de identidad del Pueblo Valenciano). Este instrumento normativo fue fruto de una iniciativa legislativa popular (abanderada por una red solidaria de apoyo, asesoramiento y acompañamiento a las mujeres que sufran embarazos no deseados o imprevistos, denominada "RedMadre") para la atención especial a las mujeres gestantes y, por extensión, con la defensa integral de la familia y del menor y que será objeto de un desarrollo reglamentario específico (Decreto 13/2011) de carácter trasversal que permitiría una perfectamente coordinada acción departamental desde la Vicepresidencia Social del Consell, de la que dependía la Conselleria de Bienestar Social.

27 Ley 14/2008, de 18 de noviembre, de Asociaciones de la Comunidad Valenciana (DOCV núm. 5900, de 25 de noviembre de 2008, pp. 87852-87892; y BOE núm. 294, de 6 de diciembre de 2008, pp. 48922-48935). Cuyo objeto es la regulación, promoción y fomento de una serie de asociaciones (docentes, culturales, artísticas y benéfico-asistenciales y voluntariado social) y los criterios informadores (promoción, protección institucional, modernización, organizativa, coordinación, o fomento de aquellas calificadas de "interés público") que guían el modelo asociativo valenciano. Regulándose en su articulado tanto su régimen jurídico; como los derechos de los asociados; la estructuración institucional (Consejo Valenciano de Asociaciones y Consejos Sectoriales); e, la promoción y fomento del asociacionismo valenciano, sobre la cual volverá a incidir (para un público específico) la Ley 4/2013, de 13 de abril, de la Generalitat, de Participación ciudadana y Fomento del Asociacionismo de la Comunitat Valenciana (DOCV núm. 9579, de 20 de abril de 2023, pp. 23316-23341; y BOE núm. 105, de 3 de mayo de 2023, pp. 61379-61409). Véase supra Cap. X, pp. 187 y ss. de la presente monografía.

el ámbito de discusión de las políticas y derechos sociales. Al margen de otros estatutos de marcado social, más allá de los que concreta la Carta (como el referido al ámbito participativo[28] y/o del menor, mencionado anteriormente), destacan algunas legislaciones con un público objetivo muy singularizado, como el de los cooperantes[29], a los cuales se les dota de un nuevo marco de apoyo, protección y garantía.

En el ámbito sectorial, también algunos textos legales previos (Ley 3/2003, de 6 de febrero, de ordenación sanitaria[30]) anticiparán,

---

28 Ley 11/2008, de 3 de julio, de Participación Ciudadana de la Comunidad Valenciana (DOCV núm. 5803 de 10 de Julio de 2008, pp. 70580-70590; y BOE núm. 200, de 19 de agosto de 2008, pp. 34837-34843), derogada por la Ley 2/2015, de 2 de abril, de Transparencia, Buen Gobierno y Participación Ciudadana de la Comunitat Valenciana (DOCV núm. 7500, de 8 de abril de 2015, pp. 10242-10264 ; y BOE núm. 100, de 27 de abril de 2015, pp. 36274-36300) cuyo contenido se analiza en el presente trabajo y que con toda probabilidad será sustituida (nuevamente) antes de la finalización de la actual legislatura, con lo que serán tres los hitos legislativos vigentes en este ámbito tras la aprobación del EACV de 2006, en lo que es una evidente inflación legislativa que carece de toda justificación como veremos más adelante.
La Ley de participación de 2008 se dictará en desarrollo de los arts. 1.3 y 9.4 EACV, estructurándose en tres títulos: el primero, regulando los aspectos generales (objeto, finalidad y ámbito de aplicación y definiciones); el segundo, regulando el derecho a la información para la participación ciudadana y concretando el estatuto ciudadano desde la perspectiva de la participación (no confundir con la llamada "ciudadanía corporativa", otro elemento esencial para la efectiva vertebración social y una vía prioritaria para la consecución de los principios de solidaridad y responsabilidad social, que será regulada mediante la ya derogada Ley 11/2009, de 20 de noviembre, de ciudadanía corporativa) y en donde se incluirán los principales instrumentos (audiencia ciudadana, foros de consulta, paneles ciudadanos y jurados ciudadanos) para hacerla efectiva; cerrándose con el tercero, que despliega las medidas de fomento de la misma.

29 A partir de la Ley 11/2010, de 16 de julio, reguladora del Estatuto de las Personas Cooperantes Valencianas (DOCV núm. 6315, de 21 de julio de 2010, pp. 28894-28899; y BOE núm. 194, de 11 de agosto de 2010, pp. 71161-71167), ya derogada.

30 DOCV núm. 4440, de 14 de febrero de 2003, pp. 4173-4198; y BOE núm. 55, de 5 de marzo de 2003, pp. 8680 a 8695 (ya derogada).

también, la prioridad que desde el poder público se atribuye a "todas las actuaciones cuyo fin es la promoción, prevención, protección y cuidado de la salud, tanto en el ámbito colectivo como individual" (Exposición de Motivos). Dicho instrumento legal, estableció la organización de los servicios sanitarios públicos[31]; creando el organismo autónomo Agencia Valenciana de Salud[32]; definiendo el Plan de Salud de la Comunitat Valenciana y haciéndose efectivo en dicho ámbito el derecho de participación ciudadana, a través de la constitución del Consejo de Salud de la Comunitat Valenciana, entre otros aspectos más destacables.

La misma Carta, por último, alude a un gran número de los instrumentos legales incorporados a su Preámbulo, haciendo expresa mención[33] a algunos textos aprobados con anterioridad sin exhaustividad alguna. Hubiese sido deseable incorporarlos a la sistematicidad que plantea la norma posibilitando visibilizar el suelo desde el que se partía que no era ni mucho menos menor en alguno de los ámbitos prioritarios de la Carta, como la diversidad funcional, el compromiso de integración de los migrantes o la protección de la maternidad, entre otros.

---

31 Recientemente se ha aprobado el Decreto 205/2018, de 16 de noviembre, del Consell, por el que aprueba el mapa sanitario de la Comunitat Valenciana (DOCV núm. 8440 de 10 de diciembre de 2018, pp. 47024-47297), que posibilita a cualquier ciudadano conocer mediante el sistema de información poblacional (más conocido por su acrónimo SIP), los prestadores de atención sanitaria y de salud pública asignados y que configuran la cartera básica de servicios del Sistema Valenciano de Salud.

32 Extinto actualmente tras la aprobación de la Ley 5/2013, de 23 de diciembre, de Medidas Fiscales, de Gestión Administrativa y Financiera, y de Organización de la Generalitat (DOCV núm. 7181, de 27 de diciembre de 2013, pp. 36212-36327; y BOE núm. 27, de 31 de enero de 2014, pp. 6479-6611).

33 "En lo que se refiere al desarrollo ulterior, se ha de tener en cuenta que, en algunos casos, la Comunitat Valenciana ya cuenta con una regulación específica, como la Ley que regula el Estatuto de las Personas con Discapacidad, la Ley de Protección Integral de la Infancia y Adolescencia, la Ley de Igualdad entre Hombres y Mujeres, la Ley de Integración de las Personas Inmigrantes, la Ley de Protección a la Maternidad o la Ley de Juventud", señala la Exposición de Motivos de la Carta. Como puede observarse planteando una pluralidad legislativa más limitada y restrictiva que la que había sido desarrollada con anterioridad, en los años previos a su aprobación.

IV. Breve apunte sobre el desarrollo del Derecho Civil valenciano[34]

Aunque es cuestionable que la defensa del Derecho Civil propio pueda considerarse en puridad un desarrollo legal de Derechos sociales, cabe recordar que tanto su impulso como su desarrollo constituyen uno de los objetivos que persigue la reforma estatutaria operada a través de la Ley Orgánica 1/2006, de 10 de abril, tal y como se desprende de su Preámbulo ("Pretende también esta reforma el impulso y desarrollo del Derecho Civil Foral Valenciano aplicable, del conocimiento y uso de la lengua valenciana, de la cultura propia y singular de nuestro pueblo, de sus costumbres y tradiciones"). Así como que alguna de las materias sobre las que se proyecta, como el ámbito matrimonial (y otras formas de convivencia *more uxorio)* o, incluso, la protección civil de las personas con diversidad funcional, entre otros, tienen directa relación con las familias y otros colectivos directamente señalados por la Carta.

Como es bien sabido, el Estatuto valenciano (en la nueva versión dada en 2006) dedica hasta siete preceptos a tales cuestiones; sin embargo, una década más tarde, el Tribunal Constitucional declarará inconstitucionales[35] los tres primeros desarrollos legales basados en el titulo competencial sobre conservación y recuperación del derecho civil foral valenciano (art. 49.1. 2ª EACV).

---

34 Sánchez Ferriz, Remedio (2013). Lectura "constitucional" del artículo 149.1.8ª de la Constitución: (sobre la competencia de la Generalitat Valenciana en materias de derecho civil).

35 Se trata de las SSTC 82/2016, de 28 de abril (RTC 2016/82), sobre la Ley 10/2007, de 20 de marzo, de régimen económico matrimonial valenciano, con los efectos previstos en los FFJJ 7° y 8°; 110/2016, de 9 de junio 2016 (RTC 2016/110), acerca de la Ley 5/2012, de 15 octubre, de uniones de hecho formalizadas de la Comunitat Valenciana, con los efectos señalados en el FJ 10°; y 192/2016, de 16 de noviembre (RTC 2016/192), relativa a la ley 5/2011 de 1 de abril de relaciones familiares de los hijos e hijas cuyos progenitores no conviven, con los efectos previstos en el FJ 5°, respectivamente.

La materia afectada es, básicamente, el Derecho de familia y el de sucesiones. Y los instrumentos jurídicos en donde se reconoce son básicamente cuatro: la "pionera" Ley 10/2007, de 20 de marzo, de Régimen Económico Matrimonial Valenciano[36] (separación de bienes[37] *de facto* cuando se contrae matrimonio siempre que no se manifieste la voluntad contraria); la "avanzada" (para su tiempo) Ley 5/2011, de 1 de abril, de relaciones familiares de los hijos e hijas cuyos progenitores no conviven[38]; la Ley 5/2012, de 15 de octubre, de Uniones de Hecho Formalizadas de la Comunitat Valenciana[39]; y, un último instrumento, la Ley 3/2013, de 26 de julio, de los Contratos y otras Relaciones Jurídicas Agrarias[40], que no llegará a ser recurrida a pesar de que incide como se ha señalado por los expertos en las bases de contratación (modalidades especiales del contrato de compraventa y transacciones de productos del campo y el arrendamiento histórico de tierras) consolidando a su vez un derecho de raíz consuetudinaria, lo que ha permitido calificarla como "un paso constitucional (decisivo) en (la) materia de derecho civil valenciano" (Guillem Carrau, 2017: 362).

A pesar de la interpretación "restrictiva" de la jurisprudencia constitucional de una competencia estatutaria reconocida inequívocamente; existen argumentos jurídicos en favor del reconocimiento de la misma, como los expresados por el magistrado Juan Antonio Xiol Ríos en el fallo anteriormente aludido (referido a la Ley de Régimen Matrimonial), y que se basan en el reconocimiento de "los derechos históricos en materia de instituciones privadas" cuando estos gocen de un respaldo estatutario, como es el caso. Sin entrar en la merma

---

36 DOCV núm. 5475, de 22 de marzo de 2007, pp. 12542-12553; y BOE núm. 95, de 20 de abril de 2007, pp. 17429-17436.

37 Una práctica enormemente extendida en territorio valenciano en donde 7.000 parejas firmaron en 2022 la separación de sus bienes mediante notario. Siendo la región española en donde más han aumentado las capitulaciones matrimoniales: un 178% bajo la vigencia de la Carta.

38 DOCV núm. 6495, de 5 de abril de 2011, pp. 13863-13869; y BOE núm. 98, de 25 de abril de 2011, pp. 41873-41879.

39 DOCV núm. 6884, de 18 de octubre de 2012, pp. 28991-28997; y BOE núm. 268, de 7 de noviembre de 2012, pp. 78079-78086.

40 DOCV núm. 7079, de 31 de julio de 2013, pp. 22333-22351; y BOE núm. 222, de 16 de septiembre de 2013, pp. 70340-70361.

del autogobierno efectivo y que la decisión estatal, además, arrastra un vicio original en su impugnación que nunca debió ser validado. Sin embargo, se ha optado para su solución por iniciativa de las Corts Valencianas por una vía incierta, la reforma constitucional[41], que de momento no parece haber fructificado, ni siquiera a pesar del activismo desplegado por la sociedad civil (*Asociació de Juristes Valencians*).

---

41 Boletín Oficial de las Cortes Generales. Congreso de los Diputados (XIV Legislatura). Serie B (Proposiciones de Ley), núm. 61-1, de 28 de febrero de 2020, pp. 1-3.

V. Desarrollos priorizados en la Carta

Siguiendo el mandato estatutario podemos encontrar hasta cuatro (quizás cinco) desarrollos legales directamente vinculados a la estructuración interna de la Carta que no se corresponden con exactitud con los ámbitos de actuación primordial señalados en la norma institucional básica; alguno de los cuáles (derechos de las situaciones de unión legalizadas[42] o, incluso, la protección social contra la violencia, por cuanto hace a las víctimas de terrorismo[43]). Vamos analizarlos, uno por uno, a continuación.

42 Reconocidos mediante la Ley 5/2012, de 15 de octubre, de Uniones de Hecho Formalizadas de la Comunitat Valenciana, poco tiempo después de aprobarse la Carta. Llama la atención que el legislador en su Exposición de Motivos haga referencia a su antecedente (Ley 1/2001, de 6 de abril, de la Generalitat, por la que se regulan las uniones de hecho) pero no a que se trata de un desarrollo directo de la Carta de Derechos sociales, aprobada el mismo día que al primera. La Ley contiene las disposiciones generales (Cap. I) que le son de aplicación a estas uniones *more uxorio,* regulando sus principios rectores (igualdad de trato respecto de las uniones matrimoniales y no discriminación) y el ámbito de aplicación (vecindad civil valenciana, art. 3. 4 EACV), además de su acreditación (voluntarista), inscripción (inscripción constitutiva en el Registro de Uniones de Hecho Formalizadas de la Comunitat Valenciana), prohibiciones legales (menores, casados o parientes en vía directa) y modos de extinción (común acuerdo, declaración de voluntad, resolución judicial, muerte o fallecimiento o cese injustificado convivencia) y sus efectos. Regulándose, a continuación, tanto como sus aspectos patrimoniales (Caps. II y III), donde se destacan las normas relativas al régimen económico o al régimen de alimentos, entre otras. Por último, se establecen aquellos supuestos de equiparación de las uniones de hecho formalizadas a las matrimoniales (Cap. IV), a partir de las recomendaciones internacionales y del ámbito competencial autonómico, siendo una de las más importantes la obtención de ayudas públicas.

43 Coincidiendo con el fin de la X legislatura (2019-2023) el Gobierno valenciano anunciaba su intención de actualizar la Ley 1/2004, de 24 de mayo, de ayuda a las víctimas del terrorismo (DOCV núm. 4762, de 27 de mayo de 2004, pp. 13445-13451; y BOE núm. 157, de 30 de junio de 2004, pp. 24014-24018; modificada por la Ley 3/2009, de 14 de abril. DOCV núm.

IGUALDAD INTERSEXOS, PARIDAD Y VIOLENCIA DE GÉNERO

La Ley 7/ 2012, de 23 de noviembre, de la Generalitat, Integral contra la Violencia sobre la Mujer en el ámbito de la Comunitat Valenciana[44], convierte la erradicación de la violencia contra la mujer en uno de los pilares fundamentales sobre el cual se asentarán las políticas sociales que desde la Generalitat se impulsen. Su doble carácter "integral" y "trasversal" impacta en el ámbito competencial de la Generalitat, ofreciendo protección y asistencia tanto a las mujeres que la sufren, como a sus hijos e hijas menores y/o personas sujetas a su tutela o acogimiento; destacándose, también, el impulso de un gran número de medidas de prevención, sensibilización y formación con la finalidad de implicar a toda la sociedad valenciana en la lucha contra esa lacra, anticipándose algunas medidas que un lustro más tarde serán incorporadas en el Pacto de Estado contra la Violencia de Género aprobado por el Pleno del Congreso de los Diputados, el 28 de septiembre de 2017 y que a lo largo de la última década ha contado con un importante desarrollo legal[45] en el ámbito estatal contribuyendo efectivamente a su pleno cumplimiento.

5994, de 16 de abril de 2009, pp. 14053-14060) cuando faltaba poco más de un año para cumplirse sus 20 años de vigencia; se buscaba "incorporar nuevas medidas de apoyo y asistenciales a las víctimas, teniendo en cuenta sus circunstancias específicas" como había anunciado la titular departamental. Su desarrollo se contiene en el Decreto 163/2005, de 4 de noviembre, del Consell de la Generalitat, por el que se aprueba el Reglamento de la Ley de Ayuda a las Víctimas del Terrorismo (DOCV núm. 5131, de 9 de noviembre de 2005, pp. 35305-35315).

44 DOCV núm. 6912, de 28 de noviembre de 2012, pp. 34453-34470; y BOE núm. 297, de 11 de diciembre de 2012, pp. 84791-84811.

45 La aprobación tanto de la Ley 8/2021, de 2 de junio, por la que se reforma la legislación civil y procesal para el apoyo de las personas con discapacidad en el ejercicio de su capacidad jurídica (BOE núm. 132, de 03/06/2021, pp. 67789-67856), la Ley Orgánica 8/2021, de 4 de junio, de protección integral a la infancia y la adolescencia frente a la violencia (BOE núm. 134, de 05/06/2021, pp. 68657-68730) y Ley Orgánica 5/2018, de 28 de diciembre, de reforma de la Ley Orgánica 6/1985, de 1 de julio, del Poder Judicial, sobre medidas urgentes en aplicación del Pacto de Estado en materia de violencia de género (BOE núm. 314, de 29 de diciembre de 2018, pp.

El instrumento legal refleja, de forma expresa, algunas de las recomendaciones de la Subcomisión creada en el seno de la Comisión de Igualdad para el Estudio y el Funcionamiento de la Ley Integral de Medidas contra la Violencia de Género, del Congreso de los Diputados, como la necesidad de considerar a los menores víctimas directas de la violencia de género, una de las principales novedades que incorpora, y que también hará extensivo a las "personas sujetas a la tutela y/o acogimiento de la mujer víctima"[46]. Su articulado, concre-

---

129827 a 129832) han contribuido al cumplimiento de varias medidas previstas en el Pacto contra la violencia de género y, en general, para la mejora de los menores que sufren la violencia; en particular, se trata de las medidas núms. 204 y 205 (suspensión del régimen de visitas o estancia en casos de violencia de género; prohibición de visitas a prisión; y la falta de la necesidad del consentimiento del agresor para la asistencia psicológica a los hijos menores de edad, aunque la víctima no tenga sentencia ni denuncia, si está acreditada por los servicios sociales públicos) a partir de los arts. 94 y 156 del Código Civil; las medidas 129 (prohibición del falso "síndrome de alienación parental"), 198 (reconocimiento de la violencia vicaria como forma de violencia de género) y 204 (suspensión del régimen de visitas en casos de violencia de género) a partir de una serie de disposiciones (arts. 11, 26, 29, 34, 35, 43, 45, 46, 54, DF 1ª, 2ª y 10ª) de la segunda; y, por último, las medidas núms. 159 (formación especializada más amplia en dichas materias tanto de los juzgados especializados en violencia de género, como también de los jueces y juezas de familia y de menores), 160 (aumento de la capacitación judicial en Derecho antidiscriminatorio, incluyendo la perspectiva de género y la transversalidad, en las oposiciones a judicatura, Escuela Judicial y formación continua anual impartida por el Consejo General del Poder Judicial, pasando esta materia a ser obligatoria y evaluable; o la introducción de pruebas específicas en violencia de género, como requisito para concursar a órganos judiciales especializados) a través de la nueva redacción dada a los arts. 307, 310, 311, 312, 329, 330 y 433 bis de la LOPJ, respectivamente.

46 Otra novedad relevante, es la equiparación de las víctimas de violencia de género con las del terrorismo, considerando a los menores víctimas "directas" y forzando el necesario abandono del hogar del agresor en cualquier supuesto; medida que ha sido incorporada al I Pacto Valenciano para la Violencia de Género (2017-2022) suscrito el 18 de septiembre de 2017 por la totalidad de las fuerzas políticas con representación de Les Corts Valencianes (junto a diversas organizaciones de la sociedad civil) y que "incorpora a la agenda pública valenciana la lucha colectiva contra las violencias machistas y por la igualdad de género". Dicho documento (accesible en la siguiente dirección web: https://sinmaltrato.gva.es/docu-

ta los derechos básicos de las víctimas de esta violencia, así como los criterios que se deberán tener en cuenta para su acreditación (Título I); plasma las medidas de la Generalitat para hacer frente a la violencia sobre la mujer (Título II), a partir de la prevención, la sensibilización social y la información, la investigación; la formación y capacitación específica de los profesionales, la detección del fenómeno, las garantías jurídicas y asistenciales, y la personación de la Generalitat en casos de resultado de muerte, se genere alarma social o se produzcan lesiones graves e invalidantes; regulándose la red de atención integral que la Generalitat pone a disposición de las víctimas (Título III); estableciendo la competencia de la Generalitat y promoviendo la coordinación y colaboración interadministrativa y la alianza social

---

ments/454751/169892217/pacto+valenciano_CASTELLANO-septiembre.pdf/ef35aabf-716d-4796-9d76-21fe5712ceae), incluye hasta 300 medidas estructuradas en cinco ejes (1. Garantizar una sociedad segura y libre de violencia de género y machista; 2. Feminizar la sociedad; 3. Coordinar el trabajo en red para la atención a las mujeres víctimas de violencia de género y machista y sus hijos e hijas; 4. Romper los muros que invisibilizan la violencia de género y machista, y socializarlo como un conflicto político y social; y 5. Garantizar la dotación presupuestaria estable para poder desarrollar e implementar los objetivos) y 21 objetivos distintos. Y es resultado de los trabajos de una Comisión (posteriormente Subcomisión) de estudio para la erradicación de las violencias de género con la finalidad de impulsar un pacto autonómico contra la violencia que sufren las mujeres y por la igualdad de género creada el 21 de octubre de 2015 en el arranque de la IX legislatura y los trabajos de diferentes mesas de trabajo que bajo la coordinación de la Vicepresidencia y de la Conselleria de Igualdad y Políticas Inclusivas comenzaron su andadura el 10 de abril de 2017. Su alto grado de cumplimiento (94% de las medidas inicialmente completadas) no ha impedido, sin embargo, diversas iniciativas parlamentarias en las Cortes Valencianas dignas de consideración, tales como la Resolución 1523/IX sobre afirmación y puesta en valor de las medidas recogidas en el Pacto valenciano contra la violencia de género, aprobada por el Pleno de las Corts Valencianes en la sesión de 30 de enero 2019 (BOCV núm. 342, de 8 de febrero de 2019, p. 58787) y que provocaría el descuelgue del Grupo Parlamentario de Cs al integrar el acuerdo una formación que se había negado a firmar el pacto de Estado (en clara referencia a Unidas-Podem); o las Resoluciones 583 y 585/X, sobre las violencias sexuales y sobre el Pacto valenciano contra la violencia de género, aprobadas por la Comisión de Políticas de Igualdad de Género y del Colectivo LGTBi en su reuniones de 28 de octubre de 2022 (BOCV núm. 290 de 16 de noviembre de 2022, p. 40307), respectivamente.

(Título IV). Disponiendo, por último, la comparecencia anual del Consell para informar de la ejecución de las medidas legalmente previstas (Disposición Adicional).

En este ámbito específico, cabe destacar también la PNL "botánica" sobre la propuesta contra la explotación sexual[47], aprobada por la Comisión de Políticas de Igualdad de Género y del Colectivo LGTBi en su reunión de 7 de octubre de 2021, gracias al apoyo de las tres fuerzas políticas presentes en el Consell (Cs y Populares se abstuvieron). Presentada como resultado de varias sesiones de trabajo con el Frente Abolicionista del País Valencià (plataforma que surge del movimiento feminista en contra de la mercantilización de los cuerpos de las mujeres y la abolición del sistema prostitucional) a través de la misma se instaba al Gobierno de España "a establecer los mecanismos necesarios para la abolición de la prostitución y del tráfico de mujeres y menores con fines de explotación sexual", una "forma de violencia contra las mujeres extrema", al tiempo que se comprometía a concretar "un desarrollo autonómico" en el mismo sentido, apoyándose en tres ejes fundamentales: a) garantizar a las mujeres en situación de prostitución los derechos y recursos necesarios para su protección; b) desmantelamiento de la industria de la explotación sexual y las actividades de proxenetismo; y c) desactivar, en paralelo, la demanda de este tipo de "servicios". La iniciativa incluía una serie de acciones concretas y específicas, desde la aprobación de "planes de apoyo y atención integral"; el acceso a una "red de servicios de atención a las víctimas del sistema prostitucional"; campañas de sensibilización; instar la "eliminación publicidad relacionada con el comercio sexual" en los medios valencianos; introducción "cláusulas sociales trasversales" que penalicen la contratación pública a ciertas empresas; campañas de difusión en medios de comunicación social; impulso de la "coeducación" en el sistema escolar valenciano...

---

47 Resolución 417/X, sobre la propuesta contra la explotación sexual, aprobada por la Comisión de Políticas de Igualdad de Género y del Colectivo LGTBi en la reunión de 7 de octubre de 2021 (BOCV núm. 198, de 28 de 10 de 2021, pp. 27330-27330).

Muchas de tales iniciativas serán incorporadas al decálogo de medidas[48] impulsadas desde el Foro Valenciano para la Abolición de la Prostitución (espacio de encuentro de "entidades, organizaciones, universidades, y ciudadanía", según su configuración normativa[49] formado por 30 expertos en "materia de prostitución y de garantía de los derechos de las mujeres víctimas del delito de trata y de la explotación sexual"), creado el 25 de febrero de 2021 y que ha permitido un cierto liderazgo en la causa abolicionista, en su salto desde el plano "orgánico"[50] al institucional. Aunque continúe siendo un tema de posiciones enfrentadas (Garrido Mayol, 2020).

En el ámbito estatal, la disolución de las Cortes ha venido a paralizar las reformas legislativas en marcha para penalizar cualquier forma de proxenetismo y la trata de mujeres[51]. Se buscaba abordar dicha problemática a partir de un enfoque integral (comprendiendo desde la violencia sexual a la explotación laboral o, incluso, el tráfico ilegal de órganos), desvinculándola en exclusiva del control migra-

---

48 Pueden consultarse en su integridad en la siguiente página web: https://cjusticia.gva.es/es/web/reformas-democraticas-y-acceso-a-la-justicia/forum-abolicio-de-la-prostitucio

49 Mediante Resolución de 25 de febrero de 2021, de la Consellera de Justicia, Interior y Administración Pública se crea y regula la composición y funcionamiento del Foro Valenciano para la abolición de la prostitución (DOCV núm. 9030, de 1 de marzo de 2021, pp. 8723-8725). https://dogv.gva.es/datos/2021/03/01/pdf/2021_1857.pdf

50 La abolición de la prostitución constituye un compromiso "orgánico" del propio PSOE, al haberse incorporado en la ponencia marco de su 40º Congreso Federal, celebrado precisamente en Valencia los días 15, 16 y 17 de octubre de 2021. En dicho documento se apuesta por considerar víctimas a las mujeres, sancionar a los consumidores de prostitución, y por perseguir el proxenetismo. Puede accederse al mismo en la siguiente dirección web: https://www.psoe.es/transparencia/informacion-politica-organizativa/documentacion-40-congreso-psoe/

51 El borrador del Anteproyecto de LO integral contra la trata y la explotación de seres humanos puede consultarse en la página web del Ministerio de Justicia: https://www.mjusticia.gob.es/es/AreaTematica/ActividadLegislativa/Documents/Anteproyecto%20de%20Ley%20Org%C3%A1nica%20Trata%20TAIP.pdf

torio y generalizándola tanto a la totalidad de las víctimas[52] y a cualquier forma de explotación, a partir de las recomendaciones internacionales [Convenio de Varsovia[53], Protocolo de Palermo[54], Protocolo de la Organización Internacional del Trabajo[55], Directiva 2011/36/UE[56] del Parlamento Europeo y el Consejo, los informes y recomendaciones del Grupo de Expertos contra el Tráfico de Seres Humanos del Consejo de Europa (GRETA)[57], la Estrategia de la Unión Euro-

---

52 Sobre este particular, vid Diez Velasco, Isabel (2023). "La protección de personas víctimas de trata en el anteproyecto de Ley Orgánica Integral contra la Trata y la Explotación de Seres Humanos: el caso de la infancia y las personas solicitantes de asilo". *IgualdadES* (8), 141-168.

53 Instrumento de Ratificación del Convenio del Consejo de Europa sobre la lucha contra la trata de seres humanos (Convenio núm. 197 del Consejo de Europa), hecho en Varsovia el 16 de mayo de 2005 (BOE núm. 219, de 10 de septiembre de 2009, pp. 76453-76471).

54 Instrumento de Ratificación del Protocolo para prevenir, reprimir y sancionar la trata de personas, especialmente mujeres y niños, que complementa la Convención de las Naciones Unidas contra la delincuencia organizada transnacional, hecho en Nueva York el 15 de noviembre de 2000 (BOE núm. 296, de 11 de diciembre de 2003, pp. 44083-44089).

55 Instrumento de ratificación del Protocolo de 2014 relativo al Convenio sobre el trabajo forzoso, 1930, hecho en Ginebra el 11 de junio de 2014 (BOE núm. 309, de 21 de diciembre de 2017, pp. 126012-126016).

56 Directiva 2011/36/UE del Parlamento Europeo y del Consejo de 5 abril de 2011, relativa a la prevención y lucha contra la trata de seres humanos y a la protección de las víctimas y por la que se sustituye la Decisión marco 2002/629/JAI del Consejo (DOCE L 101, de 15 de abril de 2011, pp. 1-11).

57 El Grupo de Expertos sobre la lucha contra la trata de seres humanos (GRETA) es responsable de la supervisión sobre la implementación por los Estados Parte del Convenio del Consejo de Europa sobre la eliminación de la trata de seres humanos. Véase el Instrumento de Ratificación del Convenio del Consejo de Europa sobre la lucha contra la trata de seres humanos (Convenio núm. 197 del Consejo de Europa), hecho en Varsovia el 16 de mayo de 2005 (BOE núm. 219, de 10 de septiembre de 2009, pp. 76453-76471). GRETA publica regularmente informes evaluando las medidas llevadas a cabo por los Estados parte. En un reciente informe publicado el 12/ de junio de 2023, que evalúa la implementación de España de la Convención contra la trata del Consejo de Europa, en particular el acceso de las víctimas a la justicia y recursos efectivos, GRETA acoge con satisfacción el progreso en el marco legal y las políticas, pero también identifica varias deficiencias que deben abordarse. El informe señala que España si-

pea para la erradicación de la trata de personas (2012-2016)[58]...]. El texto había partido de un borrador elaborado por una Comisión especial constituida dentro de la Comisión General de Codificación del Ministerio de Justicia, departamento al cual ha correspondido la coordinación interministerial (Igualdad, Inclusión, Seguridad Social y Migraciones, Interior y Justicia) en este ámbito.

En cuanto a su contenido, incluye un ambicioso y novedoso programa de sensibilización y prevención (Título I), que incluye planes específicos (Cap. I); medidas en el ámbito educativo (Cap. II); en el de la publicidad y medios de comunicación (Cap. III), en el sanitario (Cap. IV) o, incluso, en el privado empresarial (Cap. V), así como medidas de formación especializada para empleados públicos y otros agentes y profesionales (Cap. VI). Abordándose, a continuación, las garantías y medidas de detección e identificación (Título II) de las víctimas, desvinculándose de la denuncia y participación en la investigación penal posterior. En cuanto a los derechos (Título III), título que tiene mayor interés desde nuestro análisis, además de las garantías (Cap. I) se reconocen derechos de información y asistencia (Cap. II); de protección (Cap. III); laborales y económicos (Capítulo IV); los de reparación integral e indemnizatorios (Cap. V); así como especiales garantías para quiénes tienen la condición de víctimas "extranjeras" (Cap. VI). Igualmente, se hace especial hincapié en la protección de menores víctimas de trata y explotación (Título IV); incorporándose como una de las principales novedades la creación del

---

gue siendo principalmente un país de destino y tránsito para las víctimas de la trata. Durante el período 2017-2022 se identificaron un total de 1.687 víctimas de trata de personas. Si bien la explotación sexual siguió siendo la forma predominante de explotación, aumentó el número de personas identificadas como víctimas de trata con fines de explotación laboral. El número de víctimas infantiles identificadas se mantuvo bajo (79 en 2017-2022).El referido documento está disponible en la siguiente dirección web: https://rm.coe.int/greta-evaluation-report-on-spain-3rd-evaluation-round-greta-2023-10-ac/1680ab8d0f

58 Comunicación de la Comisión al Parlamento Europeo, al Consejo, al Comité Económico y Social Europeo y al Comité de las Regiones. Estrategia de la UE para la erradicación de la trata de seres humanos (2012 – 2016) COM(2012) 286 final, de 19 de junio de 2016. Disponible en la siguiente página web: https://www.policia.es/miscelanea/trata/lexuriserv.pdf.

Mecanismo Nacional de Derivación (Título V), como órgano encargado de la inmediata derivación de las presuntas víctimas de trata a los servicios especializados y adscrito a una Relatoría Nacional sobre Trata y Explotación de Seres Humanos, dependiente del Ministerio del Interior, que supervisará todas las políticas públicas en materia de trata y explotación y desempeñará el papel de coordinador nacional a los efectos de representación de España en el ámbito internacional en lo que constituye una nueva estructuración institucional. Por último, cierra el texto el tratamiento de la cooperación institucional e internacional con los países de origen (Título VI), a partir de un triple enfoque (prevención, protección y persecución). En definitiva, un instrumento legal dirigido a desincentivar la demanda rompiendo al mismo tiempo la cadena de negocio que instrumentaliza (y cosifica) a los seres humanos; incorporándose nuevos aspectos de carácter penal, jurídico y procesal para combatir más eficazmente el crimen y evitar la impunidad en dicho ámbito. Cabe, por último, recordar que el decálogo citado incluía "instar al Gobierno y a las Cortes Generales" a la aprobación de una Ley Integral para la Abolición de la Prostitución como respuesta más contundente en dicho ámbito.

En el plano autonómico, las reformas legislativas pretendidas se han centrado tanto en la Ley 14/2010, de 3 de diciembre, de la Generalitat, de Espectáculos Públicos, Actividades Recreativas y Establecimientos Públicos (recientemente modificada[59] y que el 2 de marzo de 2022 iniciaba la modificación pretendida) al objeto de sancionar espectáculos y actividades públicas que incitasen o fomentaran la prostitución (así como cualquier otra forma de explotación sexual); incluyéndose también la demanda de sexo pagado tanto en locales y establecimientos públicos como en viales de competencia de la Generalitat. Como en la Ley 7/2012, de 23 de noviembre, integral contra la violencia sobre la mujer en el ámbito de la Comunitat Valenciana (anteriormente analizada) con la intención de dar entrada a las mujeres prostituidas o víctimas de trata a todos los "derechos y recursos

---

59 DOCV núm. 6414, de 10 de diciembre de 2010, pp. 44857-44886. Modificada, recientemente, por las Leyes 7/2021 y 8/2022, de 29 de diciembre, de la Generalitat, de medidas fiscales, de gestión administrativa y financiera y de organización de la Generalitat (DOCV núms. 9246 y 9501, de 30 de diciembre de 2021 y 2022, respectivamente).

asistenciales" que protegen a las víctimas del terrorismo machista. Lamentablemente ninguna de las dos actuaciones legales previstas ha llegado a culminarse parlamentariamente dada la soledad del Grupo Parlamentario Socialista por intentar tramitar ambas por el procedimiento de lectura única en la recta final de la legislatura impidiendo que llegasen a tener efectividad jurídica alguna.

Por último, en el plano local es donde más se ha avanzado, a través de la elaboración de un modelo único de ordenanza (local) abolicionista; ofreciendo a los municipios valencianos un texto donde incidir en la problemática desde una nueva perspectiva, más cercana a la violencia de género y descartando su vinculación con el orden público.

Otras iniciativas contempladas en el decálogo, se alinearán con las políticas impulsadas desde la Generalitat: como en vivienda social, donde las mujeres prostituidas se considerarán un colectivo prioritario; o en el ámbito formativo, garantizando itinerarios específicos por su misma condición. Potenciándose programas específicos para contribuir a la salida de la explotación sexual y que ya habían sido ensayados (sin mucho éxito) a través de programas "experimentales" en el pasado fruto de la colaboración entre el Gobierno autonómico (lideradas desde Bienestar Social), las principales capitales valencianas y ciertas ONGs.

El compromiso en aras a una igualdad "real y efectiva" ha tenido, también continuidad, a través de la aprobación de la Ley 12/2017, de 2 de noviembre, de modificación de las leyes reguladoras[60] de

---

60 Las leyes reguladoras aludidas son concretamente las siguientes: Ley 11/1988, de 26 de diciembre, del Síndico de Agravios, derogada mediante la Ley 2/2021, de 26 de marzo, del Síndic de Greuges de la Comunitat Valenciana (DOCV núm. 9052, de 31 de marzo de 2021, pp. 13778-13809; y BOE núm. 91, de 16 de abril de 2021, pp. 43676-43714); Ley 6/1985, de 11 de mayo, de Sindicatura de Cuentas (DOCV núm. 253, de 20 de mayo de 1985, pp. 1424-1435; y BOE núm. 202, de 23 de agosto de 1985, pp 26713-26717); Ley 12/1985, de 30 de octubre de 1985, del Consejo Valenciano de Cultura (DOCV núm. 302 de 7 de Noviembre de 1985, pp. 3711-3718; y BOE núm. 28, de 1 de febrero de 1986, pp. 4549-4551); Ley 7/1998, de 16 de septiembre, de Creación de la Academia Valenciana de la Lengua

las instituciones de la Generalitat para garantizar la igualdad entre mujeres y hombres en sus órganos[61], que se inspira no sólo en la previsión estatutaria que garantiza la igualdad en el orden político y social (art. 11 EACV) sino en la previsión contenida en el art. 10 de la Ley 9/2003, de 2 de abril, de la Generalitat, para la igualdad entre mujeres y hombres ("las Corts Valencianes y el Consell de la Generalitat procurarán en el nombramiento o designación de personas, para constituir o formar parte de órganos o instituciones, que exista una presencia paritaria de mujeres y hombres"), y que hasta la fecha sólo había sido parcialmente desarrollada[62]. El nuevo instrumento pretende dar un paso firme para reforzar la representatividad femenina en la composición de los órganos de las instituciones estatutarias (recogidas en el Cap. VI EACV), que se concreta de la siguiente forma: para cada una de las instituciones (y órganos esta-

---

(DOCV núm. 3334, de 21 de septiembre de 1998, pp. 14754-14764; y BOE núm. 252, de 21 de octubre de 1998); Ley 1/2014, de 28 de febrero, de la Generalitat, del Comité Econòmic i Social de la Comunitat Valenciana (DOCV, núm. 7227, de 5 de marzo de 2014, pp. 4875-4884; y BOE núm. 68, de 20 de marzo de 2014, pp.23819-23830); Ley 10/1994, de 19 de diciembre, de creación del Consejo Jurídico Consultivo de la Comunidad Valenciana (DOGV núm. 2419, de 2 de enero de 1995, pp. 3-8; y BOE núm. 21, de 25 de enero de 1995, pp. 2331-2334), respectivamente

61 DOCV núm. 8166, de 9 de noviembre de 2017, pp. 39948-39950; y BOE núm. 311, de 23 de diciembre de 2017, pp. 127862-127864.

62 La reforma de los arts. 3, 5, 37, 41, 45, 50 y 178 del Reglamento de las Cortes Valencianas, aprobada por el Pleno el 25 de noviembre de 2015 (BOCV núm. 37, de 27 de noviembre de 2015), va dirigida a tal fin. El art. 3 mandata que "Les Corts aplicarán en todas sus actuaciones y actividades una política de igualdad de hombres y mujeres de forma transversal", así como que "los órganos de la cámara deberán contar con una composición paritaria de hombres y mujeres", mediante los mecanismos previstos reglamentariamente. El art. 37.2 y 3 exige que las personas propuestas para las vicepresidencias 1ª y 2ª, así como para las secretarias 1ª y 2ª deberán ser de distinto sexo, estando su orden determinado por el sexo de quien ostente la máxima representatividad de la institución a la cabeza de su órgano rector. Este principio de paridad se traslada también tanto a la composición de las comisiones (art. 41) en cuanto a las candidaturas cerradas que se presenten para las vicepresidencias y/o secretarías; como a los grupos parlamentarios (art. 178), que deberán garantizar la paridad intersexos.

tutarios) de la Generalitat: Síndic de Greuges (presencia mínima del 50% de mujeres entre las sindicaturas adjuntas, art. 1[63]); Síndicatura de Comptes (presencia mínima del 33% de mujeres, art. 2[64]); Consell valencià de Cultura (presencia mínima del 50% de mujeres, art. 3[65]); Acadèmia Valenciana de la Llengua (presencia mínima del 50% de mujeres y garantizado que el proceso de insaculación garantice un resultado que no vaya en detrimento de la presencia del sexo femenino infrarrepresentado en el órgano, art. 4[66]); Comitè Econòmic i Social de la Comunitat Valenciana (presencia mínima del 50% de mujeres, art. 5[67]); Consell Jurídic Consultiu de la Comunitat Valenciana (presencia mínima del 50% de mujeres entre el total de los miembros electivos, art. 6[68]).

La introducción del principio de presencia equilibrada entre hombres y mujeres ha terminado por proyectarse, también, en otros órganos o instituciones de ámbito autonómico en cuya elección, designación o nombramiento intervienen las Corts valencianes, tales como: Comisión ejecutiva del Consejo Valenciano de Transparencia[69]; Consejo asesor de Radio Televisión Española en la Comunitat

---

63 Que modifica el apartado 1° del art. 8 de la Ley 11/1988.

64 Que añade un nuevo art. 23 bis a la Ley 6/1985.

65 Que añade un nuevo apartado 4° al art. 8 de la Ley 12/1985.

66 Que modifica el apartado 2° del art. 11 de la Ley 7/1998.

67 Que adiciona un nuevo apartado 3° al art. 7 de la Ley 1/2014.

68 Que añade un nuevo apartado 3° al art. 4 de la Ley 10/1994.

69 La Ley 1/2022, de 13 de abril, de la Generalitat, de Transparencia y Buen Gobierno de la Comunitat Valenciana (ver supra Cap. X, pp. 176 y ss.) mandata que en la composición final del Consejo Valenciano de Transparencia, integrado por tres personas, "deberá respetarse una composición equilibrada entre mujeres y hombres" (art. 49.1). Igualmente, esto sucedía con la Comisión ejecutiva del órgano que puede considerarse su precedente, el Consejo de Transparencia, Buen Gobierno y Participación Ciudadana (regulado por la ya derogada Ley 2/2015, de 2 de abril, de Transparencia, Buen Gobierno y Participación Ciudadana de la Comunitat), donde figuraba una previsión legal idéntica de respeto del principio de paridad en cuanto a su composición (art. 41) coincidente con el número de grupos parlamentarios existentes.

Valenciana[70]; Consejo Rector de la Corporación Valenciana de Medios de Comunicación[71]; Consejos Sociales[71] del sistema universitario

---

70 La Ley 3/1984, de 6 de junio, de creación y regulación del Consejo Asesor de RTVE en la Comunitat Valenciana (DOCV núm. 169, de 12 de junio de 1984, pp. 1347-1353; y BOE núm. 173, de 20 de julio de 1984, pp. 21463-2146) indica en su art. 7.1 que "el Consejo Asesor de RTVE consta de 13 miembros designados por las Corts Valencianes entre sus componentes, a propuesta de los respectivos grupos parlamentarios, en proporción al número de diputados de cada uno de ellos, por el sistema de los mayores restos sobre el total de miembros de las cortes y nombrados por el Consell de la Generalitat Valenciana para la presente legislatura". El objetivo final sería conseguir que los designados fuesen siete mujeres y seis hombres o viceversa, si bien al no tratarse de una designación colectiva, sino individualizada de los Grupos Parlamentarios, la consecución de dicho objetivo depende de la voluntad de diálogo entre las fuerzas políticas con representación parlamentaria.

71 La Ley 6/2016, de 15 de julio, de Servicio Público de Radiodifusión y Televisión de Ámbito Autonómico de Titularidad de la Generalitat (DOCV núm. 7831, de 19 de julio de 2016, pp. 20241-20271; y BOE núm. 192, de 10 de agosto de 2016, pp. 57321-57356) regula la naturaleza y composición (art. 13) del Consejo Rector. Tal y como establece el precepto, a las Corts Valencianes les corresponde, por un lado, elegir (a propuesta de los grupos parlamentarios) a 5 de sus vocales y, por otro, elegir a la persona que ocupará la presidencia, a propuesta del Consell Audiovisual de la Comunitat Valenciana; solicitándose respecto del órgano citado que tenga una "representación equilibrada entre hombres y mujeres". Considerando, pues, que el Consejo Rector tiene 10 miembros lo razonable sería, por tanto, que estuviera integrado por cinco hombres y cinco mujeres o, en su defecto, haciendo uso de lo previsto en la Disposición Adicional 1ª de la LO 3/2007, por seis hombres y cuatro mujeres. Sin embargo, dado que las Corts Valencianes no seleccionan la totalidad de sus miembros, no está en manos del Parlamento valenciano garantizar dicho objetivo, aunque sí puede contribuir a lograrlo cumpliendo con lo establecido en el art. 14.2 de la Ley 6/2016, donde se establece (respecto de los 5 vocales de designación parlamentaria) que las candidaturas "se presentarán con la firma de dos grupos parlamentarios como mínimo" y que "la comisión parlamentaria competente (...) determinará las comparecencias que considere oportunas, las valorará y elegirá a las cinco personas propuestas que eleva al Pleno de Les Corts, teniendo en cuenta el principio de equilibrio de género". En tal caso, dicho equilibrio se conseguiría proponiendo a 3 hombres y 2 mujeres, o viceversa.

valenciano; Consejo Valenciano de Universidades y de la Formación Superior[73]; o el Consell de l'Audiovisual de la Comunitat Valencia-

---

Hasta la fecha, el consejo ha estado integrado por 10 miembros, de los cuáles 5 son hombres y 5 mujeres, cumpliéndose de tal modo el equilibrio legalmente establecido. Sin embargo, las Corts Valencianes no cumplieron con el mandato legal, ya que en la designación inicial de los cinco vocales (octubre 2016) se propusieron cuatro hombres y una mujer y, posteriormente, cuando fue sustituido uno de los vocales (hombre) (diciembre de 2018) pese a la posibilidad de equilibrar la presencia de sexos, el sustituto fue del mismo sexo.
En la última renovación parcial, donde el Consell Rector de la Corporación Valenciana de Mitjans de Comunicació (CVMC) tenía que renovar cuatro de sus miembros (dos a iniciativa del Consell de l'Audiovisual y otros dos a iniciativa de los grupos parlamentarios cuyos vocales tenían el mandato caducado, esto es, Cs y Unidas Podem) se ha tenido escrupulosamente en cuenta la exigencia de equilibrio paritario en el sexo de las candidaturas.

72 De acuerdo con el art. 5 de la Ley 2/2003, de 28 de enero, de Consejos Sociales de las Universidades Públicas Valencianas (DOCV núm. 4430, de 31 de enero de 2003, pp. 2235-2245; y BOE núm. 48, de 25 de febrero de 2003, pp. 7595-7601), a las Corts le corresponde designar dos vocales del Consejo Social de cada una de las universidades que componen el sistema universitario público valenciano. En este caso, lo razonable es que tanto en su designación inicial, así como en la renovación de eventuales vacantes, fuesen un hombre y una mujer.

73 La Ley 4/2007, de 9 de febrero, de coordinación del Sistema Universitario Valenciano dio carta de naturaleza al Consejo Valenciano de Universidades y de Formación Superior (DOCV núm. 5449, de 13 de febrero de 2007, pp. 6971-6986; y BOE núm. 71, de 23 de marzo de 2007, pp. 43267-43339) constituye una auténtica ley de coordinación que complementa tanto a la citada Ley de Consejos Sociales de las Universidades Públicas Valencianas como a la Ley 5/2006, de la Agència Valenciana d'Avaluació i Prospectiva (AVAP) (DOCV núm. 5267, de 26 de mayo de 2006, pp. 18906-18931; y BOE núm. 154, de 29 de junio de 2006, pp. 24468-24472) para cuyo fin resulta de capital importancia el Consejo Valenciano de Universidades y de Formación Superior (Título III, Cap. II, arts. 19-28); entre sus integrantes, se incluyen a "cinco personas designadas por les Corts Valencianes, por mayoría de dos tercios de los miembros de derecho de la Cámara, entre personas de reconocida competencia en el ámbito profesional, cultural, social, empresarial o de la investigación" [art. 25.1.l)]. Tratándose de un número impar se debería entender que el equilibrio intersexos se conseguiría designado a tres personas de uno y otras dos del contrario, criterio que se ha seguido en la designación vigente, dando plena satisfacción a la exigencia legal.

na[74]. Alcanzando, también, tanto a la Administración electoral (Junta Electoral de la Comunitat Valenciana[75]) como de Justicia (Tribunal Superior de Justicia[76]) o la integración[76] de la Cámara de representa-

---

[74] De conformidad con lo establecido en el art. 7 de la Ley 10/2018, de 18 de mayo, de creación del Consell del Audiovisual de la Comunitat Valenciana (CACV) (DOCV núm. 8301, de 23 de mayo de 2018, pp. 20901-20922; y BOE núm. 139, de 8 de junio de 2018, pp. 58944-58967), a las Corts Valencianes le corresponde la propuesta de los cinco de los siete miembros del mismo. Los candidatos al CACV que corresponde proponer a les Corts "deberán serlo a propuesta, como mínimo, de la mitad de los grupos parlamentarios, y ratificados, previa acreditación documental y contraste de su experiencia y su capacidad para desarrollar la tarea para la que son propuestas, en comparecencia ante la comisión correspondiente de Les Corts, por una mayoría de tres quintos del pleno" (art. 7.3). La legislación, dado su carácter reciente, ya incorpora el principio de "representación igualitaria" en la composición del CACV (art. 7.6). En este sentido, y tratándose de un número impar se debería entender que dicho equilibrio se alcanzaría con una proporción de tres a dos, para cualquiera de los sexos. Tras la designación de su presidente, la composición ha alcanzado un perfecto equilibrio intersexos (50%).

[75] De conformidad con lo establecido en el art. 16.1.c) de la Ley 1/1987, d 31 de marzo, Electoral Valenciana (DOCV núm. 561, de 6 de abril de 1987, pp. 1566-1584; y BOE núm. 96, de 22 de abril de 1987, pp. 11769-11776), tres vocales de la misma serán designados a propuesta de los partidos, federaciones, coaliciones o agrupaciones de electores representados en las Corts valencianes, entre catedráticos o profesores titulares de Derecho, en activo, de las universidades públicas valencianas.

Dado que se trata de un número de designaciones impar y de carácter reducido, la igualdad en este supuesto específico quedaría garantizada a través de hacer presentes entre los vocales personas de distinto sexo. En la actualidad, y para dicho órgano de la Administración electoral, se cumple la regla paritaria.

[76] El art. 330.4 de la Ley Orgánica 6/1985, de 1 de julio, del Poder Judicial (BOE núm. 157, de 2 de julio de 1985, pp. 20632-20678) indica que "en las Salas de lo Civil y Penal de los Tribunales Superiores de Justicia, una de cada tres plazas se cubrirá por un jurista de reconocido prestigio con más de 10 años de ejercicio profesional en la comunidad autónoma, nombrado a propuesta del Consejo General del Poder Judicial sobre una terna presentada por la Asamblea legislativa". Dicha terna, para ser lo más equilibrada posible, debería estar integrada por dos mujeres y un hombre o viceversa; condición que ha reunido la última propuesta elevada al CGPJ en 2018, tras la devolución de la primera por haber integrado en la misma una candidata

ción territorial (Senado) o la de otros órganos constitucionales (Tribunal Constitucional) a partir de ésta[78].

Pese a que el art. 10 de la Ley 9/2003, de 2 de abril, para la igualdad entre mujeres y hombres había introducido el principio de representación equilibrada entre sexos en el ámbito de las principales instituciones de la Generalitat (Corts y Consell), como demuestra un reciente estudio de Sevilla y Ruíz (2023), la representación femenina se ha situado en un 30 % de media en estos a lo largo de los 40 años de autogobierno. El balance, sin embargo, de los últimos años arroja un balance positivo, por varios motivos: a la conclusión de la X legislatura (2019-2023) todas las síndicas en las Corts[79] son mujeres, algo

---

inelegible dada su condición de magistrada en servicio activo en la carrera judicial.

77 La Ley 9/2010, de 7 de julio, de designación de Senadores o Senadoras en representación de la Comunitat Valenciana (DOCV núm. 6307, de 9 de julio de 2010, pp. 27034-27038; y BOE núm. 187, de 3 de agosto de 2010, pp. 67634 a 67639) distribuye el número de senadores que corresponde designar a las Corts valencianes entre los grupos parlamentarios, en proporción a la representación obtenida. Considerando que tales senadores de designación territorial vana integrarse en una Cámara (Senado) de composición extensa y plural lo único que se podría exigir a los grupos parlamentarios es que a aquellos a los que les corresponda la elección de una pluralidad de senadores estableciesen sus candidaturas con parámetros de paridad (a través de un reparto idéntico intersexos para el caso de que las designaciones sean de número par o, por el contrario, una representación equilibrada, para una situación impar; en caso de las designaciones individuales entendemos que debería existir libertad absoluta en la designación).

78 De la conjunción del art. 16.1 (segundo inciso) de al Ley Orgánica 2/1979, de 3 de octubre, del Tribunal Constitucional (BOE núm. 239, de 5 de octubre de 1979, pp. 23186-23195) y del art. 184.7 del Reglamento del Senado (BOE núm. 114, de 13 de mayo de 1994, pp. 14687 a 14709), se puede concluir que a las Corts valencianes le correspondería, en cada renovación de miembros del tribunal Constitucional a designación del Senado, proponer a un máximo de 2 candidatos. Si la propuesta elevada fuera dual, debería abrirse a ambos sexos; en caso contrario podría ser indistinta.

79 En la X Legislatura (2019-2023) los grupos parlamentarios que dan apoyo al Consell (Socialista, Compromís y Unidas Podem) han presentado nuevamente una proposición de reforma de la Ley electoral valenciana (RE núm. 96670, Butlletí Oficial de las Corts Valencianes núm. 262/X, de 5 de abril de 2018, pp. 44037-44075), como ya sucedió en el anterior período 2015-

que no había sucedido nunca en democracia; y el Botànic, en términos globales, puede decirse que también le ha dado cumplimiento[80] (53 frente a 47%), a pesar de no haberlo podido trasladar ni a su personal eventual (71 frente a 29%) ni, tampoco, al conjunto del sector público instrumental (64% de incumplimiento).

Un objetivo que en el ámbito estatal había propiciado la Ley Orgánica 3/2007, de 22 de marzo, para la igualdad efectiva de mujeres

---

2019. La propuesta de reforma electoral, a grandes rasgos, es muy similar a la entonces presentada y una de sus principales novedades (especialmente respecto a la anterior propuesta) es la obligatoriedad de incluir un porcentaje mínimo del 50 % de mujeres en las candidaturas. Esta iniciativa ha decaído al igual que la previsión que recogía el Anteproyecto de Ley valenciana de Igualdad de Género (cuya tramitación ha impedido la finalización de la legislatura y que, más adelante, será analizado con detenimiento) en su art. 177 (paridad de las Cortes), obligando a que las candidaturas estén integradas, como mínimo, por un 50% de mujeres "respetando esta proporción en cada tramo de dos lugares hasta completar el numero total" de miembros de la lista, incluida la relación de suplentes. Una exigencia superior, pues, a la exigida en el ámbito del régimen electoral general, ya que la Ley Orgánica 3/2007, de 22 de marzo, para la igualdad efectiva de mujeres y hombres (BOE núm. 71, de 23 de marzo de 2007), añade un nuevo artículo 44 bis a la Ley Orgánica de Régimen Electoral General (LOREG) donde se establece la exigencia de que las candidaturas que se presenten deberán tener una composición equilibrada de mujeres y hombres, de forma que en el conjunto de la lista los candidatos de cada uno de los sexos supongan, como mínimo, el 40%, proporción que deberá mantenerse también en cada tramo de cinco puestos (para el supuesto de que el número de candidatos o el último tramo de la lista no alcanzase los cinco puestos, la proporción de mujeres y hombres será lo más cercano al equilibrio numérico, manteniendo la proporción respecto del conjunto de la lista), reglas que también serán de aplicación a los suplentes. Para aclarar dicha contabilización la Junta Electoral Central aprobó la Instrucción 5/2007, de 12 de abril, de la Junta Electoral Central, sobre aplicación de los artículos 44.bis y 187.2 de la LOREG en la redacción dada por la Ley Orgánica 3/2007, de 22 de marzo, para la igualdad efectiva de mujeres y hombres (BOE núm. núm. 94, de 19 de abril de 2007).

80 Conforme vamos descendiendo en los niveles del escalafón de la Administración de la Generalitat nos vamos alejando del equilibrio paritario: titulares departamentales o de conselleria (50%); secretarios/as autonómicos/as (55 frente 45%); subsecretarios/as (80% frente a 20%); directores/ras generales (54 frente a 46%), respectivamente.

y hombres[81], que su Exposición de Motivos destacaba el papel de la igualdad intersexos como "principio jurídico universal" reconocido en los textos internacionales sobre derechos humanos[82] para, a continuación, consagrar el "principio de presencia o composición equilibrada de hombres y mujeres", que encuentra respaldo legal expreso en la Disposición adicional 1ª ("A los efectos de esta Ley, se entenderá por composición equilibrada la presencia de mujeres y hombres de forma que, en el conjunto a que se refiera, las personas de cada sexo no superen el sesenta por ciento ni sean menos del cuarenta por ciento"). Asimismo, el art. 14[83] relativo a los "criterios generales de

---

81 BOE núm. 71, de 23 de marzo de 2007, pp. 12611 a 12645.

82 Destacándose "la Convención sobre la eliminación de todas las formas de discriminación contra la mujer, aprobada por la Asamblea General de Naciones Unidas en diciembre de 1979 y ratificada por España en 1983", sí como los "avances introducidos por conferencias mundiales monográficas, como la de Nairobi de 1985 y Beijing de 1995". Para concluir señalando que "desde la entrada en vigor del Tratado de Ámsterdam, el 1 de mayo de 1999, la igualdad entre mujeres y hombres y la eliminación de las desigualdades entre unas y otros son un objetivo que debe integrarse en todas las políticas y acciones de la Unión y de sus miembros".

83 Dicho precepto debe analizarse en íntima conexión con lo dispuesto por el art. 44 bis de la LOREG, que fue incorporado, precisamente, por la Ley orgánica 3/2007, a través de su Disposición adicional segunda:
"1. Las candidaturas que se presenten para las elecciones de diputados al Congreso, municipales y de miembros de los consejos insulares y de los cabildos insulares canarios en los términos previstos en esta Ley, diputados al Parlamento Europeo y miembros de las Asambleas Legislativas de las Comunidades Autónomas deberán tener una composición equilibrada de mujeres y hombres, de forma que en el conjunto de la lista los candidatos de cada uno de los sexos supongan como mínimo el cuarenta por ciento. Cuando el número de puestos a cubrir sea inferior a cinco, la proporción de mujeres y hombres será lo más cercana posible al equilibrio numérico. En las elecciones de miembros de las Asambleas Legislativas de las Comunidades Autónomas, las leyes reguladoras de sus respectivos regímenes electorales podrán establecer medidas que favorezcan una mayor presencia de mujeres en las candidaturas que se presenten a las Elecciones de las citadas Asambleas Legislativas. 2. También se mantendrá la proporción mínima del cuarenta por ciento en cada tramo de cinco puestos. Cuando el último tramo de la lista no alcance los cinco puestos, la referida proporción de mujeres y hombres en ese tramo será lo más cercana posible al equilibrio numérico, aunque deberá mantenerse en cualquier caso la proporción exigible respecto del conjunto de la lista. 3. A las listas de suplentes se aplicarán las reglas contenidas en los anteriores apartados. 4. Cuando las candidaturas para el Senado se agrupen en

actuación de los poderes públicos", menciona entre los mismos a la participación equilibrada de mujeres y hombres en las candidaturas electorales y en la toma de decisiones; o, incluso, el art. 16 referente a los "nombramientos realizados por los poderes públicos", que señala que estos "procurarán atender(lo) en los nombramientos y designaciones de los cargos de responsabilidad que les correspondan".

Por último, dentro de su Título V (relativo a "El principio de igualdad en el empleo público"), y más en concreto en su Capítulo II (relativo a "El principio de presencia equilibrada en la Administración General del Estado y en los organismos públicos vinculados o dependientes de ella"), se concretan diversos ámbitos de aplicación del citado principio: 1) en relación con el nombramiento de las personas titulares de los órganos directivos de la Administración General del Estado (AGE) y de los organismos públicos vinculados o dependientes de ella, considerados en su conjunto (art. 52); 2) en los tribunales de selección de personal y en las comisiones de valoración de méritos (art. 53); y 3) en órganos colegiados, comités de personas expertas o comités consultivos, nacionales o internacionales, así como en los nombramientos que le corresponda a la AGE efectuar en los consejos de administración de las empresas en cuyo capital participe (art. 54).

El Consejo de Ministros de 23 de mayo de 2024 aprobaba el Proyecto de Ley Orgánica de representación paritaria de mujeres y hombres con el objetivo de garantizar la paridad en la política, la administración y las empresas[84], que finalmente ha decaído, ampliando su alcance a los órganos constitucionales y de relevancia constitucional (Tribunal Constitucional, el Consejo de Estado, el Consejo Fiscal, el Tribunal de Cuentas y el Consejo General del Poder Judicial) de manera que las personas de cada sexo no excedan del 60% ni sean me-

---

listas, de acuerdo con lo dispuesto en el artículo 171 de esta Ley, tales listas deberán tener igualmente una composición equilibrada de mujeres y hombres, de forma que la proporción de unas y otros sea lo más cercana posible al equilibrio numérico".

84 Con la intención de transponer la Directiva (UE) 2022/2381 del Parlamento Europeo y del Consejo de 23 de noviembre de 2022 relativa a un mejor equilibrio de género entre los administradores de las sociedades cotizadas y a medidas conexas (DOUE núm. 315, de 7 de diciembre de 2022, pp. 44 a 59).

nos del 40% en distintos ámbitos. Trasladaba, también, dicha obligación al máximo órgano ejecutivo del Estado (Consejo de Ministros) e incorporaba este principio a los órganos superiores y directivos departamentales en un plazo de cinco años (obligación que se extiende a todas las entidades del sector público estatal). Para cumplir con dicha finalidad, buscaba modificar la legislación electoral con el fin de establecer la obligatoriedad de las listas "cremallera", esto es, candidaturas integradas por personas de uno y otro sexo ordenadas de forma alternativa, en los distintos procesos electorales (Congreso, Senado, Parlamento Europeo, asambleas autonómicas, municipios, consejos insulares y cabildos insulares).

Aunque quizás el ámbito más discutible lo constituye el deseo de proyectar el principio de representación equilibrada sobre distintos ámbitos de la sociedad civil, especialmente el empresarial, alcanzando a: i) los consejos de administración de las sociedades cotizadas y de las entidades de interés público que excedan de 250 trabajadores y de una cifra de negocios de 50.000.000 de euros o que tengan un activo superior a 43.000.000 de euros; ii) las juntas de gobierno de los colegios profesionales, en las que se incluirá en la memoria anual el número de miembros desglosados por sexo, debiendo justificar por qué no se alcanza el porcentaje en su caso y las medidas adoptadas para ello; y iii) los tribunales, jurados y órganos colegiados constituidos para otorgar premios o condecoraciones de la AGE o entidades integrantes del sector público institucional estatal o cuando sean presididos por representantes de aquellas. Estableciendo toda una periodificación[85] a tal fin. La disolución anticipada de las Cortes Generales impidió que el Proyecto citado tuviese entrada en el Congreso.

---

85 El Proyecto de LO fijaba los siguientes plazos perentorios: 35 sociedades con mayor capitalización bursátil (30/06/2024); sociedades cotizadas con una capitalización bursátil superior a los 500 millones de euros (30/06/2025); sociedades con menor capitalización bursátil (finalización de junio de 2026; juntas de gobierno de los consejos generales y los colegios profesionales (30/06/2026); empresas grandes no cotizadas (33% a finales de junio de 2026 y 40% a finales de junio de 2028).

Por último, cabe referirse también a un último Anteproyecto de Ley[86] que, a pesar de haber decaído debido a la finalización de la legislatura, supone un desarrollo[87] de uno de los ámbitos prioritarios señalados a nivel estatutario como la igualdad de género, circunscrita eso sí al ámbito socio-laboral y familiar (arts. 10.3 y 11 EACV) teniendo como marco de referencia la citada Carta de Derechos Sociales, y en el cual había venido trabajando desde hace algún tiempo un equipo de "expertas" (algunas pertenecientes a la Red Feminista de Derecho Constitucional), designado por la titular de la Conselleria de Igualdad y Políticas Inclusivas para derogar definitivamente la Ley 9/2003, de 2 de abril, para la igualdad entre hombres y mujeres. La finalidad perseguida por este nuevo "marco integral" sin embargo se focaliza en exclusiva en el principio de igualdad y de no discriminación por razón de género (concebido como un auténtico derecho humano fundamental) y empoderamiento de la mujer, como impulso en el avance de derechos. Las vías, propuestas para su consecución, integran alguna de las proclamas de la agenda feminista, tales como: superación de los roles o estereotipos de género (se habla de "masculinidades feministas"); la erradicación de la brecha salarial, a través de una transformación del empleo que busca equilibrar la vida laboral y la corresponsabilidad familiar (que alcanza a los cuidados "informales" en el hogar) o la familia; así como otras políticas "identitarias" o de ampliación de derechos (a la mujer) o, incluso, el avance de la paridad en todos los órdenes (institucional y/o privado).

En su contenido, un ámbito muy relevante de las políticas públicas de la Generalitat (fiscal y presupuestaria; servicios y vivienda sociales; empleo y prevención de riesgos laborales; función pública; educación y formación profesional; comercio; participación y fomento del asociacionismo; planificación urbanística y territorial; movilidad y transporte...) aparecen condicionadas por el enfoque trasversal de género (Título I); en el aparecen algunos compromisos de acción política sorprendentes (realización de un estudio "oficial"

---

86 La versión del borrador que se ha manejado está fechada el 10/06/2022.

87 Dictada en base a la "competencia exclusiva" de la Generalitat sobre "promoción de la mujer" (art. 46.1.26ª EACV).

sobre la política fiscal y el impacto de género; encuesta de "usos de tiempo" de la población valenciana; auditoría de género sobre el uso, aplicación y diseño de sistemas basados en la Inteligencia Artificial; introducción de una "perspectiva de ruralidad feminista" ...) junto a otros ya plenamente incorporados en el ámbito laboral (planes de igualdad y su registro; medidas de "acción positiva" y equidad del género infrarrepresentado...) o, incluso, a través de "pilotajes" (jornada laboral de 32 horas...).

Desde una perspectiva de sostenibilidad (Título II), vinculada con el ecofeminismo, se detallan ciertas actuaciones para otro gran conjunto de políticas (acogimiento familiar; economía social y responsabilidad corporativa; agricultura y desarrollo rural; reindustrialización; medioambientales y de lucha contra el cambio climático; turismo) entre los que destacan la creación de un "sistema público (y universal) de cuidados"; fijación de un suelo retributivo (120% del salario mínimo interprofesional) de los empleados de los servicios públicos esenciales (sanitario, educativo y social), así como la recuperación de los servicios "privatizados" en un plazo máximo de 5 años, entre otros. A continuación (Título III), se detalla la actuación en otra serie de ámbitos (social; educativo; sanitario; universitario; cooperación...). Así, se concreta *ad intra* del sistema valenciano de los servicios sociales el enfoque referido (género) con una mayor precisión (feminización del empobrecimiento; usos de tiempo y corresponsabilidad; cuidados; autonomía personal; apoyo a las familias; desarrollo comunitario...) que, por extensión, también alcanza a la atención sociosanitaria; exigiendo memorias de impacto de género a cualquier planificación estratégica en dicho ámbito. En el sistema educativo (al que califica de "feminista"), se insiste en el principio trasversal de la coeducación (medida redundante puesto que ya figura en la ley básica educativa estatal: LOMLOE) imponiendo la educación sexual integral "obligatoria" desde los 6 años. En el sanitario, se garantizan los derechos de salud sexual y reproductiva (incluida la interrupción voluntaria del embarazo). En el ámbito universitario se garantizará la igualdad de género en los ámbitos docente e investigador, priorizándose una serie de ámbitos (memoria democrática, en Humanidades; genero y cuidados, en Ciencias Sociales...). Busca potenciar los planes en materia de cooperación alineados con los objetivos de desarrollo sostenible (ODS) e introducir, por último, el lenguaje inclusivo en la comunicación institucional, convirtiendo al Consejo del Audiovisual de la Comunitat Valenciana[88] en garante de la igualdad de género en dicho ámbito, entre otros aspectos destacables.

Estructura la participación (Titulo IV) en el ámbito sectorial creándose un nuevo órgano consultivo (Consell Valencià de la Igualtat de Gènere) y renombrándose el ya existente (Consell Valencià de les Dones); proyectando el principio de representación equilibrada y paridad en una serie de ámbitos (instituciones autogobierno; órganos colegiados de carácter técnico de valoración y tribunales de selección; diálogo social y negociación colectiva; producción artística; equipos directivos de centros educativos), fomentando en última instancia el asociacionismo "feminista". También, se organiza institucional y competencialmente toda esta "arquitectura" del género, a través de una dirección general (cuya creación sorprendentemente busca blindarse por ley) y creándose una Comisión interdepartamental a tal fin, y concretando los mecanismos de garantía (plan estratégico valenciano para la igualdad de género efectiva y plan de acción para la igualdad de género efectiva), las instituciones de asesoramiento (Defensoría de la igualdad de género, que se atribuye a un órgano estatutario como el Síndic de Greuges) y otro nuevo órgano asesor y consultivo especializado (Observatorio Valenciano de Genero), que se sumará a un Instituto Valenciano de Políticas Públicas para la Igualdad de Género y las unidades de igualdad integradas en los departamentos del Gobierno valenciano. Dedicándose, un último título (Título VI), a la regulación de la inspección de la Generalitat en materia de igualdad y a la introducción de todo un sistema sancionador en dicho ámbito.

Como puede comprobarse, es una ley de contenido más que discutible, así como de carácter más programático que regulatorio, como puede reflejarse en su abultado articulado (226 artículos; seis disposiciones adicionales; quince transitorias; una disposición derogatoria; y dos finales). Que eleva el rango de disposiciones que no deberían de pasar de tener un carácter reglamentario; generando una aparatosa (y a todas luces excesiva) organización administra-

---

88 Ver supra Cap. IX, pp. 151-158.

tiva en la que se solapan las nuevas estructuras respecto de las ya existentes (incluso en el ámbito de la participación); y donde, por último, abunda más la reiteración de derechos reconocidos ya por otras legislaciones sectoriales (estatales y autonómicas) que la generación de alguno que pueda considerarse novedoso (quizás el derecho al cuidado actualmente en construcción[89] y como complementario al derecho y que vamos a ver a continuación, sea el mejor ejemplo).

Una ley autonómica sin duda inspirada en la Ley 15/2022, de 12 de julio, integral para la igualdad de trato y la no discriminación[90]; instrumento legislativo estatal que como reconoce en su Preámbulo "no es una Ley más de derechos sociales sino, sobre todo, de derecho antidiscriminatorio específico" con clara "vocación de convertirse en el mínimo común normativo que contenga las definiciones fundamentales (de este) (como la discriminación por asociación o interseccional, de amplio recorrido en el ámbito europeo[91]) y, al mismo tiempo, albergue sus garantías básicas".

PROTECCIÓN "INTEGRAL" DE LA FAMILIA

En este apartado, además de la equiparación de las uniones de hecho a los matrimonios (art. 15, Ley 5/2012) en cuanto a sus efec-

---

89 Sobre el derecho al cuidado mucho se ha escrito recientemente. Sirvan como ejemplo los siguientes trabajos: Igareda González, Noeloa (2012). "El derecho al cuidado en el estado social de derecho", *Anuario de Filosofía del Derecho (XXVIII)*, 185-206; Marrades Puig, Ana (2016). "Los nuevos derechos sociales. El derecho al cuidado como fundamento del pacto constitucional". *Revista de Derecho Político* (97), 209-242; y Marrades Puig, Ana (Coord.) (2021): *Los cuidados en la era COVID-19. Análisis jurídico, económico y político.* València: Tirant lo Blanch.

90 BOE núm. 167, de 13 de julio de 2022, pp. 98071-98109.

91 Sobre este particular puede consultarse Rey Martínez, Fernando (2019). *Derecho antidiscriminatorio.* Pamplona: Thomson Reuters-Aranzadi, el manual más completo hasta la fecha en esta cuestión en el ámbito del Derecho Constitucional.

tos (mayoritariamente en el ámbito subvencional[92]), cabe referirse también al proyecto de Ley Valenciana de Diversidad Familiar y Apoyo a las Familias, que tras su aprobación por el Consell en fecha 20 de enero de 2023 apenas tuvo tiempo de entrar en Corts Valencianas[93] para ser debatida y cuya tramitación ha interrumpido el fin de la legislatura. Esta iniciativa[94] (primigenia, desde luego, en los aspectos sobre los que se pretende legislar), tenía por objeto establecer el marco legal para el reconocimiento de la diversidad familiar y la aplicación de políticas públicas de apoyo en favor de

---

92 Ver infra Cap. III, p. 35.

93 BOCV núm. 307, de 27 de enero de 2023, pp. 45051-45078. Puede consultarse el texto en la siguiente dirección web: https://www.cortsvalencianes.es/sites/default/files/initiative/doc/PL_familia.pdf

94 En el ámbito estatal no hay antecedentes de una norma con rango de ley (ordinaria u orgánica) destinada a dar cumplimiento al principio rector de la política social y económica que mandata que los poderes públicos asegurarán la "protección social, económica y jurídica de la familia" (art.. 39.1 CE), exceptuando la Ley 40/2003, de 18 de noviembre, de protección a las familias numerosas (BOE núm. 277, de 19 de noviembre de 2003, pp. 40845-40852), únicamente aplicable a esa específica "categoría" familiar. Por el contrario, en el ámbito autonómico sí que cabe señalar la existencia de distintas CCAA que cuentan con normas con rango de ley en el marco de sus competencias en materia de familias, entre las cuáles se relacionan las siguientes: Ley 1/2007, de 7 de marzo, de Medidas de Apoyo a las Familias de la Comunidad de Castilla y León (BOCYL núm. 52, de 14 de marzo de 2007, pp. 2-10; y BOE núm. 76, de 29 de marzo de 2007, pp. 13650-13662); Ley 18/2003, de 4 de julio, de Apoyo a las Familias de Cataluña (DOGC núm. 3926, de 16 de julio de 2003 y BOE núm. 189, de 8 de agosto de 2003, pp. 30698-30708); Ley 13/2008, de 12 de diciembre, de Apoyo a las Familias de Euskadi (BOPV núm. 246, e 24 de diciembre de 2008, pp. 31840-31924; y BOE núm. 242, de 7 de octubre de 2011, pp. 105397-105414); Ley 3/2011, de 30 de junio, de apoyo a la familia y a la convivencia de Galicia (DOG núm. 134, de 13 de julio de 2011, pp. 19306-19373; y BOE núm. 182, de 30 de julio de 2011, pp. 86814-86856); Ley 9/2014, de 23 de octubre, de Apoyo a las Familias de Aragón (BOA núm. 217, de 5 de noviembre de 2014, pp. 35335-35352; y BOE núm. 281, de 20 de noviembre de 2014, pp. 94829-94849); Ley 8/2018, de 31 de julio, de apoyo a las familias de Illes Balears (BOIB núm. 97, de 7 de agosto de 2018 y BOE núm. 236, de 29 de septiembre de 2018, pp. 93909-93927). El pasado día 11 de mayo de 2023 Andalucía, también, hacía público un Anteproyecto de Ley de Familias de Andalucía abierto en estos momentos al trámite de consulta ciudadana.

las familias [mandato estatutario contenido en el art. 10.3 EACV sin que se consignase referencia alguna a la previsión legal contenida en el art. 29 de la Carta, donde no sólo se garantiza su "defensa integral" sino que se ordena su "reconocimiento institucional (...) mediante los instrumentos adecuados] como garantía de la mejora de su bienestar y acceso a unos (recursos y) servicios públicos inclusivos.

Sin embargo, la perspectiva que se traslada a través de la iniciativa legislativa del Consell está en las antípodas de los desarrollos "tradicionales" de una ley integral de apoyo a las familias, dado que (como recoge el dictamen del máximo órgano consultivo de la Generalitat[95]) la misma Abogacía de la Generalitat ha llegado a poner serios reparos a los principios rectores que incorpora (art. 3); fundamentalmente, por la exclusión de la relevancia constitucional de la familia de base matrimonial en favor de modelos "alternativos" a la misma (igual que con posterioridad se le reprochará al Gobierno de la Nación por parte del Consejo General del Poder Judicial[96] al texto estatal) en consonancia con la iniciativa estatal[97]

95 Dictamen núm. 805/2022, de 21 de diciembre. Puede consultarse en su integridad en la siguiente dirección web: https://www.cjccv.es/dictamenes/2022/CS/2022-0805.pdf

96 El informe sobre el Anteproyecto de Ley de Familias fue aprobado mediante acuerdo de fecha 30 de marzo de 2023, y puede ser consultado en su integridad en la siguiente dirección web:
https://www.poderjudicial.es/cgpj/es/Poder-Judicial/Consejo-General-del-Poder-Judicial/Actividad-del-CGPJ/Informes/Informe-sobre-el-anteproyecto-de-Ley-de-familias

97 El Gobierno de España aprobaba el proyecto de Ley de Familias el pasado día 28 de marzo de 2023, publicándose a continuación [Boletín Oficial de las Cortes Generales. Congreso de los Diputados. Serie A (Proyectos de Ley) núm. 151-1, de 14 de abril de 2023, pp. 1-70]. Su finalidad es igualmente el reconocimiento de la "diversidad" de las situaciones familiares (contemplando una gran "atomización" de éstas, hasta 10 categorías distintas: vulnerabilidad con personas menores de edad a cargo; de un único progenitor; donde existan personas con discapacidad o en situación de dependencia; donde existan personas pertenecientes a los colectivos LGTBi; en la que se producen nacimientos, adopciones o acogimientos múltiples; donde se dan adopciones o acogimientos; con hijas o hijos de uniones anteriores; residentes en el medio rural; en la que alguno de sus miembros

procede de otro Estado o territorio, o de emigrantes retornados; o, por último, con especiales necesidades de apoyo a la crianza, que incluye a las "numerosas" o asimilados), buscando la adaptación de la normativa europea sobre conciliación de la vida familiar y laboral de las personas progenitoras y cuidadoras [Directiva (UE) 2019/1158 del Parlamento Europeo y del Consejo de 20 de junio de 2019 relativa a la conciliación de la vida familiar y la vida profesional de los progenitores y los cuidadores, y por la que se deroga la Directiva 2010/18/UE del Consejo (DOUE L 188/79, de 12 de julio de 2019)]. Que, finalmente, han sido traspuestas mediante el Real Decreto-ley 5/2023, de 28 de junio, por el que se adoptan y prorrogan determinadas medidas de respuesta a las consecuencias económicas y sociales de la Guerra de Ucrania, de apoyo a la reconstrucción de la isla de La Palma y a otras situaciones de vulnerabilidad; de transposición de Directivas de la Unión Europea en materia de modificaciones estructurales de sociedades mercantiles y conciliación de la vida familiar y la vida profesional de los progenitores y los cuidadores; y de ejecución y cumplimiento del Derecho de la Unión Europea (BOE núm. 154, de 29 de junio de 2023, pp. 90565-90788) que, también, amplía los supuestos en los que los empleados pueden acogerse al art. 34.8 del Estatuto de los Trabajadores, que permite solicitar cambios en el horario o implantar el teletrabajo en caso de tener necesidades de conciliación. Hasta ahora la normativa sólo reconocía este derecho de forma expresa para aquellos con hijos menores de 12 años; sin embargo, ahora se extienden los permisos laborales para amparar otras circunstancias (cuidado de familiares, como hermanos, padres o nietos, el cónyuge o la pareja de hecho, entre otros).

El texto proyectado buscaba introducir los siguientes extremos: tres nuevos permisos laborales (entre los cuáles destaca el permiso retribuido de 5 días al año para cuidar de un familiar o con un conviviente) para favorecer la conciliación y los cuidados; extensión de la renta crianza, que se aplicará a alguna de las situaciones familiares anteriormente enunciadas (como las familias con "mayores necesidades de apoyo a la crianza", de un único progenitor, con ascendiente o descendientes con discapacidad, las que hayan sufrido violencia de género o donde uno de los progenitores esté en tratamiento hospitalario o cumpliendo condena); flexibilización en los requisitos para ser considerado familia numerosa "especial" [cuatro hijos en vez de cinco, tres en los supuestos de parto múltiple o con tres hijos y bajos ingresos (hasta el 150 % del Indicador Público de Renta de Efectos Múltiples-IPREM)] extensión del subsidio por nacimiento y cuidado no contributivo a adoptantes y familias de acogida; ampliación a un año de la pensión de orfandad (hasta los 26), edad a la que también se extiende el permiso por cuidado de menor con cáncer u enfermedad grave; equiparación de derechos entre matrimonios y parejas de hecho (como permiso por registro); especial protección a las familias múltiples; inscripción de los

con la que ha compartido destino, rebasando el marco constitucional[98].

El proyecto de Ley autonómico regula su objeto, ámbito de aplicación, principios rectores y objetivos (Tít. Preliminar, arts. 1-4); regulando las políticas de igualdad (incluyendo expresamente una cláusula antidiscriminatoia específica, art. 6) y diversidad familiar (Tit. I, arts. 5-34), que alcanzan al ámbito de los servicios sociales básicos (educación, salud…) hasta el fomento de la crianza y los cuidados, la convivencia familiar y otras políticas "integrales" de apoyo (desde vivienda hasta medio ambiente y transición ecológica); un trazo que no recuerda mucho al del frustrado proyecto de Igualdad de Género. Tras ahondar en las situaciones familiares "singularizadas" (tipología que parece no haberse podido actualizar a la reflejada estatalmente), la norma estructura el ámbito institucional (Título II) reservándolo al Consejo Valenciano de las familias (art. 38), como "máximo órgano de participación" en la materia. Por último, se plantea el reconocimiento expreso de la diversidad familiar (Tít. IV), dentro de las posibilidades que brinda el ámbito competencial[99], reconociendo a

---

hijos de las parejas no casadas; la incorporación de la diversidad familiar como principio del sistema educativo….

Otra norma también proyectada era la modificación del Real Decreto 1618/2007, de 7 de diciembre, sobre organización y funcionamiento del Fondo de Garantía del Pago de Alimento (BOE núm. 299, de 14 de diciembre de 2007, pp. 51371-51376) con la intención de agilizar los trámites beneficiando a los hijos de parejas de hecho, mayores de edad con discapacidad o en situación de dependencia.

98 Básicamente, el citado art. 39.1 CE, que establece como principio rector de la política social y económica que los poderes públicos aseguran la protección social, económica y jurídica de la familia. Y el reconocimiento del matrimonio (art. 32 CE), como "institución garantizada por la Constitución" [FJ 3º, STC 184/1990, de 15 de noviembre (BOE núm. 289, de 3 de diciembre de 1990, pp 31-36), que se homologa a otras cartas magnas del resto de las democracias occidentales.

99 El Preámbulo de la norma proyectada hace referencia expresa al art. 10.3 EACV ["En todo caso, la actuación de La Generalitat se centrará primordialmente en los siguientes ámbitos: defensa integral de la familia (…)], aunque no cabe olvidar tampoco que la Generalitat tiene competencia "exclusiva" sobre una serie de materias, entre otras "Servicios Sociales" (art. 49.1.24ª EACV); e) "Instituciones públicas de protección y ayuda de

familias numerosas, monoparentales o uniones de hecho formalizadas un trato singularizado, habiendo sido objeto de un desarrollo normativo previo[100].

En materia de familia cabe destacar los desarrollos normativos en materia de Derecho civil valenciano (analizados en la parte inicial de esta monografía, ver infra …); los desarrollos normativos que afectan a los dependientes[101] y diversidad funcional[102] (situaciones familiares singularizadas en el proyecto legal) o, por último, el desarrollo normativo del acogimiento familiar[103].

---

menores, jóvenes, emigrantes, tercera edad, personas con discapacidad y otros grupos o sectores necesitados de protección especial, incluida la creación de centros de protección, reinserción y rehabilitación" (art. 49.1.27ª EACV), respectivamente.

100 Respecto de las familias "numerosas" cabe destacar el Decreto 14/2021, de 29 de enero, de regulación del procedimiento de emisión y renovación del título y carné de familia numerosa (DOCV núm. 9014, de 5 de febrero de 2021, pp. 5893-5902) que, lejos de agilizarlo, ha tenido un efecto adverso. Igualmente, a través del Decreto 19/2018, de 9 de marzo, del Consell, se ha regulado el reconocimiento de la condición de familia monoparental (DOCV núm 8260 de 23 de marzo de 2018, pp. 12075-12084), reconociéndoles algunos de los beneficios que disfrutaban las primeras.

101 Decreto 62/2017, de 19 de mayo, del Consell, por el que se establece el procedimiento para reconocer el grado de dependencia a las personas y el acceso al sistema público de servicios y prestaciones económicas (DOCV núm. 8061 de 13 de junio de 2017, pp. 20619-20645).

102 Como los Decretos 72/2016, de 10 de junio, del Consell, que regula la tarjeta de estacionamiento para vehículos que transportan personas con discapacidad que presentan movilidad reducida y se establecen las condiciones para su condición (DOCV núm. 7810, de 21 de junio de 2016, pp. 16512-16522); 3/2017, de 13 de enero, del Consell, mediante el cual se aprueba el reglamento de selección, provisión de puestos de trabajo y movilidad del personal de la función pública valenciana (DOCV núm. 7964, de 24 de enero de 2017, pp. 3310-3356); y 180/2017, de 17 de noviembre, del Consell, de ordenación de competencias y servicios relativos a las funciones de tutela de la Generalitat respecto a las incapacitaciones judiciales (DOCV núm. 8182 de 1 de diciembre de 2017, pp. 44588-44595).

103 Adaptando el Decreto 35/2021, de 26 de febrero (DOCV núm. 9036 de 8 de marzo de 2021, pp. 9496-9532) a la Ley estatal de Infancia (Ley Orgánica 8/2021, de 4 de junio). Este nuevo reglamento modifica los decretos previos sobre regulación de la acogida familiar y del de regulación y coordi-

Es destacable además (en plena pandemia), la presentación de una proposición de Ley de conciliación familiar (y para la eliminación de la brecha salarial) en la Comunitat Valenciana[104], a iniciativa del principal partido de la oposición, centrada en la ordenación de horarios, flexibilidad laboral y protección familiar, entre otras cuestiones; el Consell, a pesar de afirmar expresamente que compartía sus objetivos, mostraría su criterio desfavorable a su toma en consideración, impulsando un proyecto legal propio (anteriormente analizado, ver infra…) en consonancia con el dictamen evacuado por la Comisión especial de estudio sobre los usos de tiempos[105] (de composición idéntica a las comisiones permanentes legislativas) y que, como vimos, no pasará de la fase de anteproyecto.

Otros avances en dicho ámbito vendrán incorporadas en las sucesivas leyes de acompañamiento (Ley 27/2018, de 27 de diciembre, de medidas fiscales, de gestión administrativa y financiera y de

---

nación de los órganos de la Administración de la Generalitat, de participación infantil y adolescente, y de protección de la infancia y la adolescencia, respectivamente.

104 BOCV núm. 96/X de 5 de agosto de 2020, p. 11486.

105 Resolución 388/X, sobre la aprobación del dictamen elaborado por la Comisión especial de estudio sobre los usos de tiempos para impulsar políticas concretas de racionalización de los horarios, aprobada por el Pleno de las Corts Valencianes en la reunión del 8 de julio de 2021 (BOCV núm. 180, de 14 de julio de 2021, pp. 25436-25484. Desde una perspectiva general, se instaba al Gobierno de España al "desarrolle la ley del tiempo (que ya había sido anunciada) y (velase) porque su aprobación sea fruto de un pacto de estado que incluya a los agentes sociales"; y al Consell a propiciar una "reforma horaria amplia", bajo el amparo de la primera que abarcase toda una serie de ámbitos (laboral, escolar, ocio, sanitario, cultural, consumo, etcétera). El ámbito prioritario donde se proponen "revisiones y mejoras" es el "teletrabajo con perspectiva de género" (incluyendo, la aprobación de un protocolo para la "desconexión" laboral siguiendo el patrón francés que había sido aprobado recientemente, así como medidas de conciliación y usos racionales del tiempo por parte de las Administraciones públicas valencianas). Por último, se instaba a las Corts valencianes a impulsar y mantener medidas de conciliación y uso racional del tiempo par los empleados públicos de la institución.

organización de la Generalitat[106]) o sectoriales (Ley 4/2021, de 16 de abril, de la Función Pública Valenciana[107]), produciéndose importantes avances tanto en este último ámbito (teletrabajo y medidas de flexibilización horaria) como en el educativo (ampliación de la oferta "pública" de plazas en escuelas infantiles y guarderías hasta las 4558 plazas[108], garantizándose la "gratuidad" efectiva a partir del tramo de 2 a 3 años, jornada continua[109] o, incluso, nuevos permisos y licencias[110]).

---

106 DOCV núm. 8453, de 28 de diciembre de 2018, pp. 50317-50418; y BOE núm. 39, de 14 de febrero de 2019, pp. 13864-1398.

107 DOCV núm. 9065, de 20 de abril de 2021, pp. 16632-16753; y BOE núm. 127, de 28 de mayo de 2021, pp. 64542-64685.

108 El impulso a la escolarización de 0 a 3 años a partir de las inversiones educativas del Plan de Recuperación puede consultarse a través del siguiente portal: https://www.educacionyfp.gob.es/mc/sgctie/cooperacion-territorial/programas-cooperacion/primer-ciclo-infantil.html

109 Orden 9/2022, de 25 de febrero, de la Conselleria de Educación, Cultura y Deporte, por la que se regulan las condiciones y el procedimiento de solicitud y de autorización de modificación de la jornada escolar en los centros sostenidos con fondos públicos de segundo ciclo de Educación Infantil y de Educación Primaria del sistema educativo valenciano (DOCV núm. 9287 de 28 de febrero de 2022). En el último curso escolar (2022-2023) los centros públicos que se han acogido a la jornada continua ascienden a 750 (54,5% del total) principalmente en la provincia de Alicante (375 colegios, 79,4% del total); seguido de Valencia (301, 41,6%) y Castellón (74, 41,3%), según los datos publicados en la página web de la Conselleria de Educació.

110 El Decreto 234/2022, de 30 de diciembre, del Consell, por el que se regulan las condiciones de trabajo del personal docente no universitario funcionarial dependiente de la Conselleria de Educación, Cultura y Deporte: permisos y licencias (DOCV núm. 9506, de 5 enero 2023, pp. 343-355) actualiza la normativa valenciana a una serie de permisos nuevos y cambios que ya figuraban en la normativa estatal, tales como "el permiso relacionado con la adopción, acogimiento o guarda con el fin de adoptar; el permiso para las preceptivas sesiones de información y preparación para el parto, el permiso por nacimiento de hijos e hijas prematuros, la modificación del disfrute del permiso de 15 días por matrimonio y la duración del permiso por parto, al que se le añade el supuesto de neonatos hospitalizados".

DIVERSIDAD FUNCIONAL

Igualmente, resultan de interés tanto el haz de derechos y garantías que se reconocen a las personas con "diversidad funcional" (entonces sinónimo de "discapacidad", término proscrito en el momento actual y que ha motivado una reforma constitucional en trámite) en el art. 6 de dicho instrumento normativo [que desarrolla, a su vez, el mandato estatutario dirigido a dicho colectivo (art. 13) y que les garantiza los siguientes derechos: las "prestaciones públicas necesarias para asegurar su autonomía personal, su integración socio-profesional y su participación en la vida social de la comunidad" (apdo. 1°); su "integración (...) mediante medidas de acción positiva", a los efectos de garantizar la accesibilidad espacial (apdo. 2°); "cuidados especiales" a (mayores o menores) dependientes" (apdo 3°); y, por último, "el uso de la lengua de signos (...) que deberá ser objeto de enseñanza, protección y respeto" (apdo 4°), respectivamente] frente a la Administración de la Generalitat (o sus entidades autónomas y sus entidades de Derecho Público sujetas al Derecho Privado), como las garantías a una igual protección jurídica y de trato "personalizado e individualizado" en el acceso a los servicios públicos e, incluso, aquellos ajustes "razonables" que favorezcan el goce y ejercicio de los derechos; haciendo un especial hincapié en determinados derechos fundamentales (imagen que se proyecta en el ámbito social calificándose de "ajustada, normalizada, respetuosa e inclusiva" y la libre expresión u opinión, vinculándola al acceso en "igualdad de condiciones" a la otra gran libertad comunicativa y al conocimiento a través de las TICs) y mandatos dirigidos a los poderes públicos (como el "reconocimiento y protección (...) de la lengua de signos" como parte determinante de su identidad y diversidad). Estatuto jurídico, recientemente, actualizado mediante la Ley 9/2018, de 24 de abril[111] no sólo para "reforzar el reconocimiento de derechos ya existentes sino (también) para incorporar otros nuevos", directamente relacionados con los "apoyos y ajustes razonables, así como con la lengua de signos", nacidos al calor de la Convención sobre los derechos de las personas con discapacidad, ratificada por España con posterioridad

---

[111] DOCV núm. 8282, de 26 de abril de 2018, pp. 16275-16284; y BOE núm. 117, de 14 de mayo de 2018, pp. 50060-5007).

a su aprobación el 13 de diciembre de 2006 (Instrumento de Ratificación, BOE núm. 96, de 21 de abril de 2008, pp. 20648-20659), primer tratado de derechos humanos del siglo XXI. El texto añade nuevos capítulos a la Ley 11/2003, de 10 de abril, tales como el Cap. III bis ("Del acceso a la justicia", arts 20 bis y ter), IX (De la participación en la vida política y pública", art. 70 bis) y X ("De los ajustes razonables", art. 70 ter y quáter).

En otras partes de la presente monografía (en concreto, en los ámbitos educativos o de acceso a la justicia) también se detallan alguno de los avances destacados en clave de derechos para dicho colectivo.

SIN AVANCES RESPECTO DEL COMPROMISO DE INTEGRACIÓN DE LOS MIGRANTES...

Llama poderosamente la atención que sea este un ámbito en donde no se ha producido ningún despliegue legislativo digno de ser destacado, pese a la importancia de la población "diana"[112] salvo desde una perspectiva sectorial específica (cobertura sanitaria de los "sin papeles", a través de la cobertura sanitaria universal, que será analizado en el epígrafe siguiente; el fenómeno de la trata de seres humanos y sus deseos de abolición, que ya se han visto a través de diferentes iniciativas, alguna de las cuáles fueron ensayadas con un resultado discreto por aquella época; o, por último, la apertura del sistema de servicios sociales a dicha población, buscando mayor inclusividad y en colaboración con el poder local, cuya nueva estructuración será más adelante abordada[113]). Este hecho, quizás se deba al impulso del llamado contrato de integración de los inmigrantes, como consecuencia de la Ley 15/2008, de 15 de diciembre[114] (a la que ya se ha

112 La Comunitat cuenta con 750.000 personas extranjeras, lo que representa un 14% de nuestra población. Tales cifras nos convierten en el territorio autonómico con mayor presencia de población extranjera, tanto en términos absolutos como relativos.

113 Ver supra..

114 Desarrollada mediante Decreto 93/2009, por el que se aprueba el Reglamento de la Ley 15/2008, de 5 de diciembre, de la Generalitat, de Integra-

hecho referencia anteriormente) y que formaliza el referido "compromiso" al objeto de facilitar la incorporación de los inmigrantes a los recursos sociales regulados por la Generalitat.

Al posibilitar el seguimiento de un programa voluntario de cultura valenciana y poder hacerlo además en sus dos lenguas cooficiales se daba la posibilidad, mayoritariamente a la población extracomunitaria, a la toma de conciencia de los valores (europeos, constitucionales y estatutarios[115]) de la sociedad de acogida, que podían ser desconocidos especialmente por la población extranjera de reciente incorporación. Garantizándose en todo caso la igualdad de trato para quiénes decidan no seguirlo sin vincularlo, tampoco, al disfrute de prestaciones o ayudas sociales.

El texto legal incluía, además un conjunto de medidas de contenido social dirigidas a los colectivos con mayor riesgo de exclusión en diferentes ámbitos (sanidad, educación, formación y empleo o vivienda, entre otros).

En este ámbito lo que si se ha aprobado es una estrategia valenciana de las migraciones (2021-2026)[116] cuya vigencia supera (como

---

ción de las Personas Inmigrantes en la Comunitat Valenciana (DOGV núm. 6056 de 14 de julio de 2009, pp. 27896-27912).

115 Es preciso reconocer que a diferencia de otras normas institucionales no se ha desarrollado en nuestro sistema de autogobierno un catálogo de deberes propio. Sobre su ausencia puede consultarse Ridaura Martínez, Mª Josefa y Barroso Márquez, Juan Francisco (2023). "Los deberes en el Estatuto de Autonomía". *Drets. Revista Valenciana de Reformes Democràtiques* (6), 53-71.

116 Dicho documento puede consultarse en la siguiente dirección web: https://inclusio.gva.es/es/web/igualdad-diversidad/estrategia-de-migracions
El órgano directivo competente en materia de política migratoria es la Dirección General de Igualdad en la Diversidad (art. 13, del Decreto 170/2020, de 30 de octubre, del Consell, de aprobación del Reglamento orgánico y funcional de la Vicepresidencia y Conselleria de Igualdad y Políticas Inclusivas. DOCV núm. núm. 8959 de 24 de noviembre de 2020, pp. 45839-45854). Por otra parte, mediante la Resolución de 1 de diciembre de 2020, de la vicepresidenta y consellera de Igualdad y Políticas Inclusivas, se crea la Comisión mixta para el desarrollo de la Estrategia Valenciana de Migraciones 2021-2026 (DOCV núm. 8967, de 4 de diciembre de 2020), presidida por la titular departamental y que cuenta con 15 vocalías institucionales y 26 sociales, respectivamente.

puede observarse) el periodo temporal estudiado en este trabajo pero de la que cabe destacar una serie de aspectos de gran relevancia: el primero que en su diseño y elaboración ha sido determinante el documento Informe jurídico-social sobre la situación de las personas migrantes en la Comunitat Valenciana (Instituto de Derechos Humanos, 2017) [117]; y el segundo, que su primer objetivo es, precisamente, un desarrollo normativo que finalmente no ha llegado a producirse.

117 Informe elaborado por una serie de profesores de la Universitat de València (Mora Castro, Albert; De Lucas Martin, Javier; González Sanjuan, Mª Eugenia; Solanes Corella, Ángeles; y Vázquez Cañete, Ana Isabel) por encargo de la Conselleria de Polítiques Inclusives de la Generalitat Valenciana en el que se establece un diagnóstico de la situación de la inmigración en la Comunitat Valenciana con especial atención a la garantía de derechos, la convivencia intercultural y las políticas de integración. El texto incluye 50 propuestas para la mejora de las políticas públicas en el campo de la gestión de la diversidad, la promoción de la convivencia intercultural y la garantía de derechos, sirviendo de base para la estrategia autonómica aprobada en dicho ámbito. El documento puede consultarse en la siguiente dirección web: https://roderic.uv.es/handle/10550/72506

VI. Desarrollos vinculados a alguno de los servicios sociales básicos

Como vimos, desde una perspectiva no liberal (garantía frente a la pobreza y la exclusión) los derechos sociales pueden ser también considerados como accesos igualitarios a ciertos bienes o servicios públicos. A continuación se profundizará en los cuatro servicios públicos que aparecen mencionados en la Carta: sanidad, educación, servicios sociales y justicia.

RECUPERANDO LA UNIVERSALIDAD EN LA SANIDAD Y, TAMBIÉN, SU GESTIÓN PÚBLICA

En sanidad, la prioridad de la acción legislativa ha estado centrada en devolver al derecho a la sanidad un carácter universal, a partir del Decreto-Ley 3/2015, de 24 de julio, (validado mediante Resolución 10/IX, de 9 de septiembre de 2015, del Pleno de las Cortes Valencianas[118]) que concreta, en el ámbito del sistema valenciano de salud (SVS) los requisitos de acceso a las prestaciones sanitarias y en igualdad de condiciones (y calidad) al resto de la población asegurada; su población "diana" serán los extranjeros en situación irregular o aquellos que no tuviesen la condición ni de asegurados ni de beneficiarios[119] del sistema nacional de salud (SNS), según lo previsto en el art. 3.5 de la Ley 16/2003, de 28 de mayo, de cohesión y calidad del SNS.

---

118 DOCV núm. 7619 de 21 de septiembre de 2015, p. 25558.

119 Esto es, que ni podían exportar el derecho a cobertura sanitaria a este, ni contaban con un tercero obligado al pago o, incluso, a quienes les resultaba imposible acreditar la imposibilidad de suscripción del convenio especial al que se refería la normativa autonómica vigente (Decreto 190/2013, de 20 de diciembre) en ese momento.

La regulación autonómica se justificaba en la recuperación de la cobertura sanitaria una población especialmente desfavorecida que había sido desprovista de asistencia y cobertura sanitaria por la aplicación de una norma estatal (Real Decreto-Ley 16/2012, de 20 de abril, de medidas urgentes para garantizar la sostenibilidad del sistema nacional de salud y mejorar la calidad y seguridad de sus prestaciones[120]), aprobada en un contexto de grave recesión económica, que recuperaba el concepto de asegurado (frente al de ciudadano, consagrado en la Ley General de Sanidad), condicionando gravemente el acceso a los servicios de salud al vincularlos al sistema de previsión social.

---

120 La implantación del Real Decreto-Ley 16/2012, tuvo graves consecuencias para la vida y la salud de los colectivos excluidos, suponiendo a su vez un retroceso peligroso en el modelo sanitario español. Aprobado en la senda de austeridad presupuestaria que se impuso a partir de 2012, supuso un recorte de derechos, bajo la excusa de la consolidación fiscal y del peligro, que para la sostenibilidad de nuestro sistema sanitario por el coste de atención de ciertos colectivos, entre los que figuraban las personas en situación irregular. La realidad, sin embargo, es que dicha norma estatal no se aprobó con ninguna memoria económica que lo sustentase y, tampoco, nunca después se ha llevado a cabo una rendición de cuentas desconociéndose hasta la fecha el supuesto o pretendido "ahorro" que ha conllevado este recorte de un derecho tan básico como es la atención sanitaria. Por el contrario, sí empieza a conocerse su coste en términos de salud, habiéndose disparado la mortalidad entre la población inmigrante irregular durante los primeros tres años de aplicación de la norma estatal en casi un 15%, como han demostrado los investigadores Juanmarti Mestres, Arnau; López Casasnovas, Guillem; y Valla Castelló, Judit (2018). *The deadly effects of losing health insurance.* Barcelona: Instituto de Economía de Barcelona (IEB)-Centre de Recerca en Economia i Salut (CRES-UPF). Disponible en la dirección web siguiente: www.upf.edu/documents/3329791/0/CRESWP201802104.pdf/5d15cc11-7ed5-bef6-e9e7-aa53a30005e9, que sugiere que el estado de salud de las poblaciones vulnerables se ve muy afectado por la falta de acceso a los servicios de la salud.

Poco tardaría el Gobierno en impugnar[121] la norma autonómica, quedando automáticamente suspendida[122] (mediante la invocación de los arts. 162.2 CE y 30 Ley Orgánica Tribunal Constitucional) pese a que una norma de segundo orden[123] posibilitaría el cumplimiento de su objetivo desde el primer momento. Finalmente, la STC 145/2017, de 14 de diciembre de 2017[124] declararía la inconstitucionalidad de una de las primeras normas aprobadas por el Botànic al considerar que constituye "una ampliación de la cobertura sanitaria en el ámbito subjetivo de las prestaciones no contemplado por la normativa estatal" (al incluir entre los sujetos que tienen la condición de asegurados a los extranjeros titulares de una autorización para residir en territorio español, pero no a los que no están registrados ni autorizados como residentes, FJ 2°), vulnerando pues la competencia exclusiva (bases y coordinación general de la sanidad) estatal establecida en el art. 149.1.16 CE reservaba al Estado.

121 Recurso de inconstitucionalidad núm. 6022-2015, promovido por el Presidente del Gobierno de la Nación, contra el Decreto-Ley 3/2015, de 24 de julio, del Consell, por el cual se regula el acceso universal a la atención sanitaria en la Comunitat Valenciana (DOCV núm. 7651 de 5 de noviembre de 2011, pp. 39966-39971).

122 Tribunal Constitucional. Información pública de levantamiento de la suspensión del Decreto-Ley 3/2015, de 24 de julio, del Consell, por el cual se regula el acceso universal a la atención sanitaria en la Comunitat Valenciana (DOGV núm. 7736, de 8 de marzo de 2016).

123 Orden 2/2015, de 28 de agosto, de la Conselleria de Sanidad Universal y Salud Pública por la que se aprueban las bases reguladoras de la ayuda destinada a financiar programas de ayuda mutua y autoayuda, llevados a cabo por asociaciones o entidades sin ánimo de lucro de pacientes, de sus familiares, de voluntariado sanitario o aquellas cuyo fin sea la mejora de la calidad de vida de los pacientes (DOCV núm. 7608, de 4 de septiembre de 2015).

124 Tribunal Constitucional. Sentencia 145/2017, de 14 de diciembre de 2017. Recurso de inconstitucionalidad 6022-2015. Interpuesto por el Presidente del Gobierno respecto del Decreto-ley del Consell de la Generalitat Valenciana 3/2015, de 24 de julio, por el que se regula el acceso universal a la atención sanitaria en la Comunidad Valenciana (BOE núm. 15, de 17 de enero de 2018, pp. 6881 a 6890).

El principal objetivo del Real Decreto-ley 7/2018, de 27 de julio, sobre el acceso universal al Sistema Nacional de Salud[125], señala su Exposición de Motivos, es "garantizar el derecho a la protección a la salud y a la atención sanitaria de forma general, incluyendo a colectivos en situación de vulnerabilidad, en especial a la población extranjera no registrada ni autorizada a residir en España". Dicha norma desliga el aseguramiento con cargo a los fondos públicos de la Seguridad Social y los vincula a la residencia efectiva en España, elemento fundamental para reconocer el acceso al mismo; declarándose competente en la dirección apuntada, el Ministerio de Sanidad que dictará instrucciones homogeneizadas para garantizar su plena efectividad. Así pues, tendrían derecho a la asistencia sanitaria todas las personas con nacionalidad española, o los extranjeros residentes en territorio español con independencia de la regularidad de dicha situación. Derecho que se extenderá a las personas con derecho a la asistencia sanitaria en España en aplicación de los reglamentos comunitarios de coordinación de sistemas de Seguridad Social o de los convenios bilaterales que comprendan la prestación de asistencia sanitaria; sin embargo, ante tales situaciones la condicionalidad general cedía a una letra específica.

A los migrantes sin residencia legalizada se les exigían unas condiciones más estrictas para acceder al SNS, lo que afectaba a ciertos colectivos (embarazadas, niños y personas mayores padres de ciudadanos nacionalizados…); estas eran las siguientes:

a) No tener la obligación de acreditar la cobertura de la prestación sanitaria por otra vía, en virtud de lo dispuesto en el derecho de la UE, los convenios bilaterales y demás normas aplicables.

b) No poder exportar el derecho de cobertura sanitaria desde su país de origen o procedencia.

c) No existir un tercero obligado al pago.

---

[125] BOE núm. 183, de 30 de julio de 2018, pp. 76258 a 76264.

En todo caso, la asistencia sanitaria a estos colectivos no generaba un derecho a la cobertura sanitaria fuera del territorio español, comprometiendo los recursos públicos nacionales.

De modo que el acceso a la atención sanitaria en condiciones de equidad y de universalidad se configurará a partir de entonces como un derecho básico universal, reconociendo como titulares del derecho a la protección de la salud y la atención sanitaria a las personas con nacionalidad española y a las personas extranjeras residentes en España pero, también, a cuantos no teniendo su residencia habitual en dicho territorio, tienen reconocido su derecho a la asistencia sanitaria a través de cualquier otro título jurídico, como es el caso de los pensionistas españoles no residentes, los trabajadores desplazados o, incluso, los trabajadores transfronterizos. Antes de esta normativa, pues, la prestación sanitaria quedaba limitada a la asistencia en supuestos de urgencia por enfermedad grave o accidente y a la asistencia durante el embarazo, parto o postparto. Desde su entrada en vigor, ya no será una pauta distintiva frente a los españoles, aspecto que se extendía a la prestación farmacéutica también.

Sin embargo, la pretendida universalidad no ha sido verdaderamente efectiva, como denuncian algunos expertos. Uno de los principales problemas, ha venido con la introducción de un requisito que anteriormente no existía: las personas indocumentadas deben acreditar una estancia en España de al menos 90 días (periodo máximo de estancia temporal establecido por la Ley 4/2000 sobre Derechos y Libertades de los Extranjeros en España y su Integración Social), a través del empadronamiento o, incluso, otras fórmulas válidas. Dejando desprotegidas a personas (como las mujeres embarazadas, recién nacidos, menores, solicitantes de asilo, facturaciones en urgencias o, incluso, familias reagrupadas) a las cuáles, anteriormente, se garantizaba una excepcionalidad en la exclusión quedando nuevamente atrapadas en un laberinto burocrático, como consecuencia de falta de instrucciones claras o la arbitrariedad en la aplicación del Decreto Ley autonómico, como denunciaba el Observatorio del Derecho Universal a la Salud de la Comunitat Valenciana[126].

---

126 Observatorio del Derecho Universal a la Salud de la Comunitat Valenciana (2018). *14 Informe* (septiembre). Valencia: Médicos del Mundo Comuni-

Ahora bien, elegibilidad universal para obtener una prestación pública no implica necesariamente su gratuidad o, incluso, un copago diferenciado en función de las características de la prestación o del propio beneficiario, como sucede en el ámbito de la dependencia. De este modo, el retorno al modelo de sanidad universal también ha generado otro debate, que tiene mucho que ver con la eliminación progresiva del copago a ciertos colectivos, a diferencia de modular su participación diferencial en el coste de los servicios sanitarios y tratamientos farmacológicos. Dicha iniciativa, que se enmarca en la política de recuperación de derechos en materia sanitaria que ha desplegado la Conselleria de Sanidad Universal y Salud Pública en los últimos tiempos, pretende establecer no sólo un acceso equitativo a estos a partir de un enfoque más igualitario. Así, desde la puesta en marcha del copago farmacéutico, el número de colectivos vulnerables con derecho de acceso a tales bonificaciones se ha ido ampliando progresivamente: personas con diversidad funcional y pensionistas de renta baja (2016); menores en situación especial (2017); desempleados y familias monoparentales (2018)...; a pesar de los en ocasiones efectos indeseados a partir de la actualización de los datos registrados por el SNS, mediante el cruce de la renta (2021) y sin que se haya llegado a suprimirse la arbitraria distinción entre activos y pensionistas, como vienen reclamando los expertos.

El Proyecto de Ley de Equidad Sanitaria, aprobado por el Consejo de Ministros el 14 de junio de 2022, que se encontraba en tramitación parlamentaria en las Cortes Generales (y que finalmente ha decaído tras la abrupta finalización de legislatura), estaba llamado a modificar una pluralidad de normas[127], teniendo como fines consoli-

---

tat Valenciana, Societat Valenciana de Medicina Familiar i Comunitària y Cáritas Diocesana de Valencia. Disponible en la dirección web siguiente: https://www.cgtrabajosocial.es/app/webroot/files/castellon/files/Informe_14_ODUSALUD_Anualidad_hasta_062018.pdf

127 Entre otras, las Leyes 14/1986, de 25 de abril, General de Sanidad; 9/2017, de 8 de noviembre, de Contratos del Sector Público; 40/2015, de 1 de octubre, de Régimen Jurídico del Sector Público; 50/1997, de 27 de noviembre, del Gobierno; 16/2003, de 28 de mayo, de cohesión y calidad del Sistema Nacional de Salud. Así como los Reales Decretos Legislativos 1/2015, de 24 de julio, por el que se aprueba el texto refundido de la Ley de garantías y

dar "la equidad, la universalidad y la cohesión del SNS", blindando la sanidad pública, y priorizando dicho modelo frente al privado. Entre las principales medidas que se introducen en su articulado destacan las siguientes:

A) Gestión directa (entendida como tal aquella que se presta a través de las administraciones públicas o entidades que constituyen el sector público institucional o consorcios de titularidad exclusivamente pública) como modelo a seguir en el SNS, siendo excepcional la gestión indirecta (entendida como complementaria de apoyo y nunca sustitutoria) que deberá estar motivada objetivamente, a partir de los siguientes criterios: a) La utilización óptima de sus recursos sanitarios propios. b) La insuficiencia de medios propios para dar respuesta a los servicios y prestaciones. Y c) La necesidad de recurrir a fórmulas diferentes a la de gestión pública directa.

B) Implantación de un nuevo enfoque de salud en todas las políticas, en la elaboración preceptiva de las Memorias del Análisis de Impacto Normativo.

C) Acceso universal al Sistema Nacional de Salud. Se reconoce el derecho a la asistencia sanitaria con cargo a los fondos públicos a las personas ascendientes reagrupadas cuando tengan un hijo o hija titular del derecho a la asistencia sanitaria en el SNS (siempre que no exista un tercero obligado al pago); a las personas españolas de origen residentes en el exterior durante sus desplazamientos a España, así como a sus familiares; a las personas solicitantes de protección internacional, a las personas solicitantes y beneficiarias de protección temporal, y a las víctimas de trata de seres humanos o de explotación sexual. También garantiza que el derecho a la protección a la salud y

---

uso racional de los medicamentos y productos sanitarios; 8/2008, de 11 de enero, por el que se regula la prestación por razón de necesidad a favor de los españoles residentes en el exterior y retornados; y 1506/2012, de 2 de noviembre, por el que se regula la cartera común suplementaria de prestación ortoprotésica del Sistema Nacional de Salud y se fijan las bases para el establecimiento de los importes máximos de financiación en prestación ortoprotésica, respectivamente.

la asistencia sanitaria de las personas no registradas ni autorizadas como residentes pueda ejercitarse con los mismos requisitos y condiciones en todo el territorio nacional; regulando con carácter homogéneo la rehabilitación para personas con déficit funcional en los ámbitos sanitario y sociosanitario.

D) Cartera común de servicios y eliminación de nuevos de copagos. Pretende recuperar la cartera única común de servicios, que incluye todas las prestaciones públicas (salud pública, atención primaria, especializada, de urgencias, farmacéutica, ortoprotésica, productos dietéticos y transporte sanitario), estableciéndose las garantías necesarias para impedir la reintroducción de nuevos copagos sanitarios. Eliminándose los copagos por prestaciones ortoprotésicas para los colectivos a los que ya se liberó del copago farmacéutico, concretamente las personas perceptoras del Ingreso Mínimo Vital, los pensionistas con rentas bajas, las personas menores con discapacidad reconocida, y las personas que reciben de una prestación por hijos a cargo.

E) Participación Ciudadana en el SNS. Su objetivo es incorporar a pacientes, profesionales y ciudadanía en los órganos de asesoramiento del SNS, afianzando la participación de los pacientes, colegios profesionales y otros colectivos en el Foro Abierto de Salud, órgano permanente del Consejo Interterritorial del SNS.

F) Tratamiento y acceso a datos sanitarios. Se persigue establecer con carácter general las condiciones de acceso y tratamiento de los datos para las organizaciones y administraciones públicas con responsabilidades en el ámbito sanitario, profesionales sanitarios, ciudadanos, organizaciones y asociaciones en el ámbito sanitario para los fines legalmente previstos (Ley de Protección de Datos). Contemplándose nuevas entidades sanitarias o de investigación del sector privado para fines de vigilancia de la salud pública como resultado de la gestión de la pandemia.

Este Proyecto legal estatal pretende facilitar la reversión de las concesiones sanitarias al sistema público, devolviendo actualidad a un conocido debate sobre los paradigmas de gestión sanitaria en el ámbito valenciano. Una fórmula la de la gestión privada de los hospitales públicos que se había ensayado, además de en el Departamento núm. 11 de Salud (Alzira), en otras cuatro áreas de salud (Vinalopó, Torrevieja, Manises y Dénia). El Gobierno del Botànic se marcó como objetivo recuperar para la gestión pública todas las concesiones sanitarias al vencimiento de la relación contractual, algo que ha sucedido con Alzira (2018) y Torrevieja (2021), y que puede tener continuidad en Manises, Elx o Denia (2023).

En efecto, con independencia de si se le da o no continuidad a la decisión de la progresiva recuperación para la gestión pública directa de la atención sanitaria "integral" en los referidos departamentos, la situación generada en Manises (2019) constituye el inicio de un conflicto jurídico que amenaza con proyectarse hacia el futuro. En el caso del Departamento núm. 11 (Alzira)[128], la Sección 5ª de la Sala de lo Contencioso-Administrativo del Tribunal Superior de Justicia de la Comunidad Valenciana (TSJCV) desestimaba el 24 de octubre de 2019 el recurso presentado por la UTE Ribera Salud II contra la decisión de la Generalitat, y que había motivado la Resolución de fecha 27 de mayo de 2017, del director general de Recursos Humanos y Económicos de la Conselleria de Sanidad Universal y Salud Pública, contra el recurso de reposición presentado por la empresa tras el vencimiento del contrato. Posteriormente, la Sección 3ª de la Sala de lo Contencioso-Administrativo del Tribunal Supremo (TS) rechazará en fecha 8 de julio de 2021 el recurso del grupo Ribera Salud contra la sentencia previa, al considerar la suficiencia de las repercusiones y efectos de la medida adoptada por el Gobierno del Botànic[129]. Sin embargo, este fallo ha definido una doctrina que obligará a justificar

---

128 Un área de salud de 250.000 habitantes que integra 35 municipios, con 14 centros de salud y 31 consultorios.

129 En el caso de la primera de las reversiones (Alzira), la Sindicatura de Comptes de la Generalitat Valenciana, en sus análisis de las concesiones (2017), ha indicado un gasto corriente sanitario sensible y significativamente menor (en concreto un 24,6% menos) que la prestación de dicho servicio en régimen general. Dicho documento puede consultarse en la siguiente dirección web: https://valenciaplaza.com/public/Attachment/2017/4/InformeManises.pdf

fehacientemente las repercusiones y efectos financieros, así como los efectos presupuestarios derivados de las futuras reversiones, como las de Torrevieja o Denia.

Por otro lado, las reversiones propiciaron una cierta reorganización de las áreas y organismos de salud (Decretos 205/2018, de 16 de noviembre, del Consell, por el que aprueba el mapa sanitario de la Comunitat Valenciana[130] y 213/2018, de 23 de noviembre, del Consell, por el que se crea y regula el Observatorio Valenciano de Salud[131]). El mapa sanitario que había sido regulado por la Ley 10/2014, de 29 de diciembre, de la Generalitat, de Salud (art. 14), constituye el principal "instrumento estratégico para la planificación y gestión sanitarias, que permite la ordenación del territorio de la Comunitat en diferentes demarcaciones geográficas para la protección de la salud de la ciudadanía, los departamentos de salud y las zonas básicas de salud" estableciéndose los mecanismos para su actualización a raíz de los cambios apuntados. En su Preámbulo, se definen como sus objetivos "el compromiso de universalización de la atención sanitaria, garantizando la igualdad efectiva, la equidad en el acceso, el respeto a la dignidad de la persona, la concepción integral de la salud", en aras a una organización más racional y efectiva de los recursos. Por otro lado, a través del nuevo Observatorio Valenciano de la Salud se busca proporcionar información de calidad para la consecución de alguno de los objetivos apuntados, posibilitando la transformación hacia un sistema valenciano de salud (SVS) más igualitario que, en pocos meses, estaría sometido a la terrible prueba de la pandemia. En el ámbito sanitario (y por extensión en el social) como consecuencia de la crisis de la Covid-19 se tomaron medidas adicionales para proteger a los ciudadanos y garantizar el acceso a servicios esenciales, a través de dos grupos de mediadas fundamentalmente:

A) Refuerzo de la atención primaria y servicios de salud mental: incrementándose los recursos y la capacidad de los servicios de atención primaria, con el fin de asegurar una atención adecuada a los pacientes; facilitando el acceso a consultas y

---

130 DOCV núm. 8440 de 10 de diciembre de 2018, pp. 47024-47297.

131 DOCV núm. 8440 de 10 de diciembre de 2018, pp. 47297-47301.

tratamientos médicos. Poniéndose énfasis, también, en el apoyo psicológico y fortaleciendo los servicios de salud mental[132] para abordar el impacto psicosocial de la pandemia.

B) Protección a personas mayores y dependientes, a través de medidas específicas[133] al ser considerados grupos de mayor riesgo frente al virus. Así, se fortalecieron los servicios de atención domiciliaria y se implementaron protocolos de seguridad en residencias y centros de atención, no exentos de polémica.

La gestión de la pandemia en la Comunitat constituiría, también, una oportunidad para introducir cambios radicales en la organización de la sanidad valenciana, mejorando su robustez; y reforzando, también, el diálogo entre SVS y SNS, para garantizar la eficacia de las actuaciones de respuesta coordinada para el control de la transmisión pandémica; o para garantizar, en su caso, una cobertura sanitaria verdaderamente universal[134] (sin poderse desvincular del derecho de atención social del que, dramáticamente, fueron privados

---

132 Decreto 14/2021, de 22 de abril, del president de la Generalitat, por el que se crea el Comisionado de la Presidencia de la Generalitat para el Plan Valenciano de Acción para la Salud Mental, Drogodependencias y Conductas Adictivas, en el contexto de la pandemia por la infección de Covid-19 en la Comunitat Valenciana (DOCV núm. 9068 de 23 de abril de 2021, pp. 17306-17307).

133 En el ámbito de la institucionalización residencial, cabe recordar también las primeras actuaciones que tomaron los departamentos "sociales" del Consell, entre las que cabe singularizar las dos siguientes: Resoluciones aprobadas por la Conselleria de Sanidad y por la de Igualdad y Políticas Inclusivas, sobre medidas extraordinarias en residencias de mayores y sobre medidas de gestión de los servicios sociales y sociosanitarios en el marco de la pandemia de Covid-19 (DOCV núms. 8765, de 18 de marzo de 2020, pp. 10645-10646; y 8765, de 18 de marzo de 2020, pp. 16040-10642).

134 Precisamente para impedirlo se aprobó el Decreto-ley 5/2020, de 29 de mayo, del Consell, de medidas urgentes en el ámbito de los servicios sociales y de apoyo al tercer sector de acción social por la Covid-19 (DOCV núm. 8829, de 8 de junio de 2020, pp. 19319-19322). Resolución 141/X, de 15 de julio de 2020, del Pleno de les Corts Valencianes, sobre la convalidación del Decreto ley 5/2020, de 29 de mayo, del Consell, de medidas urgentes en el ámbito de los servicios sociales y de apoyo al tercer sector de acción social por la Covid-19 (DOCV núm. 8862, de 21 de julio de 2020, pp. 27814-27814).

ciertos colectivos, como los mayores dependientes[135] con patologías previas, especialmente, durante los primeros momentos de la crisis). Pero, también, introduciendo las mejoras necesarias en el mecanismo horizontal de "cogobernanza", que tras las decisiones del Alto Tribunal[136], debe ser reconstruido nuevamente para salvaguardar

---

135 En la Comunitat Valenciana murieron 2.157 mayores internados en centros residenciales (cifra que no incluye los fallecidos por secuelas, tras haber negativizado el virus, ni tampoco aquellos que murieron con síntomas compatibles).

136 Básicamente las tres sentencias que se especifican a continuación:
Pleno. Sentencia 148/2021, de 14 de julio de 2021. Recurso de inconstitucionalidad 2054-2020. Interpuesto por más de cincuenta diputados del Grupo Parlamentario Vox del Congreso de los Diputados en relación con diversos preceptos del Real Decreto 463/2020, de 14 de marzo, por el que se declaró el estado de alarma para la gestión de la situación de crisis sanitaria ocasionada por el COVID-19; el Real Decreto 465/2020, de 17 de marzo, por el que se modificó el anterior; los Reales Decretos 476/2020, de 27 de marzo, 487/2020, de 10 de abril, y 492/2020, de 24 de abril, por los que se prorrogó el estado de alarma declarado por el Real Decreto 463/2020, y la Orden SND/298/2020, de 29 de marzo, por la que se establecieron medidas excepcionales en relación con los velatorios y ceremonias fúnebres para limitar la propagación y el contagio por el COVID-19 (BOE núm. 182, de 31 de julio de 2021, pp. 93561-93655).
Pleno. Sentencia 168/2021, de 5 de octubre de 2021. Recurso de amparo 2109-2020. Promovido por don Santiago Abascal Conde y otros cincuenta y un diputados del Grupo Parlamentario Vox en el Congreso de los Diputados en respecto de las resoluciones de la mesa de la Cámara acordando la suspensión del cómputo de los plazos reglamentarios desde la entrada en vigor del Real Decreto 463/2020, de 14 de marzo, por el que fue declarado el estado de alarma para la gestión de la crisis sanitaria ocasionada por el COVID-19 (BOE núm. 268, de 9 de noviembre de 2021, pp. 138530-138575).
Pleno. Sentencia 183/2021, de 27 de octubre de 2021. Recurso de inconstitucionalidad 5342-2020. Interpuesto por más de cincuenta diputados del Grupo Parlamentario Vox del Congreso de los Diputados respecto de diversos preceptos del Real Decreto 926/2020, de 25 de octubre, por el que se declaró el estado de alarma para contener la propagación de infecciones causadas por el SARS-CoV-2; la Resolución de 29 de octubre de 2020, del Congreso de los Diputados, por la que se ordena la publicación del acuerdo de autorización de la prórroga del estado de alarma declarado por el citado real decreto, y el art. 2, la disposición transitoria única y la disposición final primera (apartados uno, dos y tres) distintos preceptos del Real Decreto

su declarada inconstitucionalidad por haber delegado la limitación de derechos en las Comunidades Autónomas, en la declaración del estado de alarma "territorializado", demostrándose que excedía de las competencias atribuidas constitucionalmente. En proceso de superación de la pandemia, el objetivo es ahora desplegar la mayor reforma de la sanidad pública valenciana, teniendo entre otros retos, la modernización de la atención primaria y la salud mental y que ha venido anticipado por el cambio del marco legal en materia de salud pública (Ley 10/2014, de 29 de diciembre, de la Generalitat, de Salud de la Comunitat Valenciana[137]), justificado por tres motivos básicos: la preferencia por un modelo de gestión directa de los servicios sanitarios[138] (en sintonía con el proyecto de Ley antes referido) con el propósito de dar una mayor garantía de igualdad en el acceso (aspecto criticable ya que se trata de un servicio público necesariamente sometido a garantizar dicha igualdad, con independencia de la fórmula finalmente escogida; siendo una opción legítima del legislador optar por un modelo de gestión directo o indirecto); el desarrollo de un (nuevo) modelo organizativo a partir de áreas sanitarias de ámbito superior al de los departamentos de salud[139] y, por último, la nueva

---

956/2020, de 3 de noviembre, por el que se prorrogó el estado de alarma declarado por el Real Decreto 926/2020 (BOE núm. 282, de 25 de noviembre de 2021, pp. 145259-145376).

137 DOCV núm. 8279, de 23 de abril de 2018, pp. 15741-15762; y BOE núm. 117, de 14 de mayo de 2018, pp. 50033 -50059.

138 *"Se apuesta por una configuración del sistema sanitario valenciano con un modelo de gestión de centros y servicios que se caracterice preferentemente por la gestión directa, a fin de asegurar la igualdad efectiva de acceso a los servicios y actuaciones sanitarias, lo que determina la necesidad de modificar la referida Ley de Salud de la Comunitat Valenciana.*
Es esta opción preferente por la gestión directa de los servicios públicos sanitarios, que se quiere incorporar a la reforma legal prevista, junto con el hecho de la próxima finalización de determinados contratos de concesión de servicios de prestación de la asistencia sanitaria, lo que ha aconsejado aplicar la tramitación de urgencia al expediente incoado para la aprobación del correspondiente proyecto de ley, a fin de dejar clara esa voluntad de aplicar esta opción preferente en cuanto a la forma de gestión de los servicios sanitarios", se indica en la Exposición de Motivos de la Ley autonómica.

139 Respecto de esta finalidad, la Exposición de Motivos de la Ley lo expresa de la siguiente forma: *"Asimismo, se hace aconsejable recoger en el texto de esta*

orientación de los servicios de salud mental, creándose un comisionado específico[140] (adscrito a la Presidencia) durante la pandemia.

Por último, no cabe olvidarse de la Ley 16/2018, de 28 de junio, de derechos y garantías de la dignidad de la persona en el proceso de atención al final de la vida[141], un texto legal complementado por antecedentes propios[142] que se inspira sin embargo en la regulación autonómica previa[143] de la llamada "muerte digna", y que también incorpora "los deberes del personal sanitario que interviene en (el referido) proceso y las obligaciones para las instituciones sanitarias, tanto públicas como privadas, en su condición de garantes de (tales) derechos y tributarios de las obligaciones relativas a la provisión de servicios", como indica su Exposición de Motivos. Una regulación autonómica que muy pronto quedará superada por el nuevo marco estatal de la Ley Orgánica 3/2021, de 24 de marzo, de regulación de

---

reforma legislativa las posibilidad del desarrollo de un nuevo modelo organizativo y de gestión sustentado en la creación de áreas sanitarias de carácter supra departamental, con un ámbito territorial, funcional y orgánico superior al departamento de salud, pero sin sustituir a estos, con un criterio estratégico de trabajo entre las diferentes instancias sanitarias públicas más colaborativo y menos geográfico. Con ello se pretende lograr un mejor aprovechamiento y una más adecuada integración e interoperabilidad de los recursos, servicios e instrumento de gestión actualmente existentes en los diferentes departamentos de salud. La gestión centralizada por áreas sanitarias supra departamentales comportará ventajas comparativas y economías de escala".

140 Decreto14/2021, de 22 de abril, del president de la Generalitat, por el que se crea el Comisionado de la Presidencia de la Generalitat para el Plan Valenciano de Acción para la Salud Mental, Drogodependencias y Conductas Adictivas, en el contexto de la pandemia por la infección de Covid-19 en la Comunitat Valenciana (DOCV núm. 9068bis de 23 de abril de 2021, pp. 17306-17307).

141 DOCV núm. 8328, de 29 de junio de 2018, pp. 27061-27078; y BOE núm. 183, de 30 de julio de 2018, pp. 76351-76371.

142 Ley 41/2002, de 14 de noviembre, reguladora básica de la autonomía del paciente y de los derechos y obligaciones en materia de información y documentación clínica (BOE núm. 274, de 15 de noviembre de 2002, pp. 40126-40132).

143 Ley 2/2010, de 8 de abril, de derechos y garantías de la dignidad de la persona en el proceso de la muerte (BOE núm. 127, de 25 de mayo de 2010, pp. 45646-45662; y BOJA núm. 88, de 7 de mayo de 2010, pp. 8-15).

la eutanasia[144] (validada constitucionalmente[145]) a pesar de lo distinto de su objeto. La primera contempla la regulación de los derechos[146] y garantías[147] en el proceso de atención final a la vida, mientras que la segunda introduce un más que discutible y controvertido “derecho fundamental a la autodeterminación respecto de la propia muerte en contextos eutanásicos”[148], cerrando las opciones a un desarrollo

---

144 BOE núm. 72, de 25 de marzo de 2021, pp. 34037 a 34049.

145 Tribunal Constitucional Pleno. Sentencia 19/2023, de 22 de marzo de 2023. Recurso de inconstitucionalidad núm. 4057-2021. Interpuesto por cincuenta diputados del Grupo parlamentario Vox en el Congreso de los Diputados en relación con la Ley Orgánica 3/2021, de 24 de marzo, de regulación de la eutanasia (BOE núm. 98, de 25 de abril de 2023, pp. 57761-57879).

146 Hasta once derechos distintos (a la protección de la dignidad de las personas en el proceso final de la vida, art. 6; a la información clínica en el proceso final de la vida; art. 7; a la intimidad, art. 8; a la toma de decisiones y al consentimiento informado, art. 9; al rechazo y a la retirada de una intervención, art. 10; a realizar la declaración de voluntades anticipadas o instrucciones previas, art. 11; a realizar planificación anticipada de decisiones, art. 12; a recibir cuidados paliativos integrales y a elegir el lugar donde recibidos, art. 13; al alivio del dolor y sufrimiento, art. 14; al acompañamiento, art. 15; a recibir información para tomar decisiones y dar su consentimiento en el caso de las personas con discapacidad, art. 16; derechos de la personas menores de edad en el final de la vida, art. 17) serán reconocidos por la ley autonómica, junto a un importante haz de deberes en paralelo (información clínica, art. 18; confidencialidad, art. 19; voluntades anticipadas o planificación anticipada de decisiones, art. 20; toma de decisiones clínicas, art. 21; aplicación de tratamientos de soporte vital en el proceso final de la vida, art. 22; deberes respecto a quienes pueden hallarse en situación de incapacidad de facto, art. 23; deberes en relación con el respeto de los valores, creencias y preferencias de las personas, art. 24; y deberes respecto a la formación, art. 25).

147 Entre las garantías destacan las siguientes: acompañamiento de las personas al final de la vida (art. 27); atención integral en cuidados paliativos (art. 28); información y asesoramiento en decisiones anticipadas (art. 29); estancia en habitación de uso individual en situación de últimos días (art. 30); la creación de Comités de Bioética Asistencial (art. 31); y la formación en cuidados al final de la vida (art. 32).

148 Sobre este particular, existen recientes análisis de interés desde la perspectiva constitucional: Nuevo López, Pablo (2023). “El Tribunal Constitucional y la eutanasia, un retroceso contra la civilización”. *El Debate*, de 24 de marzo; De Miguel Bárcena, Josu (2023). “El Tribunal Constitucional y la eutana-

legal alternativo en un futuro (como podía ser una Ley de Cuidados Paliativos que no incluyese la eutanasia "activa", como la que recientemente ha presentado a la Mesa del Congreso[149] el Grupo Parlamentario VOX).

REORDENACIÓN DEL SISTEMA PÚBLICO VALENCIANO DE SERVICIOS SOCIALES (INCLUSIVOS)

Los sistemas de servicios sociales constituyen uno de los pilares del Estado del bienestar (al que actualmente se quieren añadir otros como la vivienda "social"), atribuyéndose constitucionalmente la competencia "exclusiva" en materia de asistencia social a las Comunidades Autónomas ex artículo 148.1.20 CE, a pesar de tenerla, también, atribuida los municipios a partir de leyes estatales[150] o autonó-

---

sia". *El Mundo*, de 6 de abril; y Sánchez Barroso, Borja (2023). "Lobos cuidando de las ovejas". *Las Provincias*, de 12 de abril.

149 Boletín Oficial de las Cortes Generales. Congreso de los Diputados (XIV Legislatura). Serie B (Proposiciones de Ley), núm. 282-1, de 21 de octubre de 2022, p. 1.

150 Entre éstas, destacan las siguientes: Ley 39/2006, de 14 de diciembre, de promoción de la autonomía personal y atención a las personas en situación de dependencia (BOE núm. 299, de 15/12/2006 pp. 44142-44156), por la cual se reconoce por primera vez el derecho subjetivo de acceso al Sistema para la Autonomía y Atención a la Dependencia, así como la regulación en una norma con rango de ley de un catálogo de prestaciones y servicios para las personas en situación de dependencia; la Ley 26/2015, de 28 de julio, de modificación del sistema de protección a la infancia y a la adolescencia (BOE núm. 180, de 29 de julio de 2015, pp. 64544-64613), que introduce el conjunto de propuestas y observaciones formuladas por el Comité de Derechos del Niño de Naciones Unidas, con objeto de recoger las medidas necesarias en materia de protección a la infancia y a la adolescencia, y constituir una referencia para las comunidades autónomas en el desarrollo de su respectiva legislación en la materia; Ley 43/2015, de 9 de octubre, del Tercer Sector de Acción Social (BOE núm. 243, de 10 de octubre de 2015, pp. 94844-94852), que regula las entidades del Tercer Sector de Acción Social de ámbito estatal, siempre que actúen en más de una Comunidad Autónoma, definiéndolas, estableciendo los principios rectores que usos

micas. Es más, en su reforma de 2006 el Estatuto valenciano subraya la "vinculación" de los poderes públicos valencianos respecto de los derechos y libertades en general, y los sociales en particular, "velando por su protección y respeto" (art. 8.2 EACV).

Con la aprobación de la Ley 3/2019, de 18 de febrero, de la Generalitat, de servicios sociales inclusivos[151] (otro de los instrumentos legales que son un desarrollo directo de la Carta social valenciana), "la Comunitat se convierte en la primera Comunidad Autónoma en declarar por Ley como derecho subjetivo el acceso al Sistema Público Valenciano de Servicios Sociales (SPVSS), regulando los derechos y deberes de los usuarios, respecto de los que extiende su titularidad a todos los residentes en territorio valenciano" (Ridaura, 2019:2010).

El texto legal configura un nuevo marco jurídico de actuación de los poderes públicos valencianos en el ámbito de los servicios sociales[152], ordenando y regulando los servicios sociales en el

lingüísticos les son de aplicación, las medidas de fomento y los órganos de participación de las mismas; el Real Decreto Legislativo 1/2013, de 29 de noviembre, por el que se aprueba el Texto Refundido de la Ley General de derechos de las personas con discapacidad y de su inclusión social (BOE núm. 289, de 03/12/2013); la Ley Orgánica 1/2004, de 28 de diciembre, de Medidas de Protección Integral contra la Violencia de Género (BOE núm. 313, de 29/12/2004); la Ley Orgánica 5/2000, de 12 de enero, reguladora de la responsabilidad penal de los menores (BOE núm. 11, de 13/01/2000); o, por último, la Ley Orgánica 4/2000, de 11 de enero, sobre derechos y libertades de los extranjeros en España y su integración social (BOE núm. 10, de 12/01/2000), respectivamente.

151 DOCV núm. 8491, de 21 de febrero de 2019, pp. 10094-10177; y BOE núm. 61, de 12 de marzo de 2019, pp. 23249-23349.

152 A la entrada en vigor de la Ley autonómica (21/03/2019) quedarán derogadas una veintena de normas, entre las que cabe destacar las siguientes: Ley 5/1997, de 25 de junio, por la cual se regula el Sistema de Servicios Sociales en el ámbito de la Comunitat Valenciana; el Decreto 232/1997, de 2 de septiembre, del Gobierno valenciano, por el que se crea el Observatorio de Publicidad no Sexista de la Comunitat Valenciana; el Decreto 20/2004, de 13 de febrero, del Consell de la Generalitat, por el que se crea el Observatorio de Género de la Comunitat Valenciana; el Decreto 35/2007, de 30 de marzo, del Consell, sobre creación, composición y régimen de funcionamiento del Consejo Interterritorial de Servicios Sociales, Promoción de la Autonomía Personal y Atención a la Dependencia de la Comunitat

Valenciana; el Decreto 113/2009, de 31 de julio, del Consell, por el que se modifica el Decreto 35/2007, de 30 de marzo, del Consell, sobre creación, composición y régimen de funcionamiento del Consejo Interterritorial de Servicios Sociales, Promoción de la Autonomía Personal y Atención a la Dependencia de la Comunitat Valenciana; el Decreto 38/2010, de 19 de febrero, del Consell, por el que se crea el Comité Consultivo Autonómico del Sistema Valenciano para la Autonomía y Atención a la Dependencia y se establecen las normas de funcionamiento; el Decreto 5/2000, de 11 de enero, del gobierno valenciano, por el que se crea la Comisión Interdepartamental para la Integración Social de las Personas con Discapacidad; el Decreto 4/2011, de 21 de enero, del Consell, por el que se modifica el Decreto 5/2000, de 11 de enero, con que se creó la Comisión Interdepartamental para la Integración Social de las Personas con Discapacidad; el Decreto 14/2005, de 21 de enero, del Consell de la Generalitat, por el que se modifica el Decreto 5/2000, de 11 de enero, del Consell de la Generalitat, por el que se creó la Comisión Interdepartamental para la Integración Social de las Personas con Discapacidad; el Decreto 57/2002, de 5 de abril, del Consell, por el que se crea la Comisión Interdepartamental para la Coordinación y la Atención Integral de las Personas con Autismo; el Decreto 167/2011, de 4 de noviembre, del Consell, por el que se crea la Comisión Interdepartamental de Familia e Igualdad de Oportunidades entre Mujeres y Hombres; el Decreto 53/2012, de 30 de marzo, del Consell, por el que se modifica el Decreto 143/2002, de 3 de septiembre, del Consell, por el que se creó la Comisión Interdepartamental para Combatir la Violencia Doméstica en la Comunitat Valenciana; el Decreto 189/2007, de 5 de octubre, del Consell, por el que se modifica el Decreto 33/2002, de 26 de febrero, del Consell, por el que se creó la Comisión Interdepartamental de Inmigración; el Decreto 3/1998, de 20 de enero, del gobierno valenciano, por el que se modifica el artículo 3 del Decreto 73/1995, de 2 de mayo, del gobierno valenciano, por el que se crea la Comisión Interdepartamental de la Formación de Personas Adultas; el Decreto 94/2009, de 10 de julio, del Consell, de modificación del Decreto 52/2004, de 2 de abril, del Consell, por el que se creó el Foro de la Comunitat Valenciana contra la Violencia de Género y Personas Dependientes en el Ámbito de la Familia; el Decreto 104/2009, de 29 de julio, del Consell, por el que se crea y se regula la Mesa de la Solidaridad de la Comunitat Valenciana; el Decreto 119/2000, de 25 de julio, del gobierno valenciano, por el que se modifican determinados decretos del gobierno valenciano relativos a órganos colegiados en que participa la Conselleria de Bienestar Social; y los Títulos VII y VIII del Decreto 93/2009, de 10 de julio, del Consell, por el que se aprueba el Reglamento de la Ley 15/2008, de 5 de diciembre, de la Generalitat, de Integración de las Personas Inmigrantes en la Comunitat Valenciana, entre otras.

territorio[153] y planificando y estructurando la totalidad del sistema público valenciano de servicios sociales (SPVSS). En efecto, como se ha señalado con acierto, el nuevo instrumento legal, "tiene como objetivo blindar los servicios sociales declarándolos servicios públicos esenciales, y de interés general, encuadrándose en las denominadas leyes de tercera generación de servicios sociales, que se caracterizan por asegurar la protección jurisdiccional de los servicios sociales, consolidándolos como el cuarto pilar del estado del bienestar" (Uceda i Maza, 2022: 173).

A tal fin promueve la "universalidad" del sistema garantizándola, en condiciones de "igualdad, equidad y justicia". Estableciendo, a su vez, un marco común que configura los elementos constitutivos del SPVSS (Título I) entorno un nuevo derecho subjetivo de base legal (acceso de la ciudadanía al sistema público de servicios sociales) y a un catálogo de derechos (y deberes) reconocidos a usuarios[154] y

---

153 Sin duda, uno de los aspectos novedosos de la nueva LSSICV, respecto a sus precedentes, es que los servicios sociales se configuran, no solo como un sistema estructurado en niveles de atención y en un reparto de competencias (algo que de manera distinta ya estaba en los marcos normativos precedentes), sino que además incluye, como elemento estructural del sistema, la organización territorial del mismo.

154 La LSSICV reconoce un amplio catálogo de derechos a los usuarios de los servicios sociales [alguno de los cuáles habían ya sido reconocidos en la misma Carta social valenciana, tales como los derechos a acceder en condiciones de igualdad a las prestaciones básicas de servicios sociales y a recibir información completa sobre esas mismas prestaciones (art. 12, Ley 4/2012, de 15 de octubre) e, incluso, por la legislación sectorial de salud (tales como los derechos de información, atención adecuada, asignación profesional, libertad elección prestaciones, atención de urgencia, acceso historial, segundo diagnóstico...); o discapacidad (en dónde se hacía expresa mención al lenguaje de signos en desarrollo del art. 13. 4 EACV)] Sin embargo, resulta de especial interés lo que más que un derecho es una obligación positiva de actuación impuesta a los poderes públicos como es la "respuesta motivada" y la "resolución a su demanda del servicio, en un plazo máximo razonable", art. 10.1.b) [que había sido fijado con anterioridad en 6 meses, mediante el art. 20 de la Orden 8/2015, de 29 de diciembre, de la Vicepresidencia y Conselleria de Igualdad y Políticas Inclusivas, por la que se establecen las bases reguladoras de la concesión de subvenciones en materia de servicios sociales especializados de personas mayores, DOCV

profesionales[155] (Cap. II, arts. 10-11 y 12-13, respectivamente). Para, a continuación, vertebrar el sistema en todas sus vertientes (funcional; territorial y competencial). La estructura funcional (Cap. III) descansa en dos niveles de atención: primaria (de carácter básico) y secundaria (de carácter específico), diferenciándose, entre otros criterios, por la mayor o menor intensidad de los apoyos invertidos.

---

núm. 7691 de 5 de enero de 2016; plazo que, también, recoge el Decreto 181/2017, de 17 de noviembre, del Consell, por el que se desarrolla la acción concertada para la prestación de servicios sociales en el ámbito de la Comunitat Valenciana por entidades de iniciativa social (DOCV núm. 8197 de 23 de diciembre de 2017)]. Plazo que, sin embargo, se da de bruces con la realidad ya que como señala el último Plan de Choque de la Dependencia aprobado el 30 de septiembre de 2020, la estimación media en la resolución del expediente en el ámbito de la Comunitat Valenciana se cifra en 511 días, muy superior al límite legal fijado.

En cuanto a los deberes [respeto a los derechos de otros usuarios y profesionales [que se reitera en las letras a) e i)]; colaboración activa en los procesos de "mejora, autonomía personal e inclusión social"; facilitar información "veraz y suficiente" en el acceso a la prestación; cumplimiento itinerarios y requisitos prestaciones asignadas; copago de los servicios según la normativa aplicable; cumplimiento del régimen interior del servicio...

155 Tales derechos, reconocidos en Ley de Servicios Sociales Inclusivos (art. 12) en una gran parte de supuestos vienen a reproducir derechos reconocidos en los ámbitos laboral (formación continua y actualización permanente; prevención de riesgos laborales, salud e higiene laboral; dignificación condiciones laborales...) y/o de función pública (ejercicio de las funciones y tareas propias de su condición y categoría profesional) pecando por lo general de gran inconcreción ("trato respetuoso y correcto" por parte usuarios y otros profesionales; disponer de la información precisa para una "adecuada atención profesional"; participación en la organización de las prestaciones y servicios, así como en "la elaboración de instrumentos técnicos de seguimiento o evaluación"; o la disponibilidad de "instrumentos y medios" adecuados; supervisión profesional y autonomía técnica...). Entre los deberes (art. 13) reconocidos legalmente, destacan los siguientes: cumplimiento del código deontológico de su disciplina profesional; respeto a los derechos de los usuarios reconocidos en el art. 10; cumplimiento de "la normativa vigente en el ámbito de los servicios sociales2 y, más en concreto, de las "normas reguladoras de la organización y funcionamiento"; informar a sus superiores de cualquier mala práxis de la que tengan conocimiento; contribuir a la mejora del servicio y participar en las "evaluaciones periódicas de las prestaciones"; respeto a la voluntad de los pacientes, normas de convivencia, etc.

Desde una perspectiva territorial (Cap. IV) se fijan tres "escaleras organizativas o demarcaciones territoriales": zonas básicas, áreas de servicios y departamentos, cuyo desarrollo se supedita a una ulterior mapificación. En cuanto a la distribución competencial (Cap. V) la ley concreta una distribución de competencias y atribuciones entre la Generalitat (art. 28), a la que reserva la planificación estratégica e infraestructuras, la elaboración, desarrollo y aprobación de los principales instrumentos (cartera de prestaciones y mapa de servicios), la fijación del diseño de "criterios generales" y evaluación o, por último, la coordinación de los distintos niveles territoriales; los municipios (art. 29), que tienen reservada la provisión y la gestión de la únicamente de la red primaria de carácter básico (dado el carácter indelegable de la atención secundaria, reservada a los servicios propios de la Generalitat); y, por último, las diputaciones provinciales (art. 30), prestando la supervisión y la asistencia técnica y económica para el eficaz ejercicio de sus competencias en materia social, prestando una especial atención a los municipios de "menor población, capacidad económica y/o de gestión", respectivamente.

A continuación se concreta tanto el catálogo como la cartera de prestaciones (Título II), siguiendo la pauta de otras grandes leyes "sociales" (como la Ley 39/2006, de 14 de diciembre, de Promoción de la Autonomía Personal y Atención a las personas en situación de dependencia), para todas sus modalidades (profesionales, económicas y tecnológicas…), diferenciando entre las garantizadas (exigibilidad como derecho subjetivo, incluso por otros instrumentos legales previos[156]) y aquellas otras que se hacen depender del presupuesto, tradicionalmente importante freno a ciertos avances" sociales. Dicho catálogo tiene carácter de mínimos y sus prestaciones podrán ser ampliadas reglamentariamente por el Consell. Para desarrollar el contenido de este ámbito, la norma incorpora 9 anexos[157] dedicados a

156 Es el caso de la Ley 19/2017, de 20 de diciembre, de rent, pp. 47979-48002; y BOE núm. 10, de 11 de enero de 2018, pp. 4289-4316).

157 Anexos I (Servicios de atención primaria de carácter básico); II (Servicios de atención primaria de carácter específico); III (Servicios de atención secundaria); IV (Tabla de correspondencias entre prestaciones del Sistema para la Autonomía y Atención a la Dependencia (SAAD) y el Sistema Público Valenciano de Servicios Sociales (SPVSS); V (Estructura organizativa

regular las condiciones específicas que debe reunir el citado catálogo de servicios.

Ciertos procesos (planificación, ordenación e intervención, regulados en el Título III) cobran una relevancia en el diseño legal. Entre las herramientas de planificación, destaca el plan estratégico de servicios sociales de la Comunitat Valenciana (arts. 44-46), instrumento dinámico de referencia que fija las líneas estratégicas, los fines y las actuaciones necesarias para el cumplimiento de los objetivos del renovado SPVSS, así como los aquellos de carácter zonales, elaborados por las entidades locales que integren las zonas básicas y que contendrán las estrategias oportunas en función de las necesidades detectadas en su ámbito específico. En un segundo estadio destacan los mecanismos de planificación, colaboración y coordinación con los otros sistemas (fundamentalmente el estatal) y políticas públicas, en garantía de una atención integral a las personas y para el que se crea una estructura específica: Órgano de coordinación y Colaboración Interadministrativa de Servicios Sociales (art. 48); delimitándose igualmente las formas de colaboración entre las diferentes entidades municipales y supramunicipales y respecto de la Generalitat para garantizar una adecuada financiación al sistema, aspecto que ya había sido tratado anteriormente mediante la legislación básica estatal (Ley 27/2013, de 27 de diciembre, de racionalización y sostenibilidad de la Administración Local[158]). Seguidamente, la norma

mínima de los programas y centros, desarrollando los órganos de gobierno y participación); VI (Documentación exigible a los programas y centros de servicios sociales); VII (Condiciones y características de los espacios, las instalaciones y los elementos de los centros de servicios sociales); VIII (Categorías y cualificaciones profesionales, las titulaciones y requisitos del personal); y IX (Tabla de correspondencia entre las tipologías existentes de centros y las nuevas tipologías de centros desarrolladas en el decreto).

158 BOE núm. 312, de 30 de diciembre de 2013, pp. 106430-106473. Este instrumento estatal altamente cuestionado, incorporaba como principales novedades en el ámbito que nos ocupa tanto un cambio de calificación de las competencias ejercidas por los municipios en materia de servicios social, que dejaron de tener carácter "propio"; reduciéndose pues el ámbito o materia de servicios sociales, limitándose su papel a la "evaluación e información" y a la "atención inmediata a personas en situación o riesgo de exclusión social" (art. 25.2.e LBRL). Además, también afectaron a los

concreta los instrumentos de ordenación del sistema (como el Registro general de titulares de actividades, servicios y centros de servicios sociales, art. 57); regulándose, por último, aquellas cuestiones referidas a la intervención (equipos y ratios profesionales; proceso mismo de intervención; instrumentos técnicos del sistema; planes personalizados de intervención; situaciones de urgencia social; profesional de referencia...).

También se regula la colaboración público-privada en dicho ámbito (Título IV), regulándose entre otros aspectos la llamada "acción concertada", que en los últimos años ha estado en el punto de mira no tanto por su regulación sino por el desarrollo producido de la misma. Esta se ha producida, con posterioridad, a través del Decreto 188/2021, de 26 de noviembre[159], que ha supuesto una modificación[160] del desarrollo normativo previo (Decreto 181/2017, de 17 de

---

servicios sociales las previsiones contenidas en la Disposición Transitoria 2ª LRSAL que, bajo el título "asunción por las Comunidades Autónomas de las competencias relativas a servicios sociales", llevaba a cabo un traslado competencial directo en favor de las Comunidades Autónomas de competencias habitualmente desplegadas en el nivel municipal porque así venía decidido o permitido por las Comunidades Autónomas o por el Estado (regulación ex art. 149.1.18 CE de servicios mínimos y habilitaciones directas). Aunque esta disposición será finalmente declarada inconstitucional por la STC 41/2016 (FJ 13º), al tratarse de competencias autonómicas, indisponibles para el legislador básico estatal, que no puede imponer la asunción por las Comunidades Autónomas de las actividades municipales sobre servicios sociales e impedir, de esta forma, que las Comunidades Autónomas pudiesen optar (en materias de su competencia) por descentralizar determinados servicios en las entidades locales, algo que desarrolla la ley autonómica que está siendo analizada.

159 DOCV núm. 9238 de 20 de diciembre de 2021, pp. 52807-52835

160 Modificándose las siguientes normas: Decreto 181/2017, de 17 de noviembre, del Consell, por el que se desarrolla la acción concertada para la prestación de servicios sociales en el ámbito de la Comunitat Valenciana por entidades de iniciativa social (DOCV núm. 8197, de 23 de diciembre de 2017, pp. 48245-48266); del Decreto 59/2019, de 12 de abril, del Consell, de ordenación del sistema público valenciano de servicios sociales (DOGV núm. 8546 de 13.05.2019); del Decreto 38/2020, de 20 de marzo, del Consell, de coordinación y financiación de la atención primaria de servicios sociales (DOGV núm. 8805 de 6 de mayo de 2020, pp. 14717-14741); y del Decreto 34/2021, de 26 de febrero, del Consell, de regulación del Mapa de

noviembre[161]) recurrido[162] al dejar fuera al sector empresarial de la misma. Desde 2018 hasta la actualidad, la Conselleria de Igualdad y Políticas Inclusivas ha desarrollado el régimen de acción concertada, abriéndolo a mayores colectivos: los sectores de diversidad funcional e infancia y adolescencia (2018); atención de mayores dependientes (2019); e inclusión social (2021). La publicación de una convocatoria unificada de los acuerdos de acción concertada para el periodo 2022-2026 busca integrar tanto la gestión integral de centros como la reserva y ocupación de plazas (hasta las 16.272 existentes) de todos esos colectivos en centros de atención social.

Servicios Sociales de la Comunitat Valenciana (DOCV núm. 9052, de 15 de abril de 2021, pp. 16078-16111).

161 DOCV núm. 8197, de 23 de diciembre de 2017, pp. 48245-48266.

162 Dicha demanda invocaba el art. 267 del Tratado de Funcionamiento de la UE (TFUE), solicitándose al TSJ de la Comunitat que elevase sendas cuestiones prejudiciales de interpretación al Tribunal de Justicia de la UE respecto a la compatibilidad del marco legal que inspiraba el desarrollo reglamentario (Ley 5/1997, en concreto sus arts. 44 bis1c), 53 y 56.2 y de su Título VI) con el Derecho de la Unión, más concretamente con el art. 49 TFUE (libertad de establecimiento y de acceso a las actividades no asalariadas y su ejercicio) y con los arts. 15.2 de la Directiva 2006/123/ CE del Parlamento Europeo y del Consejo de 12 de diciembre de 2006, relativa a los servicios en el mercado interior (Directiva de Servicios, Diario Oficial de la UE L 376, de 27 de diciembre de 2006, pp. 36-78) y el art. 77 de la Directiva 2014/24/UE del Parlamento y del Consejo de 26 de febrero de 2014, sobre contratación pública y por la que se deroga la Directiva 2004/18/CE (Diario Oficial de la UE L 94, de 28 de marzo de 2014, pp. 65-242). La necesidad de su planteamiento se hará derivar no sólo por la supuesta contrariedad del Decreto autonómico al Derecho de la UE sino porque la misma Ley 3/2019, de 18 de febrero, de servicios sociales inclusivos de la Comunitat Valenciana había mantenido el mismo sistema que la ley habilitante de la norma reglamentaria (y cuya vigencia había declarado expresamente esta segunda ley hasta que se pudiesen dictar nuevas disposiciones administrativas). La Sentencia de 14 de julio de la Sala 4ª del Tribunal de Justicia de la Unión Europea (TJUE) (asunto C-436/20) resolverá negativamente la cuestión prejudicial planteada por el TSJ de la Comunitat (Auto 4/2018, de 30 de julio de 2020) avalándose, finalmente, que la Administración autonómica pudiese celebrar acuerdos de acción concertada con entidades privadas de iniciativa social, excluyendo de forma legal en la licitación a operadores empresariales con ánimo de lucro.

La participación civil en el sistema (Título V) se articula a partir de un "órgano general integrador" (Consejo Valenciano de Inclusión y Derechos Sociales[163], arts. 96 a 98) de ámbito autonómico; este se configura como el órgano superior (y de representación) de participación, diálogo y encuentro de las entidades que trabajan en el ámbito de los servicios sociales y sus usuarios, con el propósito de dar a conocer y trasladar sus aspiraciones y propuestas en la materia. Igualmente, se regula una participación de proximidad, descendiendo a los ámbito local o zonal [arts. 95.1.b) y 99 LSSICV, respectivamente].

En cuanto a la financiación (Título VI), quedan definidas las "fuentes" del sistema (básicamente los presupuestos de la Generalitat; presupuestos de ayuntamientos y diputaciones; así como las aportaciones finalistas de los PGE[164] y de la UE; sin olvidar, tanto las fórmulas de copago o las aportaciones voluntarias de carácter privado) concretándose las obligaciones de los poderes públicos en garantía del aseguramiento del derecho a la ciudadanía para recibir las prestaciones reconocidas legalmente. Tales compromisos, que garantizan un nivel mínimo de prestaciones, fijarán el alcance de la responsabilidad en base al principio de "equidad territorial", distribuyendo las cargas financieras para cada uno de los niveles funcionales de

163 Decreto 217/2022, de 16 de diciembre, del Consell, por el que se regulan el Consejo Valenciano de Inclusión y Derechos Sociales, los consejos locales y zonales de inclusión, el órgano de concertación y el Observatorio del Sistema Público Valenciano de Servicios Sociales (DOCV núm. 9494, de 21 de diciembre de 2022, pp. 67686-67711).

164 A través del Programa de Desarrollo de Prestaciones Básicas de Servicios Sociales aprobado mediante Acuerdo de Consejo de Ministros de 12 de mayo de 2023 (BOE núm. 130, del 1 de junio de 2023, pp. 76767-76769). Este crédito recoge la financiación de los tres programas sociales que financia el Estado: Protección a la Familia y Atención a la pobreza infantil (que cuenta con un subprograma específico para garantizar el derecho básico de alimentación, ocio y cultura de los menores durante las vacaciones escolares y la conciliación de la vida familiar y laboral); Refuerzo de Equipos de Atención a la Infancia y la Familia en los servicios sociales de atención primaria [en ejecución de lo previsto en la Ley Orgánica 8/2021, de 4 de junio, de protección integral a la infancia y la adolescencia (LOPIVI)] y Prestaciones Básicas de Servicios Sociales, para financiar acuerdos derivados en dicho ámbito.

atención (básico y secundario). El nivel de atención primaria básica y específica, es competencia de la Administración local, por lo que ayuntamientos y mancomunidades ofrecerán prestaciones financiadas por la Generalitat y las Diputaciones a través del mecanismo del "contrato-programa". Por otra parte, el nivel de atención específica de centros y atención secundaria financia diferentes poblaciones, tales como: inclusión social, financiada a través de la acción concertada io el contrato-programa con entidades locales (sin copago); o dependientes y diversidad funcional, financiado a través del acuerdo estructurado con el Ministerio de Derechos Sociales y Agenda 2030 y pactado en el Consejo Interterritorial para las CCAA. La financiación incluye, asimismo, toda una relación de conceptos (personal, prestaciones e infraestructuras y equipamientos).

Por último, desde una perspectiva institucional, y con el deseo de concretar "criterios, requisitos y estándares óptimos de calidad, eficiencia y accesibilidad" (Título VII) y profesionalizar la evaluación de las prestaciones y servicios que contempla la ley autonómica se crea el Institut Valencià de Formació, Investigació i Qualitat en Serveis Socials (IVAFIQ), regulándose también la inspección de servicios (Título VIII) cuya regulación hacía tiempo que demandaba una actualización; regulándose un régimen sancionador en caso de vulneración de los derechos o incumplimiento de las obligaciones legalmente establecidas. Igualmente, se constituye un Observatorio del sistema público de servicios sociales, a partir del mandato legal (art. 125 LSSICV) para contribuir al desarrollo de las funciones atribuidas al Instituto Valenciano de Formación Investigación y Calidad de los Servicios Sociales, así como del resto de observatorios existentes en el mismo ámbito departamental (Disposición Adicional 16ª LSSICV): igualdad de trato, no discriminación y prevención de los delitos de odio; políticas públicas en materia de discapacidad, atención a la diversidad e igualdad de oportunidades; género; emancipación...

La Ley de Servicios sociales Inclusivos contiene, por último, una disposición derogatoria y cuatro disposiciones finales (las dos primeras, armonizarán tanto el Decreto 59/2019, de 12 de abril, de ordenación del Sistema Público Valenciano de Servicios Sociales[165] como

---

165 DOCV núm. 8546 de 13 de mayo de 2019, pp. 22434.

el Decreto 38/2020, de 20 de marzo, del Consell, de coordinación y financiación de la atención primaria de servicios sociales[166], con la nueva normativa; mientras que las 3ª y 4ª, vienen dedicadas a las necesarias determinaciones de desarrollo normativo y entrada en vigor, respectivamente.

El más reciente de los desarrollos se ha producido a través del Decreto 27/2023, de 10 de marzo, por el que se regulan la tipología y el funcionamiento de los centros, servicios y programas de servicios sociales, y su ordenación dentro de la estructura funcional, territorial y competencial del Sistema Público Valenciano de Servicios Sociales[167], donde se unifican los recursos existentes (centros, servicios y programas) de servicios sociales[168], integrándolos en un sistema "coherente, organizado y planificado", a partir de criterios estandarizados de "calidad, eficiencia y accesibilidad". Resulta, pues, un reglamento fundamental al reunir en un único documento normativo una regulación hasta ahora dispersa y, en muchos casos, obsoleta. Este también ha sido aprovechado para incorporar los aprendizajes de la crisis pandémica y dignificar los recursos públicos que habían estado años sin retocar y sin actualizar, incorporando, también, las

---

166 DOCV núm. 8805 de 6 de mayo de 2020, pp. 14717-14741.

167 DOCV núm. 9559, de 22 de marzo de 2023, pp. 17184-17821.

168 Regula normativamente e integra las prestaciones, servicios y centros de servicios sociales en el ámbito de la Comunitat Valenciana, configurados a partir de un marco legal plural y disperso, como es el que conforman la Ley 9/2018, de 24 de abril, de la Generalitat, de modificación de la Ley 11/2003, de 10 de abril, de la Generalitat, sobre el estatuto de las personas con discapacidad (DOCV núm. 8282, de 26 de abril de 2018, pp. 16275-16284; y BOE núm. 117, de 14 de mayo de 2018, pp. 50060-50071); la Ley 23/2018, de 29 de noviembre, de la Generalitat, de igualdad de las personas LGTBI (DOGV núm. 8436, de 03/12/2018; y BOE núm. 10, de 11/01/2019); la Ley 7/2012, de 23 de noviembre, de la Generalitat, integral contra la violencia sobre la mujer en el ámbito de la Comunidad Valenciana (DOGV núm. 6912, de 28/11/2012; y BOE núm. 297, de 11/12/2012); la Ley 26/2018, de 21 de diciembre, de la Generalitat, de derechos y garantías de la infancia y la adolescencia (DOGV núm. 8450, de 24 de diciembre de 2018; y BOE núm. 39, de 14 de febrero de 2019); y la Ley 39/2006, de 14 de diciembre, de promoción de la autonomía personal y atención a las personas en situación de dependencia (BOE núm. 299, de 15/12/2006).

mejoras consensuadas a nivel estatal[169] y hacerlo, además, de forma pionera en el panorama autonómico.

Entre sus novedades, destacan las delimitaciones orientadas a garantizar los derechos (y deberes) de las personas usuarias, familiares y allegados (Título Preliminar, arts. 5 a 13)[170] que habían sido reco-

169 Acuerdo estatal, de 28 de junio de 2022, sobre criterios comunes de acreditación y calidad de los centros y servicios de promoción de la autonomía y atención a personas en situación de dependencia de la Comisión Interterritorial del Ministerio de Derechos Sociales y Agenda 2030. Disponible en la siguiente dirección web: www.mdsocialesa2030.gob.es/derechos-sociales/servicios-sociales/docs/AcuerdoSAAD.pdf
El Acuerdo se estructura en tres secciones diferenciadas:
La sección 1ª es la relativa a la acreditación de centros y servicios, a partir del siguiente esquema: consideraciones generales sobre acreditación (Título I); calidad en el empleo, cualificación, fomento de la formación y aseguramiento de la coordinación entre el sistema de servicios sociales y sanitario (Título II); y requisitos de acreditación comunes a todos los servicios (Título III); requisitos comunes de acreditación de los diferentes servicios del catálogo del art. 15.1 de la Ley 39/2006, de 14 de diciembre, de Promoción de la Autonomía Personal y Atención a las personas en situación de dependencia: atención residencial; centros de día; ayuda a domicilio y teleasistencia (Títulos IV-VII), respectivamente.
La sección 2ª está dirigida a la necesidad de elaborar referenciales comunes de calidad para el sistema y a la creación de la Ponencia técnica de evaluación y calidad del SAAD, como garantía de su mejora, mayor transparencia y rendición de cuentas.
La sección 3ª establece el régimen competencial; las condiciones de financiación; el plazo de desarrollo de las previsiones del Acuerdo; y su régimen transitorio.
El Acuerdo concede a las CCAA un plazo máximo de 9 meses desde su aprobación para darle cumplimiento. En consecuencia, las CCAA disponían hasta el 28 de marzo de 2023 para adaptar su regulación al Acuerdo; estableciéndose una fecha límite para el cumplimiento de los requisitos comunes (31/12/2029). Asimismo, el Acuerdo fija un plazo de dos años desde la entrada en vigor de las disposiciones normativas de desarrollo para que los centros puedan presentar sus planes de transición y adecuación, así como informes anuales en donde las mejoras queden concretadas.

170 Entre los derechos de los usuarios figura "el acceso a la información contenida en la historia social única, el plan personalizado de intervención social (PPIS), así como a cualquier otra información relativa a la persona usuaria" (art. 8.2), de conformidad a la normativa de protección de dato, y

nocidos legalmente; la configuración de los servicios sociales valencianos como un sistema único, conformado por una red de servicios de responsabilidad pública, integrados funcional, territorial y competencialmente (Título I); los niveles de atención el funcionamiento general de los centros, servicios y programas de los servicios sociales de atención primaria (carácter básico y específico) y de la atención secundaria (Títulos II y III); así como las características generales que deben reunir todos los centros, servicios y programas de servicios sociales, tanto en lo que se refiere a las condiciones materiales como a su funcionamiento (Título IV).

Por último, cabe señalar que las nuevas condiciones de acreditación, concretadas en distintas disposiciones de la norma (como las Disposiciones Transitorias 9ª y 23ª, referidas tanto a la actualización de las ratios de personal como a la concreción del calendario de adaptaciones[171]), han terminado por ocasionar un grave conflicto con la patronal del sector (AERTE) debido al deseo de la Vicepresidencia de Igualdad y Políticas Inclusivas de repercutir al sector privado el

---

a partir del consentimiento informado. Por su parte, familiares y allegados "tendrán derecho a recibir información sobre su situación, siempre que (previa consulta a la persona usuaria) esta lo consienta de forma manifiesta" (art. 8.3). Estos tendrán igualmente "derecho a realizar visitas a las personas usuarias residentes en centros de servicios sociales" (art. 8.4) que será ejercida de forma libre.

171 En el dictamen núm. 158/2323 del Consell Jurídic Consultiu de la Comunitat Valenciana, cuyo objeto es el decreto analizado, se aconsejaba fijar el mismo plazo de adaptación establecido (como máximo) en el Acuerdo de la Comisión Territorial celebrada en 2022; en todo caso, de fijarse plazos máximos inferiores a 31 de diciembre de 2029, el dictamen aconsejaba efectuar "un estudio o análisis de la situación real del sector y de la viabilidad de llevar a cabo las exigencias en la norma proyectada en los plazos propuestos" (2023: 32). El dictamen se acompaña de un voto particular que formula el consejero Enrique Fliquete Lliso en el que incide en que la falta de tales "informe o estudios (de evaluación) del impacto de la norma", afecta a principios constitucionales fundamentales y legales básicos, como la seguridad jurídica (art. 9.3 CE) y la eficacia (art. 103 CE) y de eficiencia y proporcionalidad (art. 129 de la Ley 39/2015, de 1 de octubre, del Procedimiento Administrativo Común de las Administraciones Públicas).

incremento del coste/ plaza[172] previsto, que alcanzaría a la totalidad de las plazas, y no únicamente a las "concertadas".

En este mismo ámbito, debemos incluir también la renta valenciana de inclusión (sustitutiva de la anterior renta garantizada de ciudadanía[173]), un derecho subjetivo que se concreta a través de una prestación económica y/o un proceso de inclusión social, dirigida a cubrir las necesidades básicas vitales y dirigida a combatir la exclusión y la vulnerabilidad social (objetivo general alineado con la LSSICV).

La Ley 19/2017, de 20 de diciembre, de la Generalitat, de renta valenciana de inclusión (en adelante, LVI)[174] elimina el límite

---

172 Estimado en 550 euros/plaza, según un escrito de alegaciones de 27 y 31 de enero presentado por la Asociación Empresarial de Residencias y Servicios a Personas en Situación de Dependencia de la Comunitat Valenciana (AERTE), principal patronal del sector. Asimismo, dicho documento reflejaba ciertos "errores (de cálculo) en la memoria económica" del Decreto que únicamente en relación a las prestaciones vinculadas al servicio (PVS) en el marco de las residencias de mayores, así como en los servicios de institucionalización residencial referidos a los centros de día para mayores y residencias de salud mental suponían "una desviación en el capítulo IV (313.70) (línea de S7127000 prestaciones PVS) de 197.233.359 euros de 2024 a 2027 sobre el incremento soportado por la memoria económica de la Dirección General de IVAFIQ".

173 Regulada mediante Ley 9/2007, de 12 de marzo, de la Generalitat, de renta garantizada de ciudadanía de la Comunitat Valenciana (DOCV núm. 5475 de 22 de marzo de 2007, pp. 12530-12541; y BOE núm. 95, de 20 de abril de 2007, pp. 17421 a 17429), desarrollada mediante Decreto 93/2008, de 4 de julio, del Consell, por el que se desarrolla la Ley de renta garantizada de ciudadanía de la Comunitat Valenciana (DOCV núm. 5801 de 8 de julio de 2008, pp. 71254-71266, pp. 71254-71266). Normas que quedarán sin vigor tras la aprobación de la Ley 19/2017, de 20 de diciembre, de la Generalitat, de renta valenciana de inclusión, al igual que los arts. 3, 4, 5, 6 y 7 de la Ley 3/2017, de 3 de febrero, de la Generalitat, para paliar y reducir la pobreza energética (electricidad, agua y gas) en la Comunitat Valenciana (DOCV núm. 7976, de 9 de febrero de 2017, pp. 5332-5358; y BOE núm. 56, de 7 de marzo de 2017, pp. 16743-16750).

174 DOCV núm. 8196, de 22 de diciembre de 2017, pp. 47979-47999; y BOE núm. 10, de 11 de enero de 2018, pp. 4289-4316. Habiendo sido desarrollada mediante Decreto 60/2018, de 11 de mayo, del Consell, por el que

temporal de tres años exigido para solicitar la desaparecida renta garantizada, estableciendo que dicho apoyo a la inclusión será una prestación garantizada y gratuita para toda la ciudadanía consistente en la provisión de los apoyos y el acompañamiento personalizado orientado a los fines anteriormente aludidos, flexibilizando también los criterios de acceso a una serie de servicios básicos (educación, sanidad, vivienda, deporte, cultura, servicios de ocupación y formación en igualdad de oportunidades, entre otros). Recientemente, la aprobación del Real Decreto Ley 20/2020, de 29 de mayo, por el que se establece el ingreso mínimo vital[175] (que poco tiempo después derogará la Ley 19/2021, de 20 de diciembre, por la que se establece el ingreso mínimo vital[176]) ha provocado (como efecto dominó) la modificación de la ley autonómica de renta valenciana de inclusión a través del Decreto Ley 7/2020, del Consell, de 26 de junio (entrada en vigor el 01/07/2020)[177].

Si la primera la conceptúa como "herramienta de transición" (Exposición de Motivos de la Ley 20/2020) o "garantía preventiva" (Martín Guardado, 2023: 204) para evitar la pobreza extrema y luchar contra la exclusión social de quiénes gozan de menores recursos socioeconómicos (en muchas ocasiones en concurrencia con otras causas de vulnerabilidad); la nueva configuración legal autonómica

---

se aprueba su Reglamento (DOCV núm. 8310 de 5 de junio de 2018, pp. 23525-23577).

175 BOE núm. 154, de 1 de junio de 2020, pp. 36022-36065. Cabe destacar el monográfico que la revista IgualdadEs (2023) ha dedicado al ingreso mínimo vital. Del mismo destacaría las reflexiones del profesor Jimena Quesada quien pese a considerar positiva la nueva configuración legal, lamenta su falta de conexión con los valores del "constitucionalismo social evolutivo" (en particular la solidaridad), "el soft-law de la UE (el Pilar Europeo de Derechos Sociales)" o (lo que considera más grave) la "incomprensible omisión de la Constitución Social de Europa, recientemente ratificada por España en su versión revisada" (2023: 205-225); mostrándose especialmente crítico con la complejidad del trámite de solicitud atendiendo a las características de la población a la que va dirigida o la diferencia de tales rentas de inserción y demás subsidios condicionados propios del Estado de Bienestar con la propuesta más ambiciosa de configurar una renta básica universal.

176 BOE núm. 304, de 21 de diciembre de 2021, pp. 156171 a 156229.

177 DOCV núm. 8846, de 30 de junio de 2020, pp. 24906-24937.

define la promoción de la inclusión social (anteriormente supervisada a través de sucesivos planes integrales, aún hoy en vigor[178]) como una prestación (económica y profesional) básica, de último recurso si bien subsidiaria de otras prestaciones sociales de carácter social (como la dependencia, por ejemplo). La legislación valenciana distingue dos tipos de renta en función de la existencia o no de ingresos previos (complementaria[179] y garantía[180]) siendo ambas compatibles con el ingreso mínimo vital que es una prestación de carácter estatal aunque de menor extensión que la inicialmente anunciada[181], debido a la complejidad para solicitarla. Las cantidades percibidas en concepto de renta valenciana de inclusión (con una vigencia de tres años prorrogables por otros tantos) se podrán incrementar (hasta un 25%) por gastos derivados del alquiler o cuota hipotecaría de la vivienda habitual y para garantizar suministros energéticos; pudiendo ser complementadas por una pluralidad de recursos sociales (ayudas económicas de emergencia social, las que fomentan el desarrollo o autonomía personal o la accesibilidad, tanto de personas con diversidad funcional como mayores; a la vivienda social, en régimen

---

178 Su última versión [Plan valenciano de inclusión y cohesión social 2017-2022]aprobada mediante Acuerdo de 3 de noviembre de 2017, del Consell (DOCV núm. 8166, de 9 de noviembre de 2017, pp. 40145-40146).

179 Renta complementaria de Ingresos por Prestaciones (destinada a complementar los ingresos de la unidad de convivencia cuando ciertas pensiones o prestaciones, siendo compatibles no son suficientes) y Renta complementaria de ingresos del trabajo (destinada a complementar la insuficiencia del rendimiento laboral). Esta segunda modalidad todavía no resulta disponible al estar desarrollándose.

180 Renta de garantía de Ingresos Mínimos (dirigida a unidades de convivencia en situación de pobreza o exclusión social sin suscribir un acuerdo de inclusión y cuando no hay menores a cargo) y Renta de garantía de inclusión social (dirigida a unidades de convivencia en situación de pobreza o exclusión social suscribiendo un acuerdo de inclusión a cambio de un incremento en la prestación final).

181 Según el documento "Segunda Opinión sobre el Ingreso Mínimo Vital (IMV)" hecho público el pasado día 8 de junio de 2023 por la Autoridad Independiente de Responsabilidad Fiscal (AIREF) desvela que la prestación sólo alcanza al 35% de hogares (284.000) que tendrían derecho a la misma. De los cuáles un solo un 12.62 % corresponderían a la Comunitat Valenciana.

de tenencia o alquiler; plazas en escuela infantil pública, en centros educativos en cualquier etapa educativa y de formación reglada, así como en los cursos preparatorios para el acceso a los ciclos formativos de cualquier nivel del sistema educativo y, también, de ocio educativo inclusivo) garantizándose, a su vez, el acceso directo a otra serie de recursos (becas de educación infantil desde el primer ciclo de 0 a 3 años en centros sostenidos con fondos públicos; ayudas de libros de texto y material curricular en todas las etapas de la educación obligatoria; becas de comedor escolar para alumnos y alumnas de educación infantil de segundo ciclo, de 0 a 3 años de la red pública y de educación obligatoria, escolarizados en centros que dispongan del servicio de comedor escolar; gastos derivados de la matrícula de educación secundaria y formación profesional y ayudas cuya concesión corresponda a la Generalitat; becas de gastos de matrícula y ayudas para la realización de estudios universitarios cuya concesión corresponda a la Generalitat; programas y acciones de orientación, formación y empleo propios de los servicios públicos de empleo y formación; sanidad universal y a la prestación farmacéutica y ortoprotésica; programas preventivos y de promoción de la salud del sistema valenciano de salud con perspectiva de equidad; y carnet jove).

A pesar del potencial que representa esta transferencia directa a las unidades de convivencia más desfavorecidas y en riesgo de exclusión social, también, se le han formulado ciertas críticas, tales como:

a) Insuficiente cobertura: Se ha argumentado que la renta valenciana de inclusión no llega a cubrir completamente las necesidades de todas las personas en situación de vulnerabilidad. Algunos críticos consideran, incluso, que los requisitos establecidos para acceder a la ayuda son demasiado estrictos, lo que deja fuera a muchas personas que podrían beneficiarse de ella.

b) Excesiva burocracia: Resultan evidentes los problemas en la gestión y tramitación de la renta valenciana de inclusión, no sólo dificultando el acceso al programa sino cuestionando la eficiencia y la capacidad de éste para responder a las necesidades planteadas.

c) Falta de acompañamiento integral: A pesar de que la renta valenciana de inclusión se centra principalmente en proporcionar apoyo económico, no brinda suficiente atención a otros aspectos necesarios para la inclusión social y laboral de los beneficiarios, como complementos formativos, de capacitación laboral y apoyo psicosocial para ayudar a las personas a salir de la situación de vulnerabilidad de manera sostenible.

d) Efecto desincentivador: Si la renta valenciana proporciona suficiente apoyo económico sin incentivar activamente la búsqueda de empleo o la mejora de las habilidades, puede perpetuar la dependencia y desincentivar la autonomía y la integración laboral en un círculo vicioso que estaría perpetuando su exclusión social.

Sin duda, alguna de las preocupaciones aludidas podrían ser abordadas mediante ajustes en la implementación y evaluación constante del programa para mejorar su eficacia, así como la satisfacción de las necesidades de las personas en que se encuentran en situación de vulnerabilidad. Algo que no ha impedido en 2023, por ejemplo, que el 4% de los hogares españoles tenga nula capacidad alguna de ahorro no pudiendo hacer frente, tampoco, a ningún gasto imprevisto, como advierte el supervisor español.

No puede, por último, cerrarse este capítulo social sin dejar de mencionar la Ley 9/2016, de 28 de octubre, de Regulación de los Procedimientos de Emergencia Ciudadana en la Administración de la Comunitat Valenciana[182], inspirada en el mandato estatutario de priorización de ciertos colectivos en la acción de la Generalitat contenido en el art. 10.3 EACV, mediante la cual se declaran de interés público determinados procedimientos (ayudas de emergencia social; prestaciones económicas por acogida de menores; ciertas ayudas escolares, como comedor o libros de texto; ayudas económicas a mujeres víctimas de violencia de género; ayudas individualizadas para el desarrollo personal de las personas que sufren discapacidad y los procedimientos de obtención de su certificación; programas ayudas para la tercera edad y programas ayudas para personas con Alzhéimer, Parkinson y otras enfermedades neurodegenerativas; asesoramiento

---

182 DOCV núm. 7911, de 7 de noviembre de 2016, pp. 30409-30414; y BOE núm. 283, de 23 de noviembre de 2016, pp. 82057-82063.

a mujeres víctimas de violencia de género; ayudas a programas de servicios sociales especializados dirigidas a la integración sociolaboral de personas con discapacidad o en situación o riesgo de exclusión social) cuya urgencia se declara mediante ley para evitar que ciertos derechos subjetivos puedan conculcarse de facto pese a estar declarados en las normas sociales de referencia. O, incluso, el proyecto (finalmente caducado) de Accesibilidad Universal e Inclusiva[183], que pretendía incidir positivamente en el derecho a la accesibilidad, igualdad de oportunidades y de trato, a la autonomía personal, la inclusión y la vida independiente, a través del acceso de todas las personas en cualquier ámbito y entornos, procesos, bienes y servicios a disposición del público. Incluyéndose la accesibilidad cognitiva, que buscaba inicialmente beneficiar de forma singularizada a las personas con diversidad funcional y de avanzada edad.

Como conclusión, debemos subrayar el significativo avance en el impulso de los servicios sociales de responsabilidad pública en el ámbito autonómico valenciano, adelantándonos a la proclamación de derechos previstos en el Anteproyecto de Ley de condiciones básicas para la igualdad en el acceso y disfrute de los servicios sociales[184], cuya tramitación tardía (comenzada el pasado día 24 de enero de 2023) ha impedido hacerlos realidad, como el derecho a la atención por parte de la red integrada de sistemas públicos de servicios sociales (art. 11), lo que posibilitaría la movilidad territorial no quedando su disfrute condicionado por el empadronamiento, como ahora sucede. Igualmente, busca el refuerzo de su "esencialidad", tal y como sucedió durante la pandemia, que puede ser una suerte de blindaje frente a coyunturas adversas cercanas muy presentes (básicamente, "la financiera de 2008 y la de la Covid-19 en 2020" como apunta la Exposición de Motivos del texto). Un derecho cuyo "contenido" se expresa en términos casi idénticos a cómo ha quedado clarificado en la legislación valenciana.

---

183 Aprobado por el pleno del Consell de 10 de marzo de 2023, pocos días antes de finalizar la legislatura.

184 El texto del Anteproyecto puede consultarse en la siguiente dirección web: https://www.mdsocialesa2030.gob.es/servicio-a-la-ciudadania/proyectos-normativos/documentos/AP-SERVICIOS-SOCIALES.pdf

DE UNA LEY INTEGRAL A LA REGULACIÓN DEL PLURILINGÜISMO EN SISTEMA EDUCATIVO VALENCIANO. HACIA UNA EDUCACIÓN MÁS INCLUSIVA

Otro importante ámbito en el cual el legislador autonómico ha desplegado una intensa acción normativa ha sido el de la educación, siempre bajo las coordenadas de la legislación básica estatal: Ley Orgánica 3/2020, de 29 de diciembre, por la que se modifica la Ley Orgánica 2/2006, de 3 de mayo, de Educación (LOMLOE)[185], que sustituye en 2021 a la Ley Orgánica 8/2013, de 9 de diciembre, para la Mejora de la Calidad Educativa (LOMCE)[186] hasta entonces vigente. Si el desarrollo legislativo autonómico de esta última se caracterizó desde el primer momento por dar un sesgo propio a su aplicación en el territorio (oposición a las reválidas; ampliación lectiva en los distintos niveles educativos; sustitución del Contrato Programa vigente por el nuevo Plan de Actuación para la Mejora; refuerzo escolar...) pronto la nueva cobertura legal, auspiciada desde el Estado (Ley 4/2019, de 7 de marzo, de Mejora de las condiciones para el desempeño de la docencia y la enseñanza[187]), que permitía la supresión de las medidas anticrisis consecuencia de la crisis económica (aumento obligatorio de la jornada; aumento ratios máximas hasta un 20%; y ampliación del plazo de cobertura de las bajas laborales) facilitará una bajada de ratios generalizada que posibilitará recuperar buena parte del empleo público que había sido destruido en el sector educativo. Otras medidas de amplia repercusión serán la gratuidad de los libros en la ESO (Xarxa Llibres[188]) a través de un pago

---

185 BOE núm. 340, de 30 de diciembre de 2020, pp. 122868-122953.

186 BOE núm. 295, de 10 de diciembre de 2013.

187 BOE núm. 58, de 8 de marzo de 2019, pp. 22219-22221

188 Orden 26/2016, de 13 de junio, de la Conselleria de Educación, Investigación, Cultura y Deporte, por la que se regula el programa de reutilización, reposición y renovación de libros de texto y material curricular, a través de la creación y puesta en funcionamiento de bancos de libros de texto y material curricular en los centros públicos y privados concertados de la Comunitat Valenciana, y se determinan las bases reguladoras de las subvenciones destinadas a centros docentes privados concertados y centros docentes de

directo a las familias y la creación de bancos de libros en las escuelas; o el impulso de un plan "experimental"[189] para la extensión del nivel educativo de 2-3 años en determinados centro de Educación Infantil y Primaria de titularidad de la Generalitat, que sólo este último curso escolar ha alcanzado las 18.000 plazas (respecto de una población no escolarizada que alcanza el 71,43% [190]), favoreciendo la igualdad de oportunidades posibilitando el acceso a este tramo de educación no obligatoria con independencia de la situación socioeconómica de las familias.

Durante la última década, el compromiso programático de un Proyecto de Ley integral de Educación ha sido una constante de los sucesivos gobiernos, sin llegar a registrar ningún avance significativo. Al contrario que el desarrollo del plurilingüismo (Manent y Guardia, 2016 y Garrido Mayol, 2020), forzando una cuestionable opción legislativa dirigida a sortear los inconvenientes generados por la suspensión[191] del Decreto 9/2017, de 27 de enero, por el que se establece el

---

titularidad de corporaciones locales (DOCV núm. 7806, de 15 de junio de 2016, pp. 15688-15705).

189 Orden 7/2015, de 17 de septiembre, de la Conselleria de Educación, Investigación, Cultura y Deporte, por la que se regulan las bases que han de regir la implantación de un proyecto experimental de incorporación del nivel educativo de 2 a 3 años en determinados colegios de Educación Infantil y Primaria de titularidad de la Generalitat (DOGV núm. 7619 de 21 de septiembre de 2015), que ha sido derogada por Orden 21/2019, de 30 de abril, de la Conselleria de Educación, Investigación, Cultura y Deporte, por la cual se regula la organización y el funcionamiento de las escuelas infantiles de primer ciclo de titularidad pública (DOGV núm. 8542 de 7 de mayo de 2019, pp. 21282-21305).

190 Conselleria de Educación (2023). Informe sobre la aplicación del Plan Experimental de Incorporación del nivel educativo de 2-3 años en determinados centros educativos de Educación Infantil y Primaria de titularidad de la Generalitat. Valencia: Conselleria de Educación.

191 Mediante Auto de 23/05/2017, y en el marco del recurso interpuesto por la Diputación de Alicante, la Sala de lo Contencioso Administrativo (Sección 4º) del Tribunal Superior de Justicia de la Comunitat Valenciana acordó la adopción de la medida cautelar de suspensión de la norma autonómica. Dicha resolución fue recurrida en reposición por la Abogacía de la Generalitat, siendo desestimada mediante Auto de 20/06/2017. Frente a dicha resolución, la Abogacía de la Generalitat interpuso un recurso de

modelo lingüístico educativo valenciano y se regula su aplicación en las enseñanzas no universitarias de la Comunitat Valenciana[192] nor-

---

casación ante la Sala de lo Contencioso-Administrativo del Tribunal que fue retirado después de que el Consell derogara la norma a través del Decreto 219/2017.

Igualmente, mediante escrito de 11/07/2017, la Diputación de Alicante formulará incidente de ejecución del auto antes aludido (23/05/2017), solicitando al Tribunal superior de Justicia de la Comunitat Valenciana, que dictase resolución en relación con el órgano administrativo responsable de realizar las actuaciones para asegurar la suspensión cautelar, así como el plazo de su cumplimiento y las medidas y el procedimiento a seguir por la Administración educativa valenciana a partir de entonces. Por Providencia de 14/07/2017, la Sala de los Contencioso- Administrativo del TSJ, emplazó a la Generalitat a indicar las medidas acordadas para dar efectividad a la suspensión y comunicar al Tribunal la autoridad responsable de su cumplimiento. En cuanto a la primera de las cuestiones, se vieron afectadas por la suspensión del Decreto autonómico diversas actuaciones y resoluciones (como el Plan de Actuación para la Mejora-PAM; convocatoria estancias de formación del profesorado en el extranjero; el Decreto 88/2017, de 7 de julio, relativo al curriculum y la ordenación general de la Educación Primaria; o la propuesta de instrucciones para el curso 2017/2018, entre otras). Por lo que respecta al proyecto lingüístico de centro (PLC), tanto la Abogacía de la Generalitat como la Administración educativa entendían que los PLCs aprobados, autorizados y que habían sido hechos públicos, habían adquirido firmeza antes de la suspensión acordada; aspecto que no será compartido por la Sala de lo Contencioso Administrativo del TSJ que, mediante Auto de fecha 27/07/2017, que será recurrido en reposición.

Por último, en el marco del procedimiento de derechos fundamentales núm. 58/2017, tramitado ante esa misma Sala, la Sentencia núm. 1329/17, de 26 de julio, estimará parcialmente el recurso formulado por la Central Sindical Independiente y de Funcionarios (CSIF) de la Comunitat Valenciana, dejando exclusivamente sin efecto la Disposición Adicional 5ª del Decreto recurrido, desestimando el resto de las pretensiones. El fallo constataba "una evidente diferencia de trato entre el valenciano y el castellano", a través de una manifiesta incidencia en la certificación de lenguas al alumnado, y provocando en conclusión una vulneración de los derechos fundamentales al discriminar a unos estudiantes frente a otros.

Por último, cabe referirse también al recurso planteado por la Unión Sindical Obrera de la Comunitat Valenciana (USOCV), rechazado en base a la Sentencia núm. 1333/17, de 28 de julio, en el procedimiento "especial" de defensa de los derechos fundamentales núm. 73/2017.

192 DOCV núm. 8202, de 30 de diciembre de 2017, pp. 50289-50290.

ma, sustituida, con posterioridad, por el Decreto 219/2017, de 29 de diciembre (del mismo nombre)[193]. Pese a que la primera norma había sido formalmente derogada, amparándose en la "extraordinaria y urgente" necesidad de aplicar el modelo plurilingüe al comienzo del nuevo curso escolar, el Consell aprobaría el Decreto Ley 3/2017, de 1 de septiembre, del Consell, por el que se adoptan medidas urgentes para la aplicación, durante el curso 2017/2018 de los proyectos lingüísticos de centro (PLC)[194] (que no será recurrido por el Gobierno estatal a pesar de la apertura de una Comisión Bilateral para abordar las diferencias de interpretación sobre la norma), prolongando sus efectos durante algunos meses más. Con posterioridad, el 29 de septiembre se presentaba en las Cortes Valencianas una Proposición de ley[195] por iniciativa de los grupos parlamentarios que daban soporte al Gobierno del Botànic, mediante el cual se regulaba y promovía el plurilingüismo en el sistema educativo valenciano, publicada finalmente como Ley 4/2018, de 21 de febrero[196], zanjando definitivamente la cuestión.

Hasta la implantación de la Ley 4/2018, de 21 de febrero, de la Generalitat, por la que se regula y promueve el plurilingüismo en el sistema educativo valenciano, era la Administración educativa la que venía a determinar el proyecto lingüístico de los centros educativos; por el contrario, a partir de la organización del modelo lingüístico que establece la nueva legislación permite que el proyecto lingüístico de centro (PLC) se adapte más fielmente a la realidad de cada institución educativa y a las preferencias mostradas por las familias, decidiéndose, ahora, por una mayoría cualificada (2/3) en los consejos escolares de los centros públicos; eso sí, a partir de unos porcentajes mínimos (establecidos por una jurisprudencia consolidada tanto del Tribunal Supremo como del TC) de presencia de las lenguas "vehiculares" de aprendizaje (25% en los casos de castellano y valenciano y entre un 15 y un 25% en el caso de las lenguas extranjeras, como el inglés; y a pesar de la experimentalidad de algunas etapas educa-

---

193 DOCV núm. 8202 de 30 de diciembre de 2017, pp. 50289-50290.

194 DOCV núm. 8120, de 5 de septiembre de 2017, pp. 31235-31263.

195 *Butlletí Oficial de les Corts Valencianes* núm. 214, de 13 de octubre de 2017.

196 DOCV núm. 8240, de 22 de febrero de 2018, pp. 7860-7873; y BOE núm. 63, de 13 de marzo de 2018, pp. 29292-29308.

tivas, como Infantil, que incumplen dichos porcentajes). Si bien es cierto que en el arranque de la implantación progresiva del sistema, la aprobación inicial del PLC en cada centro público no podía desandar el nivel que había sido implementado anteriormente por el centro (por ejemplo, minorando la enseñanza en la lengua propia), fomentando desde la Administración educativa el aumento del peso de la lengua propia; algo que no sucedió en la red "concertada" debido al compromiso consignado en el instrumento legislativo de respetar la voluntad de las titularidades por encima de la decisión de las familias.

Los deseos de finalizar con la exención lingüística en las aulas, dotándose de elementos de refuerzo de la experiencia inmersiva terminará por producir importantes tensiones en territorios de predominio del castellano, especialmente en la Vega Baja, la Plana de Utiel-Requena y la conurbación Alicante-Elx.

El articulado de la LOMLOE ha recogido las recomendaciones del Consejo de Europa (2016) y su Marco Común Europeo sobre las Lenguas, posibilitando medidas de compensación para asegurar igualdad del aprendizaje y dominio de las lenguas al acabar la educación básica, lo que ha venido a reforzar a la Administración educativa valenciana en este ámbito. A pesar de que la implantación del sistema plurilingüe en la enseñanza, al haber alcanzado todas las etapas educativas y enseñanzas, permitiría una evaluación "externa" sobre su eficacia, particularmente en comparación al sistema de líneas que ha sustituido.

Pero, por si algo se ha caracterizado el primer mandato del Botànic ha sido por una pérdida de peso de la concertada en el sistema. El resultado: 4.300 estudiantes en una primera legislatura marcada por políticas favorables a la red pública, que gana casi 6.000, a pesar del saldo positivo en el crecimiento de ambas (1.500 aulas son para la pública y sólo 43 para la concertada, donde se hará sentir la supresión del concierto de bachillerato en muchos centros privados). Los instrumentos para plasmar esa pretendida subsidiariedad (negando la complementariedad entre las redes) son bien conocidos: limitación de los recursos financieros (sólo un 6% del PAM o el 4,5% de a las ayudas a la innovación docente ha ido destinadas a la concertada, dejando a la red sin auxiliares de conversación en los estadios iniciales de despliegue del plurilingüismo); o un mayor rigor en los controles y reglamentación del pago delegado[197].

La nueva regulación de los conciertos ensayada en el ámbito autonómico (Decreto 6/2017, de 20 de enero)[198] y la renovación restrictiva de éstos en los niveles postobligatorios, conducirá a una judicialización sin precedentes en el ámbito educativo que traerá como consecuencia la anulación parcial del decreto marco y la renovación de todos los conciertos en disputa (más de una veintena de unidades) hasta el curso 2025-2026. Tras conocerse los primeros fallos del Supremo, la Conselleria de Educación se mostrará proclive a actualizar la normativa básica estatal (Real Decreto 2377/1985, de 18 de diciembre, por el que se aprueba el Reglamento de Normas Básicas sobre Conciertos Educativos[199]) ya que según su criterio no debería forzarse a concertar aulas en caso de disponer de recursos públicos suficientes para cubrir la demanda, con independencia de la voluntad expresada por las familias. Así pues, mientras desde algunos posicionamientos se defiende que los conciertos son una forma de garantizar la libertad de elección de los padres y la pluralidad del sistema educativo (Simón Yarza, 2021); otros consideran que estos podrían vulnerar el principio de neutralidad del Estado, favoreciendo la segregación social, religiosa e intersexos en el ámbito educativo (Rey Martínez, 2022).

Tales cuestiones (demanda "social"; prohibición de la educación "diferenciada"; refuerzo de las lenguas cooficiales como vehiculares en la enseñanza[200]...) monopolizarán el debate durante la tramita-

---

197 Orden 2/2019, de 17 de enero, de la Conselleria de Educación, Investigación, Cultura y Deporte, por la que se desarrolla el régimen de conciertos educativos y se regula el sistema de pago delegado de los centros docentes privados concertados de la Comunitat Valenciana (DOCV núm. 8469, de 22 de enero de 2019, pp. 6079-6099).

198 DOCV núm. 7964, de 24 de enero de 2017, pp. 3294-3309

199 BOE núm. 310, de 27 de diciembre de 1985, pp. 40552 a 40556.

200 La implantación progresiva del sistema plurilingüe en el ámbito escolar valenciano, ha terminado por modificar sustancialmente su mapa lingüístico, haciendo que el valenciano se convierta *de facto* en la lengua vehicular predominante en ciertos niveles educativos (ESO, superando el 60% y doblando su peso en relación al modelo de líneas precedente).

ción de la LOMLOE en plena pandemia (Vidal Prado, 2021; Vivancos Comes, 2022); empoderando a la Administración educativa valenciana para aplicar su programa educativo incluso, por encima del deseo expresado de las familias. El respaldo constitucional en una discutida sentencia de 18/04/2023 a la LOMLOE, un ejemplo manifiesto de *overruling* judicial[201] (apartándose del cercano precedente de la STC 31/2018[202] en cuanto a la cuestión de la educación diferenciada por sexos) avanzando algunos argumentos más que cuestionables que, con toda probabilidad, se harán valer en los recursos pendientes[203] por resolver.

---

201 En este sentido, el profesor Vidal Prado ha señalado con acierto que aquello que reviste mayor gravedad "(en la referida STC de 18/04/2023) es que el Tribunal no dialoga consigo mismo, con su propia y asentada jurisprudencia, que modifica sin justificarlo, como ya hizo en la sentencia sobre la Ley de eutanasia y parece que hará en la de la Ley del aborto. Esto supone una falta de respeto a sí mismo como institución, un deslizamiento hacia su conversión en tercera cámara, su incursión plena en la arena política y su pérdida de legitimidad como órgano constitucional por encima de las batallas partidistas" (2023).

202 Pleno. Sentencia 31/2018, de 10 de abril de 2018. Recurso de inconstitucionalidad 1406-2014. Interpuesto por más de cincuenta diputados del Grupo Parlamentario Socialista en el Congreso en relación con diversos preceptos de la Ley Orgánica 8/2013, de 9 de diciembre, para la mejora de la calidad educativa (BOE núm. 124, de 22 de mayo de 2018, pp. 53548-53638).

203 Recurso de inconstitucionalidad núm. 1828-2021, contra los apartados 1, 8 bis, 10, 12, 16, 17, 27, 28, 29, 50, 55 bis, 56, 78, 81 bis, 83 y 89 del artículo único y las disposiciones adicionales tercera y cuarta de la Ley Orgánica 3/2020, de 29 de diciembre, por la que se modifica la Ley Orgánica 2/2006, de 3 de mayo, de Educación (BOE núm. 102, de 29 de abril de 2021, pp. 50906 a 50906). Así como la cuestión de inconstitucionalidad planteada en fecha 22/11/2022 por dos autos de la Sala Contencioso-Administrativa del Tribunal Superior de Navarra sobre el artículo 83 de la LOMLOE, que da nueva redacción a la Disposición Adicional 25ª de la LOE. Al primero ha dado respuesta la Sentencia 34/2023, de 18 de abril de 2023 (BOE núm. 121, de 22 de mayo de 2023, pp. 70644-7071) que he analizado detalladamente en el Seminario de Investigación que bajo el título "Eucación inclusiva y separación de alumnas y alumnos por sexo" se celebró el pasado día 11 de mayo de 2023 bajo la dirección del profesor Miguel Rodríguez Blanco (Universidad de Alcalá) con la participación de Almudena Rodríguez Moya (UNED), Mª del Mar Navas Sánchez (Universidad de Málaga) y Mariano Vivancos Comes (Universitat de València), respectivamente.

El desarrollo de la inclusión educativa[204], el fomento de la diversidad[205] y la coeducación[205] (a través de un plan director específico

---

204 El Decreto 104/2018, de 27 de julio, del Consell, por el que se desarrollan los principios de equidad y de inclusión en el sistema educativo valenciano (DOCV núm. 104/2018, de 27 de julio, pp. 33355-33381), establece las líneas generales de actuación que caracterizan el modelo de escuela inclusiva y garantizan el desarrollo de sus principios. Norma que ha sido desarrollada con posterioridad mediante la Orden 20/2019, de 30 de abril, de la Conselleria de Educación, Investigación, Cultura y Deporte, por la cual se regula la organización de la respuesta educativa para la inclusión del alumnado en los centros docentes sostenidos con fondos públicos del sistema educativo valenciano (DOCV núm. 8540, de 3 de mayo de 2019, pp. 20853-20897). Recientemente, han sido aprobados también los Decretos 72/2021, de 21 de mayo, de organización de la orientación educativa y profesional en el sistema educativo valenciano (DOCV núm. 9099 de 3 de junio de 2021, pp. 25501-25517) y 195/2022, de 11 de noviembre, de igualdad y convivencia en el sistema educativo valenciano (DOCV núm. 9471/2022, de 16 de noviembre, pp. 60025-60057), que concreta el modelo de gestión de la igualdad y la convivencia en el sistema educativo valenciano, regulando la organización, funcionamiento y composición del Observatorio de la Igualdad y Convivencia (Titulo II), como órgano colegiado, de carácter consultivo en dicho ámbito, así como los derechos y deberes de la comunidad educativa (alumnado, profesorado, familias, personal no docente), que han sido revisados y actualizados (Título III).

205 A través de la ampliación de nuevos derechos incorporados al plan normativo gubernamental: básicamente, las Leyes 26/2018, de 21 de diciembre, de derechos y garantías de la infancia y la adolescencia (DOCV núm. 8450, de 24 de diciembre de 2018, pp. 49621-49703; y BOE núm. 39, de 14 de febrero de 2019, pp. 13767-13863); 8/2017, de 7 de abril, integral del reconocimiento del derecho a la identidad y a la expresión de género en la Comunitat Valenciana (DOCV núm. 8019, de 11 de abril de 2017, pp. 12310-12333; y BOE núm. 112, de 11 de mayo de 2017, pp. 37967-37993); y Ley 23/2018, de 29 de noviembre, de igualdad de las personas LGTBI (DOCV núm. 8436, de 3 de diciembre de 2018, pp. 46206-46236 y BOE núm. 10, de 11 de enero de 2019, pp. 1882-1917). Que se adelantarán algunos años a sus correlatos estatales, como la Ley Orgánica 8/2021, de 4 de junio, de protección integral a la infancia y la adolescencia frente a la violencia (BOE núm. 134, de 5 de junio de 2021, pp. 68657-68730) o la Ley 4/2023, de 28 de febrero, para la igualdad real y efectiva de las personas trans y para la garantía de los derechos de las personas LGTBI (BOE núm. 51, de 1 de marzo de 2023, pp. 30452-30514).

En particular, merecen ser destacados por su importancia el Protocolo de acompañamiento para garantizar el derecho a la identidad de género, la expresión de género y la intersexualidad (2016), que comprende orientaciones y pautas de intervención para la adecuada atención educativa al alumnado que expresa una identidad de género divergente con respecto al estereotipo de sexualidad binaria y a los alumnos con una anatomía sexual y reproductiva no binaria (o intersexuales) con la finalidad de garantizar el libre desarrollo de su personalidad, la no discriminación, así como facilitar procesos de inclusión, protección, sensibilización, acompañamiento y asesoramiento al alumnado, a sus familias y al profesorado. Entre otros aspectos, prevé que la documentación administrativa de exposición pública y aquella que pueda dirigirse al alumnado y sus familias se haga figurar el nombre escogido por la persona matriculada; que la comunidad educativa del centro se dirija a las personas trans por el nombre que hayan escogido, que se garantice "el respeto a la imagen física, así como la libre elección de su indumentaria según la identidad de género sentida", así como el acceso y el uso de las instalaciones del centro, incluyendo lavabos y vestuarios. La extensión que la Ley 8/2017 hizo del referido protocolo a los centros sostenidos parcialmente con fondos públicos (concertados) sería objeto de conflicto judicial. La Sala Sección 4ª de la Sala de lo Contencioso-Administrativo del Tribunal Superior de Justicia de la Comunitat Valenciana (TSJCV) resolvería un recurso por vulneración de derechos fundamentales presentado por diversas organizaciones del sector educativo (Federación de Centros de Enseñanza de Valencia; Federación Católica de Asociación de Padres de Alumnos de Valencia y Federación Española de Religiosos de Enseñanzas-Centros Católicos de la Comunitat Valenciana) en contra de su aplicación al entender que se vulneraban los derechos a la igualdad y a las libertades de enseñanza, ideológica y/o religiosa. En la Sentencia núm. 2000/2019, de 15 de mayo, el TSJCV se pronunciará respecto de tales cuestiones, argumentando que el diferente trato dado a los centros privados y a la red sostenida con fondos públicos "no se sitúa en la consecuencia jurídica derivada de la implementación de las garantías" legalmente establecidas, sino por el contrario en el cauce por el que deben hacerse efectiva las mismas. Igualmente, considera que no concurren (como solicitaban los recurrentes) los supuestos para plantear una cuestión de inconstitucionalidad al TC. Finalmente, su desarrollo normativo se ha producido mediante Decreto 102/2018, de 27 de julio, de desarrollo de la Ley 8/2017, integral del reconocimiento del derecho a la identidad y a la expresión de género en la Comunitat Valenciana (DOCV núm. 8373 de 31.08.2018, pp. 35343-35354) e Instrucción del 15 de diciembre de 2016, del director general de Política Educativa, por la que se establece el protocolo de acompañamiento para garantizar el derecho a la identidad de género, la expresión de género y la intersexualidad (DOCV núm.7944 de 27.12.2016).

e integral con más de un centenar de medidas, aprobado en 2018) marcarán alguno de los hitos más destacados de la gestión educativa del Botànic, sirviendo de inspiración a las políticas de carácter educativo desplegadas en el ámbito estatal.

En los tiempos más recientes, la gestión de la pandemia en las aulas reconciliará a la Administración educativa con las patronales y agentes sociales del sector, especialmente a través de la negociación de las medidas incorporadas en el plan de reconstrucción post-Covid consensuadas, dando satisfacción parcial a las demandas de trato igualitario entre redes, algo que no sucedería con anterioridad en el ámbito de la educación superior, donde la limitación del disfrute de becas únicamente a los estudiantes matriculados en las universidades

---

206 La Ley 7/2012, de 23 de noviembre, de la Generalitat, Integral contra la Violencia sobre la Mujer en el Ámbito de la Comunitat Valenciana (DOCV núm. 6912, de 28 de noviembre de 2012, pp. 34453-3470; y BOE núm. 297, de 11 de diciembre de 2012, pp. 84791-84811), una de las primeras leyes autonómicas en ser aprobadas tras la entrada en vigor de la Carta de Derechos Sociales, incide en la importancia de una adecuada estrategia coeducativa como mejor herramienta para combatir dicha violencia. Aunque será la LOMLOE la que incorpore a la coeducación como uno de los principios básicos del sistema. Así en su Exposición de Motivos se expresa que la Ley "adopta un enfoque de igualdad de género a través de la coeducación y fomenta en todas las etapas el aprendizaje de la igualdad efectiva de mujeres y hombres, la prevención de la violencia de género y el respeto a la diversidad afectivo-sexual, introduciendo en Educación secundaria la orientación educativa y profesional del alumnado con perspectiva inclusiva y no sexista". Dentro de su Capítulo I ("*Principios y fines de la Educación*"), el primero de sus artículos incorpora "el desarrollo de la igualdad de derechos, deberes y oportunidades, el respeto a la diversidad afectivo-sexual y familiar, el fomento de la igualdad efectiva de mujeres y hombres a través de la consideración del régimen de la coeducación de niños y niñas, la educación afectivo-sexual, adaptada al nivel madurativo, y la prevención de la violencia de género, así como el fomento del espíritu crítico y la ciudadanía activa" (art. 1.l) LOE) dentro de los fines de la educación. Incorporando un nuevo inciso a la Disposición Adicional 25ª LOE, del siguiente tenor: "los centros sostenidos parcial o totalmente con fondos públicos desarrollarán el principio de coeducación en todas las etapas educativas (...) y no separarán al alumnado por su género", entre otros aspectos destacables.

públicas también será declarado discriminatorio[207], obligando a una rectificación de la política educativa desplegada en los últimos años.

No podemos, por último, concluir este ámbito sin hacer una breve referencia al impulso de la ordenación y organización académica de los ciclos formativos[208] profesionales, favorecidos por una nueva ley básica estatal (Ley Orgánica 3/2022, de 31 de marzo, de ordenación e integración de la Formación Profesional[209], que unifica el sistema de FP educativo y para el empleo, convirtiéndose en un poderoso instrumento para el fortalecimiento y sostenibilidad económicos). La modernización experimentada en los últimos años, reconcilia estos

---

207 Pleno. Sentencia 191/2020, de 17 de diciembre de 2020. Recurso de amparo núm. 5099-2018, promovido por la Universidad Católica de Valencia San Vicente Mártir en relación con la Orden de la Conselleria de Educación, Investigación, Cultura y Deporte, de la Generalitat Valenciana 21/2016, de 10 de junio, por la que se establecen las bases reguladoras para la concesión de las becas para la realización de estudios universitarios en las universidades de la Comunitat Valenciana, y las resoluciones dictadas por las salas de lo contencioso-administrativo del Tribunal Supremo y del Tribunal Superior de Justicia de la Comunidad Valenciana desestimando la impugnación de dicha orden (BOE núm. 22, de 26 de enero de 2021, pp. 7800-7830).

208 La ordenación de la FP en el ámbito autonómico descansa en una pluralidad de normas reglamentarias. Básicamente son las siguientes: a) ordenación. Orden 78/2010, de 27 de agosto, de la Conselleria de Educación, por la que se regulan determinados aspectos de la ordenación y organización académica de los ciclos formativos de Formación Profesional del sistema educativo en el ámbito territorial de la Comunitat Valenciana (DOCV núm. 6347, de 3 de septiembre de 2010), actualizada mediante las Órdenes núms.46/2012, de 12 de julio y 86/2013, de 20 de septiembre (DOCV núms. 6826 de 25 de julio de 2012 y 7117, de 24 de septiembre de 2013). b) Grado básico. Decreto 135/2014, de 8 de agosto, del Consell, por el que se regulan los ciclos formativos de Formación Profesional Básica en el ámbito de la Comunitat Valenciana (DOCV núm. 7336, de 11 de agosto de 2014, pp. 19860-19877), que ha sido modificado mediante Decreto 36/2020, de 13 de marzo (DOCV núm. 8774, de 30 de marzo de 2020, pp. 11532-11534). C) FP Dual. Orden 5/2022, de 15 de febrero, de la Conselleria de Educación, Cultura y Deporte, por la cual se regulan determinados aspectos de la ordenación de la Formación Profesional Dual del sistema educativo en la Comunitat Valenciana (DOCV núm. 9283, de 22 de febrero de 2022), respectivamente.

209 BOE núm. 78, de 1 de abril de 4 de 2022, pp. 43546-43625.

estudios con la juventud, posibilitando no sólo una formación básica, sino como continuidad a la etapa obligatoria haciéndola compatible con la primera experiencia laboral.

ACCESIBILIDAD Y JUSTICIA

El modelo de asistencia jurídica gratuita desplegado en la Comunitat Valenciana a partir de 2017 y que ha venido impulsando la Conselleria de Justicia, ha venido ampliando los derechos de algunos de los colectivos priorizados en la Carta[210] dando también desarrollo a la Ley 9/2018 (analizada en la parte inicial del presente trabajo, que plantea un nuevo enfoque inclusivo que se proyecta no sólo sobre el acceso a la justicia del colectivo sino, también, a través de medidas especificas tendentes a dar efectividad a los principios de igualdad de oportunidades, no discriminación y accesibilidad universal, entre otros) sobre la acción de la justicia, garantizando asesoramiento jurídico en los casos de problemas con el suministro eléctrico, previsión articulada a través de los Presupuestos 2023 de la Generalitat; o, incluso, la gratuidad de un recurso "alternativo"[211] como es la mediación, para el colectivo de la discapacidad, garantizada a través de la Ley 24/2018, de 5 de diciembre, de mediación de la Comunitat Valenciana[212], entre otros. Medidas que se han visto reforzadas a

---

210 Cabe recordar la Resolución 693/IX, sobre la declaración de la justicia como prioridad en la Carta social de derechos de la Comunitat Valenciana, aprobada por el Pleno de Les Corts en la sesión del día 15 de septiembre de 2016 (BOCV núm. 133, de 1 de diciembre de 2016, p. 17018).

211 El informe del Observatorio sobre Asistencia Jurídica Gratuita en la Comunitat Valenciana (2017) promovido por la Conselleria de Justicia, Administración Pública, Reformas Democráticas y Libertades Públicas propuso "promover la utilización de métodos alternativos de solución de conflictos (MASC)", entre otros aspectos destacados.

212 DOGV núm. 8439, de 07 de diciembre de 2018, pp. 46809-46830; y BOE núm. 23, de 26 de enero de 2019, pp. 7160-7186. Hay que recordar que dicho instrumento legal desarrolla el art. 9.3 EACV que consagra el compromiso activo de la Generalitat para instaurar los medios adecuados para que exista una administración de justicia sin demoras indebidas y próxima al ciudadano, contribuyendo la mediación a esos fines y a reducir el número de asuntos que llegan a los órganos judiciales, sin perjuicio de lo previsto en

través del impulso de un modelo valenciano de justicia "inclusiva y accesible"[213], dirigido a garantizar los derechos de las más de 318.381 personas con diversidad funcional (6,3% del total de la población) residentes en territorio valenciano, por ese mismo departamento.

A tal fin, la Conselleria de Justicia, Interior y Administración Pública creó en 2017 el Foro sobre sobre Justicia y Discapacidad (plataforma de diálogo abierto entre la GVA y distintos operadores jurídicos, asociaciones profesionales y expertos) con el fin de ir más

---

el art. 49.1.36ª (Administración de Justicia, sin perjuicio de lo dispuesto en la legislación de desarrollo del art. 149.1.5.ª CE). Cabe recordar, igualmente, que la Generalitat tiene atribuidas competencias en múltiples ámbito o sectores en los cuáles la mediación puede desarrollar sus efectos como medio "auto-compositivo" de resolución de conflictos. Entre los mismos, destacan los ámbitos concretados por el art. 10 EACV ("defensa integral de la familia, los derechos de las situaciones de unión legalizadas, protección del menor de edad y la integración y accesibilidad universal en cualquier ámbito de la vida pública, social, educativa o económica").

213 Dicho modelo, de forma temprana, se marcaría hasta 6 objetivos básicos (garantizar que las personas pudiesen ejercer sus derechos de forma efectiva; contribuir al ejercicio efectivo de la capacidad jurídica del colectivo de forma autónoma; asegurar el acceso a la justicia en igualdad de condiciones; extender la participación efectiva de las personas con discapacidad a las fases previas al proceso judicial, como la orientación y asistencia; impulsar reformas para para que los entornos físicos, comunicacionales y cognitivos sean accesibles; y, por último, dotar al servicio público de justicia de una estructura organizativa y humana con capacidades para prestar los apoyos necesarios en aras a garantizar los derechos de las personas con discapacidad). Tales objetivos se han concretado, a su vez, en 5 ejes: i) Acceso a la justicia en igualdad de condiciones (Líneas I. Justicia Gratuita. Línea II. Mediación Gratuita. Línea III. Asistencia especializada a las víctimas con diversidad funcional a través de la red de OAVD); ii) Accesibilidad cognitiva (Línea IV. Resoluciones judiciales de "Lectura Fácil" Línea V. Personal facilitador); iii) Accesibilidad en instalaciones y servicios (Línea VI. Programa de edificios judiciales accesibles e inclusivos); iv) Accesibilidad en el proceso (Línea VII. Unidades de Atención Social (UAS) Línea VIII. Refuerzo de personal adscrito a Fiscalía); e v) Información y formación en materia de accesibilidad (Línea IX. Formación en materia de discapacidad Línea X. Guía para el acceso a la justicia de las personas con diversidad funcional Línea XI. Información a través del portal Justicia Oberta Línea XII. Orientación jurídica a través de Justiprop).

allá del reconocimiento legal de los derechos para dicho colectivo, garantizando su pleno ejercicio (activando la cláusula de "progreso" consignada constitucional y estatutariamente) y detectar cuantas barreras (visibles o invisibles) impidiesen la igualdad en el acceso a la justicia.

Alguna de sus acciones se han hecho en desarrollo del marco jurídico estatal, como la inclusión del denominado personal "facilitador" (grupo especializado e interdisciplinar de profesionales que sirve de nexo entre las personas con discapacidad y la Administración de Justicia), contemplado en la Ley estatal 8/2021, de 2 de junio, por la que se reforma la legislación civil y procesal para el apoyo a las personas con discapacidad en el ejercicio de su capacidad jurídica[214], garantizando una mejor comprensión del proceso y haciendo valer, en definitiva, el derecho fundamental a la tutela judicial efectiva (art. 24 CE).

---

214 BOE núm. 132, de 03 de marzo de 2021, pp. 67789-67856. Dicho instrumento legislativo ha permitido la expansión de las unidades de atención social, como recurso especializado integrado por un equipo pluridisciplinar de expertos cuyo objetivo básico es garantizar el acceso a la justicia, dando una atención integral en los procedimientos judiciales complementando la asistencia social especializada. A través de la Resolución de 15 de febrero de 2019, de la Conselleria de Justicia, Administración Pública, Reformas Democráticas y Libertades Públicas (DOCV núm. 8492, de 22/02/2019), se creó la primera Unidad de Asistencia Social, compuesta por dos trabajadores sociales, ubicándose en la Ciudad de la Justicia de València.

VII. Desarrollos legales vinculados a la consolidación de nuevos "pilares" del estado del bienestar

En cuanto a los desarrollos legales vinculados a la consolidación de nuevos "pilares" del estado del bienestar, sin duda, destacan fundamentalmente dos ámbitos: dependencia y vivienda social, que serán analizados a continuación.

DEPENDENCIA

Igualmente, el avance en el reconocimiento del derecho subjetivo a la dependencia ha avanzado de una forma considerable en los últimos tiempos, pasando de 41.955 a 144.699 personas atendidas, lo que representa un incremento del 255%, habiendo sido el segundo territorio en incorporar más gente al sistema, según la Asociación de Directores y Gerentes de Servicios Sociales. Así, recientemente se ha aprobado el Decreto 102/2022 de 5 de agosto, del Consell, por el que se modifica el Decreto 62/2017, de 19 de mayo[215], del Consell, que regulaba el procedimiento para recono-

---

[215] Tras la experiencia acumulada del Decreto 18/2011, de 25 de febrero, del Consell, por el que se establece el procedimiento para reconocer el derecho a las prestaciones del sistema valenciano para las personas en situación en dependencia, se consideró necesario introducir determinadas modificaciones en el mismo con el fin de agilizar la tramitación de los expedientes. Las principales novedades incorporadas fueron, básicamente, la integración de los servicios municipales de atención a la dependencia en los servicios sociales generales, evitando duplicidades innecesarias y articulando de una forma más eficaz el acceso al sistema valenciano de atención a la dependencia (SVAAD); la regulación conjunta tanto de las condiciones y requisitos de acceso y el régimen económico aplicable, tanto para las prestaciones como para los servicios de atención a la dependencia, estableciendo un régimen de compatibilidades entre ambos; introduce los criterios adoptados

cer el grado de dependencia a las personas y el acceso al sistema público de servicios y prestaciones económicas[216], buscando salvaguardar el derecho de decisión de la persona en situación de dependencia frente a la institucionalización residencial, favorecido judicialmente en el ámbito autonómico; de modo tal que se ha decidido ampliar la figura del Profesional Asistente Personal (PAT), así como mejorar la intensidad del Servicio de Ayuda a Domicilio (SAD) y el importe de su Prestación Vinculada (PVS-SAD), con el objetivo de posibilitar la permanencia de los dependientes en su entorno, pese a que la ley estatal contemplaba esta última medida con carácter excepcional.

En los últimos tiempos, se ha facilitado, también, la integración de los cuidadores familiares en el sector profesionalizado de atención a personas en situación de dependencia, y ello incluso pese a no disponer de cualificación profesional específica[217]. Con tales medidas, como apunta Gascón Cuenca, la Comunitat Valenciana "sigue a la cabeza en el reconocimiento de las prestaciones vinculadas a los cuidados en el entorno familiar (no profesionales), con un total del 62,27% del total de solicitudes, cuando la media del Estado se sitúa en el 30,85%" (2022: 207). Debate que no puede desentenderse del debate que ha ocasionado el último desarrollo reglamentario referido a la acreditación de centros y servicios en el ámbito de los servicios sociales y donde se integra la atención a personas dependientes y que ha sido analizado con anterioridad. De mantenerse en los términos con los que ha sido aprobado podría provocar un duro enfrentamiento con el sector que ha decidido una vez más judicializar el conflicto a diferencia de la negociación continuada que se tuvo con las distintas organizaciones patronales en la puesta en marcha

---

con carácter común en cuanto a la prestación económica para cuidados y apoyo a cuidadores en el entorno familiar, distinguiéndose dos figuras de cuidadores (familiares y no familiares) y posibilitando la inclusión de los primeros en un régimen especial de la seguridad social; estableciéndose, por último, un nivel adicional de protección de las prestaciones, financiado con fondos propios de la Generalitat.

216 DOCV núm. 9404, de 12 de agosto de 2022, pp. 43142-43158.

217 Titulaciones de atención socio sanitaria a personas en el domicilio o de atención sociosanitaria a personas dependientes en instituciones sociales

del sistema valenciano de atención a la dependencia, cuyo modelo después de pasar por tres etapas diferenciadas (implantación, racionalización y alineación) se enfrenta ahora al reto de la consolidación (Agost-Felip, 2022: 183-184 y 190).

Ahora bien, la ratificación el pasado día 20 de enero de la Estrategia Valenciana de Envejecimiento Activo y Lucha contra la Soledad no Deseada (2023-2027)[218] que cuenta con algunos principios comunes a otros marcos legislativos sociales (autodeterminación personal; participación[219]; inclusividad; personalización de la atención...) corre el riesgo de diluir al colectivo de los dependientes en el ámbito de los mayores, regresando al punto de partida inicial.

ACCESO A LA VIVIENDA "SOCIAL"

Por otro lado, la Ley 2/2017, de 3 de febrero, por la función social de la vivienda de la Comunitat Valenciana[220] (LFSVCV) aspira a convertirse, en conjunción con la Ley 8/2004, de 20 de octubre, de la vivienda de la Comunitat Valenciana[221] (que había consolidado un importante marco regulador en materia de vivienda de protección pública y vivienda pública[222]) en instrumento de desarrollo de algu-

---

218 El documento puede consultarse en la siguiente dirección web: https://inclusio.gva.es/es/web/mayores/estrategia-valenciana-envelliment-actiu

219 Estructurada a partir del Consell Valenciá de Persones Majors, creado mediante Ley 9/2004, de 7 de desembre (DOCV núm. 4809, de 9 de diciembre de 2004) y que cuenta con un largo recorrido de dos décadas.

220 DOCV núm. 7976, de 9 de febrero de 2017, pp. 5324-5351; y BOE núm. 56, de 7 de marzo de 2017, pp. 16711 a 16742.

221 DOCV núm. 4867, de 21 de octubre de 2004; y BOE núm. 281, de 22 de noviembre de 2004, pp. 38582-38600.

222 Que desea ser actualizada a través de un nuevo Proyecto de Decreto de Vivienda de Protección Pública y Régimen Jurídico de Patrimonio Público de Vivienda y Suelo de la Generalitat Valenciana, que no ha superado la fase de tramitación pública en su tramitación durante esta última legislatura.

nas previsiones constitucionales[223] y estatutarias[224] preteridas hasta la fecha. En concreto, se pretende reconocer el derecho subjetivo al acceso a una vivienda digna y asequible[225] y desarrollar algunas de

223 Básicamente el "disfrute de una vivienda digna y adecuada", de acuerdo con la previsión del artículo 47 CE; un derecho fundamental de carácter social de todos los ciudadanos, cuyo reconocimiento implicaba únicamente un mandato genérico a los poderes públicos para la adopción de cuantas medidas posibilitasen su ejercicio real y efectivo.

224 Partiendo del artículo 15 de la Ley Orgánica 1/2006, de 10 de abril, de Reforma de la Ley Orgánica 5/1982, de 1 de julio, de Estatuto de Autonomía de la Comunidad Valenciana (BOE núm. 86, de 11 de abril de 2006, pp. 13934 a 13954), se establece que "con el fin de combatir la pobreza y facilitar la inserción social, la Generalitat garantiza el derecho de los ciudadanos valencianos en estado de necesidad a la solidaridad y a una renta de ciudadanía en los términos previstos en la ley". Objetivos ambiciosos, sin duda, que hasta la fecha no habían sido desarrollados de forma enteramente satisfactoria, y que vienen a completarse con una específica manifestación de esta solidaridad para los valencianos que habiendo perdido su domicilio habitual se encuentran en una situación de vulnerabilidad y en riesgo serio de exclusión. Por esta razón, a continuación, el artículo 16 EACV dispone que "la Generalitat garantizará el derecho de acceso a una vivienda digna de los ciudadanos valencianos. Por ley se regularán las ayudas para promover este derecho, especialmente en favor de los jóvenes, personas sin medios, mujeres maltratadas, personas afectadas por discapacidad y aquellas otras en las que estén justificadas las ayudas". Mandato estatutario al que da cumplimiento la Ley 2/2017, de 3 de febrero, por la función social de la vivienda de la Comunitat Valenciana.

225 Igual que había hecho la Ley vasca 3/2015, de 18 de junio, de vivienda (BOPV núm. 119, de 26 de junio de 2015; y BOE núm. 166, de 13 de julio de 2015, pp. 57907-57968) con anterioridad. La STC 97/2018, de 19 de septiembre de 2018 (BOE núm. 247, de 12 de octubre de 2018, pp. 99873 a 99898), rechaza el recurso de inconstitucionalidad núm. 1643-2016 interpuesto por el presidente del Gobierno que solicitaba la nulidad de diversos preceptos legales autonómicos [en concreto, los arts. 3, letras t) y x); 4, apartados 1º y 2º b); 6.1; 9.4; 56, apartados 1º, 2º y 3º; 59; 63.2, letras a), b), c), d), f), g) y h); 64; 72, apartados 1º y 3º c); 74; 75; 83, letra d); 84, letra d) y la DA 1ª, apartado 3º] por vulnerar las competencias reservadas al Estado en los núms. 1 (condiciones básicas de igualdad en el ejercicio derechos y deberes constitucionales); 6 (legislación procesal); 8 (legislación civil); 11 (bases y ordenación crédito y seguros); 13 (bases y coordinación de la planificación económica); 18 (bases régimen jurídico de las Administraciones públicas, normas de procedimiento administrativo común y legislación

las consecuencias de la función social de la vivienda que permiten, justifican y aconsejan la adopción de un programa público de acción ambicioso en dicho ámbito para satisfacer los objetivos apuntados. El legislador considera el cambio necesario del marco legal vigente (autonómico) de la vivienda, así así como "priorizar la reforma de la legislación en el resto de ámbitos competenciales" al objeto de evitar efectos indeseados que se apuntan en su Exposición de Motivos: como la "incapacidad de asegurar el derecho de acceso a la vivienda (...) (desplazando) a sectores de la población lejos de poder ejercer este derecho fundamental", al haber sido diseñada la política pública en un contexto sustancialmente diferente al actual, priorizando otros intereses distintos al uso "social" de la vivienda.

Se parte de la constatación del derecho a la vivienda y su efectiva garantía, así como del desarrollo de la función social del derecho de propiedad para facilitarlo. Se destaca en la Exposición de Motivos (que no olvidemos plasma la *voluntas legislatoris*) "el importante stock de vivienda que, en estos momentos, están desocupadas en la Comunitat Valenciana y que, según las estadísticas oficiales del Instituto Nacional de Estadística, alcanza un elevadísimo porcentaje en torno al 15 % de todo el conjunto de viviendas que hay en territorio valen-

---

sobre expropiación forzosa) del art. 149 CE; alterando, por último, el contenido esencial del derecho de propiedad (art. 33 CE), naturaleza y límites. La sentencia constitucional aludida señala que el incumplimiento de la denominada función "social" (necesidad calificada de "vital" por el Alto Tribunal) de una vivienda, faculta a las Administraciones públicas a intervenir en una adquisición preferente, en un desahucio administrativo, en un alquiler forzoso o, incluso, a la introducción de un régimen sancionador específico, entre otros. No obstante, a pesar de que se descarte la invasión competencial por lo que se refiere a la "acción pública" administrativa en materia de vivienda (art. 6.1), se excluye la posibilidad apuntada por la ley de configurar una "acción popular jurisdiccional" (algo sólo reservado a la ley estatal); declarándose inconstitucionales los supuestos relativos a la expropiación forzosa del uso temporal de viviendas incursas en procedimientos de desahucio por ejecución hipotecaria o por o por impagos de arrendamiento (arts. 9.4 y 74 LVV) y sus procedimientos expropiatorio y de urgencia (art. 75 LVV), así como la obligación registral de los agentes intervinientes en la prestación de servicios inmobiliarios (DA 1ª), a la que se fuerza una interpretación "conforme" que la transforma en voluntaria.

ciano", considerando a su vez que existe un gran parque de viviendas de primera residencia vacías y un amplio colectivo ciudadano necesitado de acceso, lo que obliga a la Generalitat a facilitar los cauces que permitan no solo éste sino favorezcan, también, la salida al mercado de los inmuebles vacíos.

Se establece, de este modo, en su Título I, un verdadero derecho subjetivo a disponer de una vivienda, así como los mecanismos para hacerlo exigible ante la Administración de la Generalitat, convirtiéndose en uno de los instrumentos legales autonómicos más avanzados en el panorama nacional. El derecho efectivo y exigible a la vivienda tiene además que ver con la conservación de la vivienda, para aquellos que la han perdido como consecuencia de un empeoramiento en su situación económica que ha conducido a la efectiva imposibilidad de habitar una vivienda en condiciones. Con respecto a las medidas para paliar la situación planteada como consecuencia de los desahucios sobre vivienda habitual en particular, por medio del Título III se pretende asegurar el derecho a una vivienda digna en relación con el derecho a la vida y a la integridad física y psíquica de las personas y sus familias afectadas por desahucios provenientes de ejecuciones hipotecarias, a fin de que puedan continuar ocupando su vivienda mediante la habilitación de medios que permitan el acceso al uso de la misma, siempre que se cumplan los requisitos previstos. A tal efecto se faculta a la Administración de la Generalitat para expropiar en ciertos casos el uso de estos inmuebles para ponerlo a disposición de sus ocupantes. Obliga la ley autonómica, además, a adecuar el parque de vivienda pública a las efectivas necesidades que se deriven del reconocimiento del derecho subjetivo. Para posibilitar tal objetivo, establece asimismo medidas destinadas a facilitar la financiación oportuna, contando con la acción del Instituto Valenciano de Finanzas (IVF).

Finalmente, incorpora una serie de medidas dirigidas al fomento de la mediación y de acciones positivas destinadas también a facilitar por todos los medios factibles una oferta de vivienda asequible lo más amplia posible (Título V), así como otros instrumentos y medios para atender situaciones de emergencia relacionada con la pobreza energética y las ayudas al alquiler. Así, se constituye el Registro de Viviendas Deshabitadas como instrumento básico para el control y seguimiento de las viviendas habituales que puedan ser declaradas como deshabitadas al servicio del ejercicio de las potestades administrativas que se reconoce y se regulan otros registros para la mejor identificación de la oferta y demanda de vivienda pública; previendo la posible colaboración con sus equivalentes municipales, que deberán coordinarse con los autonómicos, al centralizar estos dicha información.

Con posterioridad, a través del Decreto Ley 3/2023, de 17 de febrero, del Consell, por el que se adoptan medidas urgentes para hacer frente a las situaciones de vulnerabilidad y emergencia residencial en la Comunitat Valenciana agravadas por la guerra de Ucrania, y para evitar abusos en el ámbito inmobiliario[226] (norma que había sido redactada en octubre de 2021 y cuya aprobación estaba prevista para la finalización del año siguiente que se verá demorada por el cambio de titular en la Vicepresidencia 2ª), consolida las medidas que, con ocasión de la pandemia, habían sido impulsadas en el ámbito valenciano, a través del Decreto Ley 6/2020, de 5 de junio, del Consell[227], para la ampliación de vivienda pública en la Comunitat Valenciana mediante los derechos de tanteo y retracto. "Norma, que (según la profesora Ridaura), se inserta en las políticas que han conducido a hablar de un cambio de paradigma[228] en mate-

---

226 DOCV núm. 9542, de 27 de febrero de 2023, pp. 12443-12486.

227 DOCV núm. 8832 de 11 de junio de 2020. Convalidado mediante Resolución 145/X de 15 de julio de 2020 (DOCV núm. 8864 de 23 de julio de 2020) y que ha sido objeto de aclaración a través de la Circular número 1/2020, de la Dirección General de Vivienda y Regeneración Urbana, para la aplicación del Decreto ley 6/2020, de 5 de junio, del Consell, para la ampliación de vivienda pública en la Comunitat Valenciana mediante los derechos de tanteo y retracto (DOCV núm. 8960 de 25 de noviembre de 2020).

228 A partir del 2020, la Generalitat Valenciana dispondrá de una estrategia operativa a largo plazo (Plan Hábitat 2030) que fija una hoja de ruta a diez años y en el que, con el objetivo de garantizar el derecho subjetivo de la ciudadanía valenciana a disponer de una vivienda asequible, digna y adecuada, se aprobarán los Decretos 106/2021, de 6 de agosto, del Consell, del Registro de Vivienda de la Comunitat Valenciana y del procedimiento de adjudicación de viviendas(DOCV núm. 9173, de 14 de septiembre de 2021, pp. 3815-38169), y 130/2021, de 1 de octubre, del Consell, de aproba-

ria de vivienda", modificando el marco legal previo, y que al tiempo supondrá "una fuerte ampliación del parque de viviendas públicas" (2021: 188). La mayor novedad será la introducción de los derechos de tanteo y retracto[229] en una serie de situaciones producidas en el momento de transmitirse la vivienda (dación en pago de deuda con garantía hipotecaria, procesos judiciales o procedimientos de venta extrajudicial), extensible, también, a edificios de uso residencial (sólo se exige un mínimo de cinco viviendas) cuando esta afecte al 80% del total o, incluso, a la venta de acciones o participaciones de sociedades dedicadas a la actividad inmobiliaria.

La nueva norma (Decreto Ley 3/2023[230]) pretende garantizar el derecho a la vivienda en el marco de la crisis económica y social, agravada por la guerra de Ucrania. Incluyendo medidas específicas de intervención de la Generalitat para resolver situaciones de "emergencia" residencial o habitacional centradas en la población más vulnerable. Entre las medidas concretas y de intervención (pública) de la Generalitat para resolver tales situaciones que se incorporan, destacan las siguientes: a) Medidas "antidesahucios" (fomento de los sistemas de intermediación extrajudicial; deber de comunicación de los desahucios por parte de los grandes tenedores; y alojamiento provisional en situaciones de riesgo de exclusión residencial) y servicios públicos de apoyo a los afectados por el desalojo de su vivienda habitual (creación de una unidad administrativa específica de ayuda y de la Mesa de Antidesahucios de la Comunitat Valenciana, con amplia participación social y que persigue el objetivo expreso de "avanzar en la erradicación de los desahucios"). b) Ordenación de los grandes tenedores (poseedores de diez mil o más viviendas) y la creación de

ción del reglamento para la movilización de viviendas vacías y deshabitadas (DOCV núm. 9192, de 11 de octubre de 2021, pp. 41781-41834) que ha sido modificado con posterioridad por el Decreto 85/2022 de 1 de julio (DOCV núm. 9389 de 22 de julio de 2022, pp. 37925-37928).

229 Sobre este particular puede consultarse AAVV (2023). El derecho de tanteo y retracto en el marco de las políticas de vivienda pública. Implicaciones sociales y territoriales en el contexto valenciano (Valencia: Cátedra de vivienda y derecho a la vivienda-Universitat València).

230 Convalidado mediante la Resolución 654/X del Pleno de Les Corts Valencianes, celebrado el 30 de marzo de 2023 (DOGV de 20 de abril de 2023).

un registro específico para estos. c) Establecimiento de un régimen específico de colaboración público-privada en materia de vivienda. d) La regulación de la función y ordenación de la inspección en materia de vivienda, junto a la implantación de un régimen sancionador específico como garantía de su eficacia que en los casos de mayor gravedad pueden suponer multas de 950.000 euros.

Como novedades más destacables, figuran la cesión temporal obligatoria del usufructo de viviendas deshabitadas (cuya titularidad del derecho de propiedad corresponda a grandes tenedores), a partir de ciertos requisitos y por un plazo máximo de 5 ó 7 años, en función de la naturaleza del propietario (persona física o jurídica); y la tipificación del "acoso inmobiliario" ("toda acción u omisión en perjuicio de la persona ocupante de una vivienda con el fin de perturbarla en el uso y disfrute pacífico de la misma, incluso generando un entorno material, social, personal o familiar hostil o humillante", art. 2.8), así como otras conductas antisociales o discriminatorias en relación con el acceso a la vivienda, que queda tipificado y sancionado de acuerdo con la nueva regulación, al margen del tipo penal (art. 173-1, 2º CP).

En una sentencia reciente[231], el Tribunal Constitucional ha venido a validar la regulación de los preceptos legales sobre adquisición preferente de vivienda, recurridos por diversos senadores del Grupo Parlamentario Popular en el Congreso. Para el Alto Tribunal la concurrencia del presupuesto habilitante queda perfectamente explicitado y razonado en la norma, al señalarse "que concurre una singular situación de extraordinaria y urgente necesidad en relación con el acceso a la vivienda de los colectivos vulnerables"; agravada por las consecuencias de la COVID-19, tal y como recogería la intervención del Vicepresidente segundo del Consell en el debate parlamentario

---

231 Pleno. Sentencia 8/2023, de 22 de febrero de 2023. Recurso de inconstitucionalidad 4291-2020. Interpuesto por más de cincuenta senadores del Grupo Parlamentario Popular en el Senado en relación con el Decreto-ley del Consell 6/2020, de 5 de junio, para la ampliación de vivienda pública en la Comunitat Valenciana mediante los derechos de tanteo y retracto (BOE núm. 77, de 31 de marzo de 2023, pp. 47742 a 47776).

de la convalidación[232] al que alude la STC 8/23. Para el tribunal la necesaria "conexión de sentido" (adecuación entre la situación definida y las medidas finalmente adoptadas) se concretarán en "favorecer las posibilidades jurídicas de que la administración pueda incrementar el parque público de vivienda de una manera ágil y rápida, para dar una respuesta inmediata a los problemas de acceso a la vivienda (más rápida que otras alternativas como la promoción pública de viviendas) mediante el ejercicio de los derechos de adquisición preferente que la norma establece" (FJ 6°). El hecho mismo de que a fecha de interposición del recurso (más de tres meses después de ser publicada la norma y comenzar a surtir efectos) no se hubiese hecho materializado ni una sóla operación habitacional al amparo de la regulación prevista en el decreto-ley, no tendrá relevancia alguna ya, según el Alto Tribunal, ello excedería su función de control abstracto de la norma en cuestión. Del mismo modo, la atribución al Estado de la competencia en Derecho civil (art. 149.1.8 CE) no impide al legislador autonómico constituir derechos de adquisición preferente a favor de la Administración de la Generalitat, a partir de su jurisprudencia previa (el FJ 7° cita, entre otras, las SSTC 170/1989, de 19 de octubre; 207/1999, de 11 de noviembre y 143/2017, de 14 de diciembre); ni siquiera, la invocación de un precedente negativo (STC 28/2012) por los recurrentes será obstáculo a tal fin, al entender que dicho supuesto no implicaba un verdadero derecho de retracto sino, más bien, una beneficio proyectado en un ámbito correspondiente al Derecho privado que impediría incardinar la norma en el ámbito competencial autonómico (en aquel caso, referida a la legislación turística). Descartándose de plano otras invasiones competenciales estatales (legislación mercantil y procesal, art. 149.1. 6 CE), a partir del modo en que se modula tal derecho en la norma autonómica (fuera de la ejecución hipotecaria como resultado de ulteriores transmisiones patrimoniales; y no implicar una regulación mercantil), o autonómica, dada la libertad de otros territorios al plantear una regulación similar. Por último, no se considera contrario al art. 33. CE el supuesto de que el derecho de tanteo en favor de la Administración de la GVA únicamente exija el pago del precio al propietario del

232 Cortes Valencianas. Diario de Sesiones. X Legislatura, núm. 35, 2020, sesión plenaria de fecha 15 de julio de 2020, pp. 1707-1708.

bien, al considerar que "no existe pérdida patrimonial con relación a los costes de transacción" (FJ 10°).

En estas, el avance decidido de la tramitación parlamentaria en las Cortes Generales del Proyecto estatal de Ley por el Derecho a la Vivienda (donde se ha llegado a aprobar el informe de la Ponencia en Comisión[233]), proyecta importantes interrogantes sobre la materia tratada. Entre sus novedades, destaca la cesión temporal obligatoria de viviendas propiedad de grandes tenedores, la expropiación forzosa de viviendas para reforzar la oferta de protección pública o, incluso, limitar los precios máximos del alquiler, medidas todas ellas contempladas por la legislación valenciana que ha supuesto todo un banco de pruebas en dicho ámbito.

---

233 Boletín Oficial de las Cortes Generales. Congreso de los Diputados. XIV Legislatura. Serie A (Proyectos de Ley). Núm. 89-4, de 24 de abril, pp. 1-56.

VIII. Desarrollos centrados en colectivos

IGUALDAD EN LA DIVERSIDAD, POLÍTICA IDENTITARIA Y DERECHOS LGTBi

El ámbito de la promoción y protección de los derechos de la diversidad sexual (LGTBi) ha experimentado, en la última década, un importante y decidido avance, especialmente por lo que hace a los ámbitos sanitario y educativo (que han sido tratados en sus apartados específicos). A pesar de los nuevos marcos legales autonómicos poco añaden respecto de la prohibición frente a la discriminación, garantizada constitucionalmente, estatutariamente[234] esta se ha proyectado tanto en la protección y respeto de los derechos constitucionalmente reconocidos (art. 8.2 EACV) como en la misma promoción de los derechos sociales (art.10.1 EACV). La Ley 8/2017, de 7 de abril, de Identidad y Expresión de Género e Igualdad Social y no Discriminación[235], ha supuesto un avance muy destacado en los derechos del colectivo transgénero; incluso, más allá de la legislación estatal (Ley 3/2007, de 15 de marzo, reguladora de la rectificación registral de

234 A través del nuevo marco integral, la Generalitat desarrolla no sólo competencias "exclusivas" en ámbitos tradicionales (cultura, art. 49. 1.4.ª; servicios sociales, art. 49.1.24.ª; juventud art. 49.1.25.ª; protección de menores y tercera edad, art. 49. 1.27.ª; deportes y ocio, art. 49.1.28.ª; o, incluso, protección civil y seguridad pública art. 49. 3.14.ª, respectivamente) sino, también, en servicios sociales básicos, como la educación ("regulación y administración de la enseñanza en toda su extensión, niveles y grados, modalidades y especialidades", art. 53.1 EACV) o sanidad ("organización, administración y gestión de todas las instituciones sanitarias públicas",art. 54.1 EACV) en el territorio.

235 La ley fue aprobada en las Cortes Valencianas el 30 de marzo de 2017 con el voto favorable de los Grupos Parlamentarios Socialista, Ciudadanos, Compromís, y Unidas Podem; a pesar de que el Grupo Parlamentario Popular votó en contra, participaría activamente en su redacción, realizando distintas aportaciones en el trámite de Comisión.

la mención relativa al sexo de las personas[236]) y que posibilitaba el cambio registral de nombre y género (sexo reclamado), supeditándolos a unos requisitos[237] (al menos dos años de hormonación y un diagnóstico médico acreditativo de padecer una disforia de género) que ahora desaparecen; incluyendo, a su vez, medidas de protección integral.

Con posterioridad, la Ley 23/2018, de 29 de noviembre, de igualdad de las personas LGTBi[238] (lesbianas, gais, bisexuales, trans e intersexuales) reconoce el derecho a la igualdad y la no discriminación por razón de orientación sexual, identidad de género, expresión de género, desarrollo sexual o grupo familiar respecto del colectivo, incluyendo una cláusula "general" antidiscriminatoria que vincula a las Administraciones públicas de la Comunitat (incluida la de la Generalitat) y a un órgano de relevancia estatutaria (Síndic de Greuges), supeditando su actuación a una

---

236 Que ha sido recientemente derogada mediante la Ley 4/2023, de 28 de febrero, para la igualdad real y efectiva de las personas trans y para la garantía de los derechos de las personas LGTBi (BOE núm. 51, de 1 de marzo de 2023, pp. 30452-30514).

237 Instrucción de 23 de octubre de 2018, de la Dirección General de los Registros y del Notariado, sobre cambio de nombre en el Registro Civil de personas transexuales (BOE núm. 257, de 24 de octubre de 2018, pp. 103340-103344). El art. 47 de la nueva Ley Trans estatal ha venido a modificar el procedimiento para poder revertir el cambio de sexo:"Transcurridos seis meses desde la inscripción en el Registro Civil de la rectificación de la mención registral relativa al sexo, las personas que hubieran promovido dicha rectificación podrán recuperar la mención registral del sexo que figuraba previamente a dicha rectificación en el Registro Civil". La facilidad introducida para autodeterminar el sexo sentido ha invitado a sospechar que pueda existir un aluvión de peticiones que, por el momento, el Gobierno de la Nación se ha negado a facilitar pese a las iniciativas parlamentarias registradas en el Congreso de los Diputados a tal fin. Algo que no se ha producido, por el contrario en el ámbito autonómico, donde

238 Desarrollada mediante los Decretos 102/2018, de 27 de julio (DOCV núm. 8373 de 31.08.2018) y 101/2020, de 7 de agosto (DOCV núm. 8884, de 17.08.2020), y Decreto 20/2020, de 4 de marzo, de creación del Observatorio valenciano para la igualdad de trato, la no discriminación y la prevención de los delitos del odio (DOCV núm. 9303, de 22.03.2022, pp. 15965-15973), respectivamente.

serie de principios (protección de los derechos del colectivo LGT-Bi; facilitar individual y colectivamente la participación y representación en los ámbitos sociales; superación estereotipos negativos; medidas específicas para garantizar la igualdad de oportunidades del colectivo y la aceptación de la diversidad en los distintos órdenes...), pudiendo en su caso actuar de oficio. Igualmente, desde una perspectiva institucional, se crea el Consejo valenciano LGT-Bi, como órgano de participación ciudadana en la y naturaleza consultiva adscrito a la conselleria competente y al cual se le encomienda una estrategia pública específica (que deberá, también, ser ratificada por la Comisión Delegada del Consejo de Inclusión y Derechos Sociales). Otras novedades que incluye son la obligación de crear (en los municipios de más de 50.000 habitantes) dentro de las Policías locales grupos especializados en delitos de odio; la introducción en las empresas de protocolos anti-acoso y formación específica en diversidad; la prohibición de las llamadas terapias de "reversión", dirigidas a corregir o alterar la orientación sexual del individuo; o, incluso, medidas para garantizar el reconocimiento y protección de los derechos de las familias "homoparentales", incluyendo el acceso a técnicas de reproducción asistida y la adopción de menores.

A esta legislación, se ha venido a sumar como se ha señalado una Estrategia Valenciana para la Igualdad LGTBI 2022-27 para garantizar la igualdad real y poner fin a la LGTBI-fobia, estructurada en tres ejes: i) una línea de acción orientada al reconocimiento institucional del colectivo, que incluye campañas de visibilización de la diversidad; ii) una segunda, que tiene como objetivo implementar los derechos de las personas LGTBI e incluye acciones como el desarrollo de los derechos del colectivo a través de servicios de orientación específicos, prestando una especial atención a la educación en la diversidad, la formación del profesorado y la generación de espacios educativos seguros; y iii) una tercera, dirigida a la sensibilización social donde, entre otros aspectos, se incluye el reconocimiento de la memoria.

La reciente entrada en vigor de la Ley 4/2023, de 28 de febrero, para la igualdad real y efectiva de las personas trans y para la garantía de los derechos de las personas LGTBI[239] (que modifica hasta 17 textos legales estatales) el pasado 2 de marzo no ha venido a alterar el marco autonómico descrito, al incidir sobre aspectos que habían sido regulados con anterioridad, complementándola en algunos aspectos de interés. Tales como el reconocimiento de las personas trans migrantes, que quedaba fuera de la atribución competencial autonómica; o las garantías reforzadas en el acceso a técnicas de reproducción asistida al colectivo, posibilitando la inscripción de la filiación de parejas de mujeres (lesbianas o bisexuales) sin necesidad de estar casadas. En el ámbito educativo, viene a reiterar algunas medidas ya incorporadas en la LOMLOE, como que el conocimiento y respeto a la diversidad sexual, familiar y de género se incluirá en el currículo educativo, siendo también objeto de los planes de formación docente. Por último, se crea un régimen sancionador frente a la discriminación del colectivo, que alcanza multas de 150.000 euros para los casos de mayor gravedad.

ANTICIPÁNDOSE A LA LEY RHODES: DERECHOS DE INFANCIA Y ADOLESCENCIA

En este último apartado, se concretarán de forma sintética algunos desarrollos de interés que no han podido ser agrupados en ninguno de los epígrafes precedentes.

En el ámbito de la infancia y la adolescencia, destaca la aprobación de la Ley 26/2018, de 21 de diciembre, de derechos y garantías de la infancia y la adolescencia[240], cuyo eje central es su Título II ("Derechos de la infancia y la adolescencia de la Comunitat Valenciana",

239 BOE núm. 51, de 1 de marzo de 2023, pp. 30452-30514.

240 DOGV núm. 8450, de 24 de diciembre de 2018, pp. 49621-49703; y BOE núm. 39, de 14 de febrero de 2019, pp. 13767 a 13863. Un análisis completo de dicho instrumento legislativo puede encontrarse en Tèbar, Fabiola (2022). *Comentarios a la Ley Valenciana de Infancia y Adolescencia.* València: Tirant lo Blanch.

arts. 7 al 88), configurándose un estatuto jurídico específico para la infancia y la adolescencia, a partir de la normativa internacional[241], estatal[242] y autonómica (art. 10 EACV). Ofrece a los niños la consideración de ciudadanos "de pleno derecho", que más tarde se actualizará en otras normas sectoriales[243]. Dado que es imposible reproducirlos en su integridad, cabe destacar los siguientes por su novedad: eliminación del límite de edad para que se escuche su opinión en el consentimiento informado en los tratamientos médicos, fijando la obligación de los padres a respetar sus convicciones en cuanto a la libertad ideológica, de conciencia o religión; garantizando el reconocimiento del derecho a la identidad y la expresión de género (que como hemos visto, ya estaba garantizado por otras leyes autonómicas); o, por último, el derecho al buen trato, directamente conectado en la ley con la protección de la integridad física y moral (art. 9). Como novedad, destaca como la primera norma autonómica en poner límites a los deberes escolares[244] (art. 69),

---

241 A partir de la norma fundamental en materia de protección de la infancia a nivel universal: Instrumento de ratificación de la Convención sobre los Derechos del Niño, adoptada por la Asamblea General de las Naciones Unidas el 20 de noviembre de 1989 (BOE núm. 313, de 31 de diciembre de 1990, pp. 38897-38904). Se hace también mención en la ley autonómica a la Observación General núm. 5 del Comité de los Derechos del Niño (CRC/GC/2003/5), que insta a los Estados parte de la CDN a revisar de forma continua la legislación en materia de protección de la infancia, garantizando el pleno respeto de sus derechos.

242 A partir del mandato constitucional realizado a los poderes públicos para la "protección social, económica y jurídica de la familia" e "integral" de los hijos (art. 39 CE).

243 Así la Ley 4/2023, de 13 de abril, de la Generalitat, de Participación Ciudadana y Fomento del Asociacionismo de la Comunitat Valenciana (DOCV núm. 9579 de 20 de abril de 2023, pp. 23316-23341 y BOE núm. 105 de 3 de mayo de 2023, pp. 61379-61409), su Capítulo III incorpora medidas específicas de participación (art. 40) entre las cuáles destaca el fomento en educación en participación a través del ámbito asociativo o, incluso, los centros de ocio educativo, integrando su representación a partir de los consejos locales y territoriales.

244 Cabe recordar que en 2012 el Grupo Parlamentario Popular del Congreso de los Diputados instaba al Gobierno a actualizar el marco normativo estatal referido a los derechos y deberes de los alumnos, así como a las normas

configurando el acceso al ocio educativo como un derecho subjetivo que exige la concentración de la mayor parte de actividades de aprendizaje dentro del horario escolar a fin de no perjudicar su tiempo lúdico y de asueto.

Recientemente en el ámbito estatal se ha aprobado la Ley Orgánica 8/2021, de 4 de junio, de protección integral a la infancia y a la adolescencia frente a la violencia[245] (popularmente conocida como "Ley Rhodes" por la denuncia pública que el conocido pianista realizo de los abusos sexuales sufridos en su infancia). Como ha señalado los expertos "se trata de una regulación integral y multidisciplinar de la protección debida a los menores de edad, tratando aspectos que van desde la más temprana protección hasta la reacción penal

---

de convivencia (Real Decreto 732/1995, de 5 de mayo, por el que se establecen los derechos y deberes de los alumnos y las normas de convivencia en los centros, BOE núm. 131, de 02/06/1995). Cuatro años después, dicho debate se centrará en la necesidad de regular los deberes escolares, atendiendo las peticiones de distintas asociaciones de padres. El Congreso instaba al Gobierno de España a regular legalmente los deberes con el objetivo de garantizar el derecho al ocio de los más pequeños. A tal fin, se decidió constituir una mesa de trabajo en la que estuviesen presentes los principales órganos de participación en el ámbito escolar: la Conferencia Sectorial de Educación y el Consejo Escolar del Estado, respectivamente. Aunque finalmente se decidió por el titular de Educación que los únicos que debían tener potestad para regular los deberes debían ser los mismos centros escolares. La primera iniciativa había venido anticipada por el legislador autonómico, habiéndose aprobado Ley 15/2010, de 3 de diciembre, de Autoridad del Profesorado (DOGV núm. 6414, de 10/12/2010; y BOE núm. 316, de 29/12/2010). La segunda ha propiciado ciertos cambios en la reglamentación escolar, como la que se concretó en el ámbito valenciano, desarrollada en el Decreto 195/2022, de 11 de noviembre, de igualdad y convivencia en el sistema educativo valenciano (DOCV núm. 9471, de 16 de noviembre de 2022, pp. 60025-60056). Cabe destacar también que, con anterioridad, había sido aprobado el Decreto 30/2014, de 14 de febrero, que reguló la declaración de compromiso familia-tutor entre familias y representantes legales del alumnado y los centros educativos de la Comunitat Valenciana (DOCV núm. 7217, de 19 de febrero de 2014, pp. 4017-4034).

245 BOE núm. 134, de 5 de junio de 2021, pp. 68657 a 68730.

frente a los delitos cometidos contra estas personas" (Coteño Muñoz, 2021), en aras a su actualización[246].

[246] Entre las normas de ámbito internacional que destaca la Exposición de Motivos de la Ley Orgánica 8/2021, destacan las siguientes: Instrumento de Ratificación del Convenio del Consejo de Europa para la protección de los niños contra la explotación y el abuso sexual, hecho en Lanzarote el 25 de octubre de 2007 (BOE núm. 274, de 12 de noviembre de 2010, pp. 94858-94879); el Instrumento de ratificación del Convenio del Consejo de Europa sobre prevención y lucha contra la violencia contra la mujer y la violencia doméstica, hecho en Estambul el 11 de mayo de 2011 (BOE núm. 137, de 6 de junio de 2014, pp. 42946-42976) o, incluso, la Agenda globalista (Asamblea General de Naciones Unidas, Resolución A/RES/70/1, «Transformar nuestro mundo: la Agenda 2030 para el Desarrollo Sostenible», de 25 de noviembre de 2015). Esta última disponible en la siguiente dirección web: https://unctad.org/system/files/official-document/ares70d1_es.pdf
En el ámbito estatal, destaca la referencia al Pacto de Estado en materia de violencia de género, integrado por el Informe de la Subcomisión para un Pacto de Estado en materia de violencia de género y el Informe de la Ponencia de Estudio para la elaboración de estrategias contra la violencia de género, aprobados en los plenos del Congreso de los Diputados y Senado, de fechas 13 y 28 de septiembre de 2017, respectivamente. Un texto refundido del mismo puede encontrarse en la siguiente dirección web: https://violenciagenero.igualdad.gob.es/pactoEstado/docs/Documento_Refundido_PEVG_2.pdf

IX. Desarrollos vinculados a la protección y defensa de la identidad, el respeto a la diversidad cultural y la promoción de la lengua de los valencianos

A VUELTAS CON LAS SEÑAS DE IDENTIDAD: UN CAMINO DE IDA Y VUELTA

En el Preámbulo del Estatut se apunta a un mandato ("la Generalitat velará por la defensa de la identidad y los valores del Pueblo valenciano"; donde incluye, también, el "patrimonio histórico") dirigido al conjunto de instituciones de autogobierno que se traduce en su articulado (art. 13 EACV) en un deber de protección y defensa de determinados intangibles ("identidad y valores e intereses del Pueblo valenciano", "diversidad cultural de la Comunitat y su patrimonio histórico", así como la "creatividad artística" que se extiende también al ámbito científico-tecnológico, que ahora no nos interesa). Una obligación estatutaria que, a pesar de haber podido ser atendida de diversas formas, encontró cauce a través de la Ley 6/2015, de 2 de abril, de Reconocimiento, Protección y Promoción de las Señas de Identidad del Pueblo Valenciano[247] que, también, puede considerarse a pesar de su exigua vigencia un desarrollo legislativo de la Carta de Derechos Sociales.

Para el legislador valenciano, las señas de identidad del Pueblo valenciano no se agotan en la tríada simbólica (denominación, bandera y lengua) de la Comunitat, reconocida estatutariamente; haciéndose necesario desarrollar un "marco regulador específico" como el apuntado. Texto polémico donde los haya y a la que pondrá fin "una Proposición de Ley firmada por PSPV y Compromís presentada el día 19 de octubre de 2015 (mediante el procedimiento de lectura

---

247 DOCV núm. 7501, de 9 de abril de 2015, pp. 10592-10604 y BOE núm. 101, de 28 de abril de 2015, pp. 36852-36866.

única), tan sólo unos meses después de que se aprobase la primera; constituyendo una de las primeras iniciativas que se adoptaron en la entonces recién estrenada Legislatura (2015-2019)" (Ridaura Martínez, 2017: 301).

Su objeto, expresado en uno de sus primeros preceptos, era no sólo "reconocer y establecer los mecanismos necesarios para la promoción y difusión de las señas de identidad del Pueblo valenciano, mediante la determinación de un marco jurídico que permita adoptar las medidas y emprender las acciones que resulten precisas o convenientes para defender tales señas, salvaguardarlas y divulgarlas" sino, también, con la finalidad de "garantizar su preservación y facilitar su conocimiento y valoración tanto dentro como fuera del territorio de la Comunitat Valenciana" (art. 1). Para ello se hacía preciso, también, definir qué se entendía por "señas de identidad", en directa asociación con elementos simbólicos del autogobierno [como el valenciano, a partir de la vinculación creciente entre lengua e identidad; aunque paradójicamente sustituya dicha concepción lingüística ("lengua propia de la Comunitat", art. 6.1 EACV, como sinónimo de lengua principal) por otra idiomática, más acorde con las tesis minoritarias de la Real Academia de Cultura Valenciana (RACV), en el segundo de sus preceptos (aun cuando a la hora de relacionar las señas se refiera a la "lengua valenciana y sus usos", que serán objeto de un desarrollo posterior que ha sido analizado más adelante[248]).

La relación de señas de identidad (Tít. I, art. 6), donde además de la lengua o los símbolos oficiales[249], regulados por Ley 8/1984, de 4 de diciembre[250], aparecen todo tipo de "símbolos y los bienes, documentos, costumbres, acontecimientos, fiestas, tradiciones e instituciones tradicionales" [desarrollando, de paso, un impreciso art. 18 EACV que habla "(...) de la cultura, de las tradiciones y costumbres

---

[248] Ver supra pp. 158.169.

[249] En concreto, la bandera de la Comunitat Valenciana (Senyera Coronada), el Himno Oficial (Himno de la Exposición Regional de 1909, a partir de la música del maestro José Serrano Simeón y de la letra de Maximiliano Thous Orts), el Emblema (heráldica del Rey Pere el Ceremoniós, representativa del histórico Reino de Valencia) y su estandarte.

[250] DOCV núm. 211, de 13 de diciembre de 1984, pp. 2773-2786; y BOE núm. 23, de 26 de enero de 1985, pp. 2257-2262.

más definitorias de la identidad valenciana"] entre los que se incluyen algunos otros (Archivo Corona de Aragón y bienes declarados Patrimonio de la Humanidad) que habían tenido un desarrollo normativo previo (Ley 4/1998, de 11 de junio, de Patrimonio Cultural Valenciano[251]) se hace con la intención de compatibilizar su reconocimiento con la protección que pueda derivarse de cualquier otra normativa sectorial aplicable y para dotar de cierta trasversalidad a las obligaciones derivadas de la ley autonómica. Proyectándose, a continuación, sobre otros ámbitos: acciones de protección, estudio e investigación (Tit. II); actuaciones y medidas de promoción, difusión y divulgación (Tít. III); y ámbito institucional (tít. IV), centrado en la creación del Observatorio de las Señas de Identidad del Pueblo valenciano como nuevo órgano colegiado de carácter consultivo (adscrito al departamento con competencias de desarrollo estatutario) en cuya composición se integrarán miembros tanto de la RACV como de Lo Rat Penat (abriéndose la puerta al reconocimiento de sus titulaciones lingüísticas a pesar de no acatar las normas de la Acadèmia Valenciana de la Llengua).

Tras haberse cumplido casi siete años desde su derogación se ha anunciado el deseo de recuperar en las Corts valencianes una proposición de Ley de similares características materializando alguno de los mandatos expresamente recogidos en la Carta.

RECUPERACIÓN DEL SERVICIO PÚBLICO DE RADIODIFUSIÓN Y DERECHOS COLECTIVOS DE CARÁCTER CULTURAL

Desde una perspectiva colectiva (que no excluye, tampoco, la individual) de acceso a la cultura[252], la aprobación de la Ley 6/2016, de

251 DOCV núm. 3267, de 18 de junio de 1998, pp. 9425-9466; y BOE núm. 174, de 22 de julio de 1998, pp. 24768 a 24793.

252 Cabe aquí recordar el mandato genérico contenido en el art. 9.4 EACV ("Todos los valencianos tienen derecho a participar de forma individual, o colectiva, en la vida política, económica, cultural y social de la Comunitat Valenciana").

15 de julio, de la Generalitat, del Servicio Público de Radiodifusión y Televisión de Ámbito Autonómico, de Titularidad de la Generalitat[253], obedeció (como reconoce expresamente su Exposición de Motivos) a "la necesidad de hacer efectivo el derecho de los valencianos a tener medios de comunicación audiovisual propios (reconocido como tal mediante la Ley 12/2015, de 29 de diciembre, para la recuperación del servicio público de radiodifusión y televisión de ámbito autonómico, de titularidad de la Generalitat[254], además de los "derechos colectivos al fomento y difusión de la identidad, la lengua y la cultura" (expresamente reconocidos en la Carta de Derechos Sociales), y que el referido instrumento legal recupera para el conjunto de la ciudadanía valenciana) al mismo tiempo que formaliza el reconocimiento a la función social que en una democracia avanzada satisface la existencia de un servicio audiovisual de titularidad pública en tanto que garantía de las (libertades informativas), la pluralidad informativa y la elección de las fuentes de información, constitucionalmente reconocidos". Por último, en desarrollo del art. 56 EACV (corresponde a la Generalitat en el marco de las normas básicas del Estado "regular, crear y mantener televisión, radio y demás medios de comunicación social, de carácter público, para el cumplimiento de sus fines"), configura la Corporació Valenciana de Mitjans de Comunicació-CVMC (Título II)[255] como entidad pública "instrumental

---

[253] DOCV núm. 7831, de 19 de julio de 2016, pp. 20241-20271

[254] DOCV núm. 7689, de 31 de diciembre de 2015, pp. 33522-33527; y BOE núm. 35, de 10 de febrero de 2016, pp. 10387-10392.

[255] A la estructuración del CVMC le dedica la Ley del Servicio Público de Radiodifusión y Televisión en el Ámbito Autonómico el Cap. 2º del Título I (arts. 10-25) distinguiendo básicamente entre los siguientes órganos: a) Presidencia de la CVMC, que lo será también de su Consell Rector, y cuya elección corresponde a las Corts a parir de un proceso electivo del que da inicio el Consell de l´Audiovisual de la Comunitat Valenciana; "ejerce con carácter permanente las funciones de administración y representación de la misma, bajo la supervisión del Consell Rector" (arts 11 y 12); b) El Consell Rector, "máximo órgano de gobierno y administración de la Corporación", compuesto por 10 miembros, incluido su presidente (5 elegidos por Les Corts a propuesta de los grupos parlamentarios; otro a propuesta del Consejo de Ciudadanía; otras dos personas propuestas por el Consell de l´Audiovisual de la Comunitat Valenciana; otro propuesto por las organizaciones sindicales con representación en los órganos de representación del

(...) sin adscripción funcional al Consell" (art. 7) aunque orgánicamente incardinada en la Presidència de la Generalitat (art. 7.1 y 3) sin que con ello se vea condicionada su independencia y cuya principal misión será satisfacer las necesidades de información, cultura, educación y entretenimiento tanto de los valencianos individualmente considerados como de la sociedad valenciana en su conjunto.

En 2013, la desaparición de la Entidad pública de Radiotelevisión Valenciana (que había sido constituida mediante la Ley 7/1984, de 4 de julio, regulando los servicios de radiodifusión y televisión de la Generalitat) como consecuencia de la supresión de la prestación de los servicios de ámbito autonómico que venía aquella prestando como consecuencia de su disolución y liquidación, operada a través de la Ley 4/2013, de 27 de noviembre[256] (ensayando sin éxito antes, el conocido como "contrato programa", que abría la posibilidad a la externalización de la producción de Canal 9, Nau 2 y 9/24 a partir del cambio del estatuto de la empresa pública, a partir de la Ley 3/2012,

---

personal de la corporación y sus sociedades; y el presidente designado de la forma anteriormente descrita, art. 13), siendo "el encargado de velar por el cumplimiento de los objetivos generales de servicio público y principios de programación establecidos para la Corporación y sus sociedades, así como de la buena administración y gobierno de las mismas" (art. 16.1); c) La Dirección General, a quien "dirección ejecutiva de la Sociedad Anónima de Medios de Comunicación de la Comunitat Valenciana" y que es nombrado a propuesta del Consell Rectora partir de una convocatoria pública por un plazo de tres años (art. 22). d) La Secretaría del Consejo Rector, que no ostenta la condición de consejero, cuyo nombramiento "corresponderá al Consell Rector a propuesta de la presidencia" y que debe ostentar la condición de funcionario de carrera (art. 19); e) El Consejo de la Ciudadanía, que será analizado más adelante, ahora valga decir que es el "órgano asesor en materia de programación y de contenido" y que asiste al Consell Rector y a la Dirección General en la definición y evaluación de las políticas y estrategias de programación de los diversos medios y servicios de la Corporación, cuya composición y funciones se determinan legalmente (art. 20); y por último, f) el Consejo de Informativos, "órgano interno de la Corporación de participación del conjunto de profesionales" que interviene en el proceso de elaboración de los contenidos informativos para velar por su "independencia, objetividad y veracidad" (art. 25), respectivamente.

256 BOE núm. 293, de 7 de diciembre de 2013, pp. 97639- 97640.

de 20 de julio[257], que se aprovechó también para actualizar un marco legislativo que había quedado obsoleto[258]), supuso la renuncia momentánea a la prestación del servicio público de radiotelevisión en el ámbito territorial valenciano, generando unos daños irreversibles no sólo en un sector audiovisual en vías de consolidación sino que también tendrá efectos gravemente nocivos respecto de la siempre aspirada vertebración "cultural, económica y social", que RTVV había contribuido a desarrollar durante décadas[259].

La Disposición Adicional 1ª de la Ley 4/2013 remitía a una futura ley sobre el servicio público de RTVV, estableciendo que correspondía a Les Corts (en el plazo "máximo" de 6 meses, desde la presentación del primer informe de situación de RTVV por los liquidadores) "dictar la Ley reguladora de los servicios de radiodifusión y televisión de la Generalitat Valenciana", a partir de una comisión parlamentaria creada ad hoc en el Parlamento valenciano, "previa audiencia o consulta" de los distintos actores implicados (representantes de los usuarios, de los extrabajadores de RTVV, SAU, de los empresarios del sector, así como del mundo asociativo, del mismo modo que las universidades, expertos y centros de innovación e investigación de

---

257 DOCV núm. 6824 de 23 de julio de 2012, pp. 22019-22041 y BOE núm. 188 de 07 de agosto de 2012, pp. 56284-56310.

258 La Exposición de Motivos lo justificaba con las siguientes palabras: "El tiempo transcurrido desde su aprobación, la necesidad de adaptación a los nuevos avances tecnológicos, la aparición de nuevos actores en la escena de los medios de comunicación y la aprobación de la Ley de la Generalitat Valenciana 1/2006, de 19 de abril, del sector audiovisual de la Comunitat Valenciana, así como la modificación de la normativa básica estatal en esta materia, en especial la Ley 7/2010, de 31 de marzo, general de la comunicación audiovisual que deroga, entre otras, la Ley 4/1980, de 4 de enero, del estatuto de la radio y televisión y la Ley 46/1983, de 26 de diciembre, reguladora del tercer canal de televisión, que hasta ese momento constituían la legislación de referencia, determinan la necesidad de adaptar a la regulación actualmente en vigor el marco de actuación de la entidad que asume en la Comunitat Valenciana la prestación del servicio público de radiotelevisión".

259 Sobre este particular puede consultarse Vidal Beltrán, José Mª (2019). *Libertades informativas y medios de comunicación: conformación, desmoronamiento y reconstrucción del espacio comunicativo audiovisual de la Comunitat Valenciana.* València: Tirant lo Blanch.

la comunicación audiovisual). Como resultado se aprobará la Ley 6/2016, a la que con posterioridad ha dado cumplimiento[260]. la Ley 10/2018, de creación del Consell de l´Audiovisual de la Comunitat Valenciana (CACV)[261], "autoridad audiovisual independiente" que se configura como una "entidad de Derecho público[262] con personalidad jurídica propia" y autonomía (orgánica y funcional)[263], y a la que

260 Cabe recordar que la Disposición Adicional 7ª de la Ley 6/2016, de 15 de julio, de la Generalitat, del servicio público de radiodifusión y televisión de ámbito autonómico, de titularidad de la Generalitat, establecía lo siguiente: «En el plazo máximo de nueve meses desde la entrada en vigor de esta ley se presentará por el Consell el proyecto de ley de creación del Consell de l'Audiovisual de la Comunitat Valenciana, que velará por el respecto de los derechos, libertades y valores constitucionales y estatutarios en el ámbito de la comunicación y los medios audiovisuales en la Comunitat Valenciana. El Consell de l'Audiovisual se configurará como una auténtica autoridad independiente sobre toda clase de medios de comunicación audiovisuales de titularidad o gestión pública o privada, y con competencias reguladoras y sancionadoras sobre los contenidos del sector, incluidos los formatos y las vías de transmisión, atendiendo a las prioridades derivadas del interés público y la responsabilidad ante la ciudadanía. El Consell de l'Audiovisual Valenciano intervendrá también en los procesos de adjudicación de licencias. Asimismo, tendrá competencias en la gestión del archivo audiovisual que pueda crear la Generalitat. Sus miembros habrán de ser personas de reconocido prestigio y experiencia en el ámbito de la comunicación audiovisual, y su mandato tiene que ir más allá de la legislatura, de tal manera que se desvincule su nombramiento del periodo de sesiones y el mandato parlamentario.» Con anterioridad, la Ley 1/2006, del sector audiovisual, de la Generalitat Valenciana, había previsto en su art. 5 lo siguiente: «Mediante una ley específica, se creará el Consell de l'Audiovisual de la Comunitat Valenciana, en la que se determinará su cometido, naturaleza y régimen jurídico, ámbito y principios de actuación, estructura orgánica y composición, estatuto de sus miembros, recursos económicos, organización y funcionamiento, personal a su servicio y relaciones con las instituciones de la Generalitat.»

261 DOCV núm. 8301, de 23 de mayo de 2018, pp. 20901-20922; y BOE núm. 139, de 8 de junio de 2018, pp. 58944-58967.

262 De las previstas en el art. 155 de la Ley 1/2015, de 6 de febrero, de la Generalitat, de Hacienda Pública, del Sector Público Instrumental y de Subvenciones (DOGV núm. 7464, de 12 de febrero de 2015, pp. 4075-4145; y BOE núm. 49, de 26 de febrero de 2015, pp. 17042 a 17123).

263 Desarrollada mediante Decreto 121/2022, de 16 de septiembre, del Consell, por el que se aprueba el Reglamento orgánico y de funcionamiento

se le encomienda "velar por el respeto de los derechos, libertades y valores constitucionales y estatutarios en el ámbito de los medios audiovisuales en la Comunitat Valenciana y por el cumplimiento de la normativa vigente en materia audiovisual y de publicidad" (arts. 1 y 2 LCACV), de conformidad con las competencias estatutarias[264] y preceptos legales antes apuntados. Abriéndose, pues, nuevos cauces para dotar de mayores garantías y transparencia la aplicación de las libertades informativas, conforme a los postulados europeos y estatales, en el espacio audiovisual valenciano para todos los operadores, públicos y privados, al igual que para el conjunto de la ciudadanía.

Igual que ha sucedido en muchos de los ámbitos ya vistos, una nueva ley general estatal (Ley 13/2022, de 7 de julio, General de Comunicación Audiovisual[265]) ha venido a cruzarse en el horizonte del reciente marco regulador audiovisual valenciano, como resultado de las acciones previstas en el Plan de Recuperación, Transformación y Resiliencia[266] (más concretamente en el componente "España, Hub audiovisual de Europa"), dando cumplimiento al mandato europeo

---

del Consell de l'Audiovisual de la Comunitat Valenciana (DOCV de 21 de septiembre de 2022, pp. 49081-49101).

264 El art. 56, situado en el marco del título IV relativo al ámbito competencial de la Comunitat Valenciana: *"1. Corresponde a la Generalitat, en el marco de las normas básicas del Estado, el desarrollo legislativo y la ejecución del régimen de radiodifusión y televisión y del resto de medios de comunicación en la Comunitat Valenciana. 2. En los términos establecidos en el apartado anterior de este artículo, la Generalitat podrá regular, crear y mantener televisión, radio y demás medios de comunicación social, de carácter público, para el cumplimiento de sus fines. 3. Por ley de Les Corts, aprobada por mayoría de tres quintas partes, se creará el Consell de l'Audiovisual de la Comunitat Valenciana, que velará por el respeto de los derechos, libertades y valores constitucionales y estatutarios en el ámbito de la comunicación y los medios audiovisuales en la Comunitat Valenciana. En cuanto a su composición, nombramiento, funciones y estatuto de sus miembros, igualmente habrá que ajustarse a lo que disponga la ley".*

265 BOE núm. 163, de 8 de julio de 2022, pp. 96114-96220.

266 Resolución de 29 de abril de 2021, de la Subsecretaría, por la que se publica el Acuerdo del Consejo de Ministros de 27 de abril de 2021, por el que aprueba el Plan de Recuperación, Transformación y Resiliencia (BOE núm. 103, de 30 de abril de 2021, pp. 51346-51349).

de transponer la Directiva de Servicios de Comunicación Audiovisual (DSCA)[267], en vigor desde 2018.

Siguiendo las directrices de la DSCA, la LGCA actualiza el régimen hasta ahora vigente (Ley 7/2010, de 31 de marzo, General de la Comunicación Audiovisual), derogándolo. Introduce una serie de principios y aspectos básicos que serán de aplicación en todo el territorio español, al que deberán adaptarse las normativas autonómicas. En el ámbito de los derechos sociales, entre sus novedades más significativas destacan las siguientes: i) el fomento de la diversidad cultural y lingüística y las lenguas cooficiales en los servicios de comunicación audiovisual televisivos, mediante programas de ayudas al subtitulado o doblaje de las obras audiovisuales en las lenguas cooficiales; ii) la promoción de la igualdad, a través de diferentes acciones, trasladando al Consejo Nacional de Medio de Comunicación (CNMC) el compromiso de informar anualmente sobre "la representación de las mujeres en los programas y contenidos audiovisuales emitidos por prestadores del servicio de comunicación audiovisual de ámbito estatal"; iii) refuerzo de los menores, obligando a un sistema de calificación por edades, horarios de protección reforzada y restricción de contenidos; y iv) ampliación de la accesibilidad de contenidos a toda la ciudadanía, extendiendo la obligación a agentes no cubiertos o ampliando los mínimos obligatorios de programación subtitulada o en lengua de signos o audio. Siendo el Consejo de la Ciudadanía[268],

---

267 Directiva (UE) 2018/1808 del Parlamento Europeo y del Consejo de 14 de noviembre de 2018 (Diario Oficial de la UE, L 303/2018, de 28 de noviembre, pp. 69-92).

268 La Resolución de 11 de enero de 2017, del presidente del Consejo Rector de la Corporació Valenciana de Mitjans de Comunicació (DOGV núm. 7960 de 18.01.2017), da publicidad al Acuerdo por el que se aprueba el Reglamento Orgánico y Funcional (ROF) del Consell Rector (Diari Oficial de la Generalitat Valenciana núm. 8203 de 2 de enero de 2018). Su contenido, delimitado legalmente, incluye las competencias de la Presidencia y del resto de órganos de la CVMC, junto con las normas de funcionamiento del Consell Rector. Dentro de la estructura de la Corporació, "entidad pública instrumental con personalidad jurídica propia", figura el Consejo de la Ciudadanía, cuyas funciones concretan tanto legal (art. 20) como reglamentariamente (art. 7). Básicamente, asistir tanto al Consell Rector como a la dirección general de la CVMC en la definición y evaluación de las políticas

previsto en el art. 20 de la citada Ley 6/2016, como ya se ha visto el "órgano asesor en materia de programación y de contenidos" de los medios de comunicación públicos valencianos (Corporació Valenciana de Mitjans de Comunicació).

ACTUACIONES DE REFUERZO DE LA IGUALDAD LINGÜÍSTICA

En relación a la protección de la diversidad cultural y promoción social de la lengua "propia" (valenciano), el avance en términos de derechos no ha ido más allá de dos hitos legislativos de desigual importancia. La ya avanzada introducción de un nuevo modelo plurilingüe en el sistema educativo valenciano (a través de la Ley 4/2018, de 21 de febrero), que como señalábamos antes supuso la sustitución del programa de líneas de educación bilingüe hasta entonces existente y que paulatinamente fue integrando una tercera lengua extranjera, dando cumplimiento a los mandatos establecidos en la Ley 4/1983, de 23 de noviembre, de uso y enseñanza del Valenciano[269] y respetando el derecho de la ciudadanía de aprender desde las edades más tempranas la lengua cooficial. Y, por otro lado, la defensa de los derechos lingüísticos de los valenciano-hablantes, a través de un

---

y estrategias de programación de los diversos medios y servicios de la Corporación; ofreciendo, además, la perspectiva de las diferentes audiencias e identificando cuestiones y demandas relevantes para ser elevadas al Consell Rector para su consideración. El Consejo de la Ciudadanía de la CVMC se compone de trece miembros, cuatro de los cuáles han sido elegidos a través de una convocatoria abierta de selección (Resolución de 16 de enero de 2017. DOCV núm. 8215, de 18 de enero de 2018) correspondiendo la designación de los restantes a una serie de organizaciones (Consell Valencià de Cultura; Acadèmia Valenciana de la Llengua; Consejo Valenciano de Universidades y de Formación Superior; principales asociaciones del tercer sector en la Comunitat Valenciana; principales asociaciones del sector de la defensa de los derechos del colectivo LGTBi; principales asociaciones de defensa de la igualdad dedicadas a combatir la violencia de género y por la igualdad entre hombres y mujeres; y Consejo de la Juventud de la Comunitat Valenciana).

269 DOGV núm. 133, de 1 de diciembre de 1983, pp. 1460-1463 y BOE núm. 20, de 24 de enero de 1984, pp. 1899 a 1903.

nuevo instrumento legal reclamado por diversas entidades culturales y lingüísticas (Acció Cultural del País Valencià o Escola Valenciana); una futura ley de Igualdad Lingüística, capaz de corregir las desigualdades en el uso "social" de las dos lenguas (común y propia)[270] y que buscaría ir más allá del ámbito educativo (al que había venido ciñéndose en exclusiva la Ley 4/1983) sobre el cual ha venido a incidir la reciente Ley 4/2018, protegiendo a la lengua minorizada. No obstante, en cuanto hace a este compromiso pendiente (impulsado, fundamentalmente, por la parte nacionalista del Botànic), el Gobierno valenciano ha dado pasos decididos en este ámbito, a través de la creación en octubre de 2017 de una Oficina de Derechos Lingüísticos (ODI)[271] (unidad administrativa adscrita a la dirección general con competencias en materia de política lingüística) que persigue salvaguardar y garantizar "los derechos lingüísticos de la ciudadanía", esto es, aquellos que "amparan y protegen el uso de las lenguas oficiales reconocidas en el Estatuto de Autonomía de la Comunitat

---

270 Una petición que se verá reforzada a través de una Proposición No de Ley (PNL) defendida hasta por 10 formaciones políticas con representación en el Congreso de los Diputados (BNG, Compromís, CUP, PNV, EH Bildu, ERC, JxCat, Más Madrid, PDCAT y Unidas Podemos) presentada el 29 de diciembre de 2020 (coincidiendo con la sesión parlamentaria aprobatoria de la LOMLOE) "en defensa de la realidad plurilingüe del Estado español, para que las lenguas propias distintas al castellano tengan el mismo reconocimiento y sus hablantes tengan los mismos derechos y deberes que la lengua oficial de todo el Estado".La PNL se basaba en el manifiesto "Pluralidad lingüística: libertad, igualdad y democracia" elaborado por la Red Europea para la Igualdad Lingüística —ELEN— que había sido suscrito en 2019 por 10 asociaciones (Nogará, Kontseilua, Iniciativa Pol Asturianu, A Mesa Pola Normalización Lingüística, Acció Cultural del País Valencía, Ciemen, Escola Valenciana, Ómnium y Plataforma per la Llengua).que trabajan en defensa de las lenguas minorizadas.

271 El Decreto 187/2017, de 24 de noviembre, del Consell, regula el funcionamiento de la Oficina de Derechos Lingüísticos; la anulación de 12 de sus 16 artículos por parte del TSJ, el 26/06/2020, ha obligado a generar un nuevo redactado a partir del art. 136 (*Regulación del funcionamiento de la Oficina de Derechos Lingüísticos de la Generalitat Valenciana*) de la Ley 8/2022, de Medidas fiscales, de gestión administrativa y financiera y organización de la Generalitat (DOCV núm. 9501, de 30 de diciembre de 2022, pp. 71920-72073; y BOE núm. 52, de 2 de marzo de 2023, pp. 31106-31298).

Valenciana"[272]. Y que podría también verse como la materialización de la última de las garantías incorporadas en la Carta social valenciana, respecto de la población valenciano-parlante y su derecho a ser atendida en su lengua (art. 53, CSV)[273].

Así, la regulación de esta ODL responde a las finalidades propias concretadas en el mismo Preámbulo del Decreto[274]: básicamente,

---

[272] Esta delimitación de los derechos lingüísticos exige dejar constancia de que la Ley Orgánica 5/1982, de 1 de julio, de Estatuto de Autonomía de la Comunidad Valenciana (EACV), dispone en su artículo 6 que "2. El idioma valenciano es el oficial en la Comunitat Valenciana, al igual que lo es el castellano, que es el idioma oficial del Estado" y "3. La Generalitat garantizará el uso normal y oficial de las dos lenguas, y adoptará las medidas necesarias para asegurar su conocimiento".

[273] La redacción del precepto es muy deficiente ya que se refiere al "ámbito lingüístico del territorio valenciano", lo que es redundante ya que no parece que se quiera excluir a las zonas castellano-parlantes privando de sus derechos a una parte de la población valenciana.

[274] En el Preámbulo del Decreto afirma lo siguiente: "Desde la aprobación del Estatuto de Autonomía, la ciudadanía ha ido tomando conciencia de las implicaciones sociales, económicas y jurídicas que se derivan del reconocimiento legal del valenciano como lengua oficial, y ha ido asumiendo, al mismo tiempo, los valores que son inherentes a este, como el de lengua de uso normal en todos los ámbitos y el de validez jurídica plena de todas las actuaciones en que se emplea. No obstante, las numerosas deficiencias lingüísticas que presentan tanto la práctica administrativa como las relaciones privadas hacen que esta oficialidad formal no se corresponda con la realidad social, con la consecuencia directa de que muy a menudo la ciudadanía no puede hacer uso de su opción lingüística. Además, y por ser lo más preocupante, no se pueden obviar las muestras de hostilidad o de discriminación grave hacia las personas que se expresan en valenciano por razón de su lengua.

Este contexto de desequilibrio lingüístico se ve reflejado en las reclamaciones que anualmente registran y tramitan determinadas instituciones de carácter público, pero también en las recogidas por varias entidades cívicas que igualmente se hacen eco y que llevan a cabo una tarea informativa y de asesoramiento jurídico a las personas que sufren un agravio por usar su lengua.

Actualmente, en nuestro territorio y de manera frecuente, los derechos lingüísticos de la ciudadanía se ven sometidos a condiciones de vulnerabilidad cuando aquella emplea el valenciano en contextos diversos, tanto en las relaciones con la Administración local, autonómica o del Estado, como

una oficialidad (lingüística) formal no correspondida en el ámbito social, por lo que se pretende reestablecer la normalidad de los usos que se corresponden tal condición y, en segundo lugar, una "vulnerabilidad" de derechos que, proyectaos sobre la lengua minorizada, buscará prevenir las eventuales o potenciales discriminaciones que puedan producirse, asumiendo un papel mediador ante cualquier denuncia frente a una institución pública, persona jurídica o ciudadano, pese a su carácter no sancionador.

Una regulación que terminará siendo declarándose nula prácticamente en su totalidad por la justicia ordinaria (primero el TSJ[275] y, con posterioridad el TS[276]) y que, finalmente, será "blindada"[276] legalmente, protegiéndola ante nuevas impugnaciones.

---

también en las relaciones privadas. De esta vulnerabilidad, de todo punto evitable, surge la necesidad de que los poderes públicos pongan al alcance de la ciudadanía un recurso de carácter institucional especializado en la atención de casos de discriminación en materia lingüística, que sirva de canal para corregir los hechos objeto de denuncia y que al mismo tiempo ayude a restablecer en la sociedad la normalidad de los usos que corresponden al valenciano como lengua oficial: la Oficina de Derechos Lingüísticos (ODL)."

275 La Sentencia 2043/2020, de 22 de mayo de 2020, de la Sección 4ª de la Sala de lo Contencioso-Administrativo del Tribunal Superior de Justicia de la Comunitat Valenciana (recaída en los recursos contencioso-administrativos núms 30 y 81/2018), declaraba la nulidad de pleno derecho de 12 de los 16 artículos contenidos en el Decreto 187/2017, de 24 de noviembre, del Gobierno valenciano, por el que se regula el funcionamiento de la ODL en la Comunitat Valenciana.

276 El 22 de noviembre de 2021 el "órgano jurisdiccional superior en todos los órdenes" confirmaba la nulidad parcial del Decreto que regulaba la Oficina de Derechos Lingüísticos de la Generalitat, a través de la STS 1357/2021 (recaída en el recurso núm. 4651/2020), al considerar que la regulación que la norma reglamentaria realiza de las actuaciones de la Oficina en materia de reclamaciones y sugerencias no era conforme a Derecho, por no prever la tramitación de un procedimiento administrativo y la consiguiente posibilidad de recurrir o impugnar dicho acto. Para la Sala de lo Contencioso-Administrativo del TS, la regulación contraviene "los principios de seguridad jurídica y responsabilidad e interdicción de la arbitrariedad de los poderes públicos consagrados en el art. 9.3 CE y, además, resulta contrario a los arts. 103.1 y 105.d) CE que consagran la obligación de que la Administración actúe "con sometimiento a la Ley y al derecho" y la previsión de

las bases constitucionales de la actuación administrativa cuando dispone que la Ley regulará el procedimiento a través del cual deben producirse los actos administrativos (...)", resultando evidente que dicha previsión constitucional contiene un doble mandato: a) que el legislador regule el procedimiento a través del cual deben producirse los actos administrativos; y b) que para el dictado de actos administrativos se tramite un procedimiento" (FJ 1º), lo que ha venido a concretar la nueva regulación contenida en el art. 136 (Regulación del funcionamiento de la Oficina de Derechos Lingüísticos de la Generalitat Valenciana) de la Ley 8/2022, de Medidas fiscales, de gestión administrativa y financiera y organización de la Generalitat (DOCV núm. 9501, de 30 de diciembre de 2022, pp. 71920-72073; y BOE núm. 52, de 2 de marzo de 2023, pp. 31106-31298).
El TS señala que la norma impugnada determina, en su art. 10 que, en todos los casos, la ODL"iniciará un expediente informativo para averiguar si los hechos expuestos por la persona interesada constituyen una vulneración de los derechos lingüísticos de acuerdo con la normativa vigente", así como que "las personas interesadas serán informadas con respecto al estado de su tramitación" y que "la comunicación de la respuesta se regirá por las normas que regulan el trámite de la notificación para los actos administrativos". En este sentido, señala el tribunal, "nos encontramos con que la Administración (ODL) recibe una denuncia (pero también puede actuar de oficio por conocimiento propio ex art. 4), inicia un expediente informativo para investigar unos hechos, califica los hechos como vulneradores o no de los derechos lingüísticos, actúa frente a terceros públicos y privados si aprecia esa vulneración, y da una respuesta que se notifica al interesado afectado en la misma forma que los actos administrativos". Concluyendo que, en todos los casos, la actuación de la misma "se caracteriza por tomar conocimiento de los hechos, hacer una valoración en cuanto a su incidencia en los derechos lingüísticos, remitirla a los interesados/afectados por considerar que han llevado a cabo actuaciones vulneradoras de los derechos lingüísticos que la ODL defiende, e imponiendo, a modo de corrección jurídica, la adopción de las medidas adecuadas para enmendar los hechos y prevenir que no se reproduzcan en adelante". La actuación de asesoramiento de la ODL, "conlleva previamente una clara decisión declarativa atribuible a una Administración Pública, que ha sido adoptada en ejercicio de una potestad administrativa tendente a un específico interés público, que produce un efecto sobre los destinatarios por así establecerlo el Ordenamiento jurídico, llegando a incidir en la esfera de derechos de particulares, que no responde a situaciones de inmediatez que impidan o imposibiliten la tramitación de un procedimiento. Lo ha sido de tal manera que la decisión ha sido adoptada sin ningún tipo de garantía administrativa previa y sin que se contemple la posibilidad de impugnarla, es más, el art.

Paradójicamente, otra normativa impulsada sobre esta misma materia y amparada en el derecho que asiste a los ciudadanos de dirigirse a la Administración de la Generalitat en cualesquiera de las dos lenguas cooficiales y recibir recibir respuesta en la lengua utilizada (art. 9.2. 2º parraf.), es la referida a los usos institucionales y administrativos de las lenguas oficiales en la Administración de la Generalitat[278] que terminará, también, siendo declarada nula (de forma parcial) por el TSJ[279] (decisión finalmente ratificada por el

---

7.2 dispone que no se podrán interponer recursos contra la respuesta de la Oficina" (FJ 4º), concluye. En base a tales argumentaciones, el TS coincidiendo con el TSJ, anula la parte del decreto que regula el funcionamiento de la ODL al considerar que las reclamaciones no se tramitan conforme a la legalidad.

277 A través de una más que discutible articulación como parte del articulado de la ley de acompañamiento de la Ley de Presupuestos de la GVA anteriormente citada.

278 Decreto 61/2017, de 12 de mayo, del Consell, por el que se regulan los usos institucionales y administrativos de las lenguas oficiales en la Administración de la Generalitat (DOGV núm. 8046 de 23.05.2017, pp. 18193-18200). En la norma referida se hace referencia al denominado Decàleg d'Ares del Maestrat, aprobado el 1 de octubre de 2003 por la Comisión Interdepartamental para la aplicación del uso del valenciano, donde mediante la cual se adoptaron unas pautas de usos lingüísticos con el objetivo de impulsar el uso del valenciano en el ámbito administrativo de la Generalitat de una manera efectiva, garantizando siempre el respeto a los derechos individuales; dicho documento institucional fue ratificado mediante Acuerdo del Consell de 4 de diciembre de 2015 y ratificado unas semanas antes (16/11/2015) por el organismo interdepartamental ya citado que asumió el compromiso de concretar una regulación de usos lingüísticos, al que da cumplimiento la normativa indiada.

279 Mediante la Sentencia 1984/2018, de 19 de julio de 2018 (recurso núm. 324/201), la Sección 4ª de la Sala Contencioso-Administrativa del TSJ de la Comunitat anulaba 11 artículos (arts. 3; 9; 10; 12.3; 14; 15.1; 16; 18.1; 20.1, 2 y 3; 21.1 y 26) y una disposición final (2ª), preceptos que daban un uso destacado al valenciano sobre el castellano en aspectos como las notificaciones en los trámites administrativos, la rotulación de edificios y dependencias públicas, la comunicación entre los empleados públicos y la de éstos con los ciudadanos, las publicaciones y la publicidad institucional, los contratos con proveedores, así como la rotulación de carreteras, caminos y otras dependencias y servicios de interés público dependientes de los poderes locales, validando el resto de la norma cuya nulidad íntegra reclamaban

TS[280]) al estimarse parcialmente el recurso presentado por dos diputados autonómicos[281] y la Asociación para la defensa del castellano en la Comunitat Valenciana, cuya nulidad íntegra se reclamaba y que defendían que una discriminación "positiva" a favor del valenciano no garantizaba el derecho de los ciudadanos a relacionarse con la Administración de la Generalitat en la lengua oficial de su elección. Por su parte, la Generalitat defendía lo que se calificaba de "trato preferente y privilegiado" era en realidad el ejercicio de una atribución competencial ("fomento, protección y recuperación" del valenciano, arts. 3 CE y 6 EACV); e, igualmente, la pretensión de validar el uso el valenciano en los trámites con territorios pertenecientes al mismo ámbito lingüístico, al tratarse de una misma lengua con denominaciones estatutarias diferenciadas. Aspecto este en el que el Supremo valida la decisión del TSJ al argumentar que podría "desbordar la competencia estatal (art. 148.1.18 CE) con la introducción de un concepto jurídico ("mismo ámbito lingüístico") ajeno a la norma estatal aplicable" (STS 999/2020, FJ 4º).

Por último, y a pesar del cierre en falso el denominado "requisito lingüístico" en la Ley 4/2021, de 16 de abril, de la Función Pública Valenciana[282] que, entre otros aspectos, demoró la aprobación durante más de un lustro, cabe destacar la introducción de esta polémica medida que será de aplicación al personal al servicio de la Administración de la GVA a partir del 2025. Cabe recordar que el nuevo

---

los recurrentes que mantenían que la discriminación positiva a favor del valenciano no garantizaba el derecho de los ciudadanos a relacionarse con la Administración en la lengua oficial de su elección.

280 Sentencia de la Sección 4ª, Sala de lo Contencioso del Tribunal Supremo 999/2020, de 14 de julio de 2020, que resuelve el recurso de casación 6527/2018 promovido por la Generalitat Valenciana y por el Sindicato de Trabajadores y Trabajadoras de la Enseñanza del País Valenciá-Intersindical Valenciana, contra la Sentencia de 19 de julio de 2018, dictada por la Sección 4ª de la Sala de lo Contencioso-Administrativo del tribunal Suprior de Justicia de la Comunidad Valenciana, recaída en el recurso 324/2017.

281 El presidente del Grupo Popular en Les Corts (Jorge Bellver) y la portavoz en la Comisión de Justicia (María José Ferrer San-Segundo) en dicha institución.

282 DOCV núm. 9065, de 20 de abril de 2021, pp. 16632-16753 y BOE núm. 127, de 28 de mayo de 2021, pp. 64542 a 64685.

marco normativo que tiene por finalidad la ordenación y regulación de la función pública valenciana, así como de sus instrumentos de gestión y la determinación del régimen jurídico del personal incluido en su ámbito de aplicación, incorpora entre los "requisitos de acceso" (art. 62) la acreditación de la "competencia lingüística en los conocimientos de valenciano", a pesar de ser una decisión cuya concreción se postergaba a un desarrollo reglamentario futuro.

Esta cuestión ha sido objeto de una intensa discrepancia entre los dos principales socios del Gobierno autonómico (PSPV-PSOE y Compromís), a lo largo de las dos legislaturas "botánicas", enfrentando a los dos departamentos implicados (Sanidad y Justicia, Interior y Función Pública, por un lado; y Educación, por otro), aunque finalmente el aval de las dos sindicatos más representativos (UGT-PV y CCOO-PV) en el ámbito de la Mesa General de las Administraciones Públicas de la Generalitat hizo que se acercaran posturas en una cuestión tan controvertida con la acordada, sin llegar finalmente a desarrollarse antes del fin de la legislatura.

La defensa de la lengua pues sin riesgo a equivocarse puede señalarse como una de las mayores prioridades gubernamentales a lo largo de los últimos años; y no sólo en lo que a la introducción del requisito lingüístico en el ámbito de la función pública valenciana se refiere sino, también, mediante el fallido impulso de un decreto de "plurilingüismo dinámico" que buscaba acreditarle de manera automática al terminar la enseñanza obligatoria, a través de la reforma de las acreditaciones en valenciano, a través de la Junta Qualificadora de Coneixements del Valencià (JQCV) para equiparar los títulos al Marco Común Europeo de Referencia (MCER), o la regulación definitiva del plurilingüismo en el sistema educativo valenciano.

En clave de recuperación del patrimonio cultural o, incluso, del fomento del valenciano, también debe ser interpretada la aprobación de la Ley 20/2018, de 25 de julio, de mecenazgo cultural, científico y deportivo no profesional de la Comunitat Valenciana[283], en

---

283 DOCV núm. 8348, de 27 de julio de 2018, pp. 31809-31819 y BOE núm. 223, de 14 de septiembre de 2018, pp.88887-88900.

sustitución de la aprobada tan sólo cuatro años antes[284], dado que incrementa sustancialmente las deducciones en la cuota autonómica del IRPF[285] (del 15 al 25%), teniendo por objeto "fomentar e impulsar el mecenazgo de carácter privado mediante la regulación de un conjunto integrado de medidas tributarias y administrativas en el ámbito cultural, científico y en el deportivo no profesional en la Comunitat Valenciana", así como "promover, difundir y enriquecer la cultura del mecenazgo entre la sociedad valenciana" (art. 1). Además del corpus conceptual (Título I), se crea el Consell Assessor del Mecenatge[286] como "órgano asesor de la Generalitat" (Título II), que contará con una Oficina de "apoyo" (Título III); regulándose, por último, la declaración de interés social que deberán solicitar los beneficiados (individuos o entidades) (Título IV). En su fundamentación, la norma apela directamente al desarrollo del art. 12 EACV donde figura la protección y la defensa de la identidad, de los valores

[284] El legislador en la Exposición de Motivos, justifica la derogación de la hasta entonces vigente Ley de mecenazgo valenciana por su nulo desarrollo y su carácter "programático" ("La aplicación de la citada ley, que nunca se desarrolló reglamentariamente, ha tenido un escaso impacto en la sociedad valenciana porque en su articulado no se regulaban aspectos fundamentales como la definición de las personas o entidades beneficiarias y de las modalidades de mecenazgo, ni tampoco mecanismos para garantizar el interés social de los proyectos o actividades susceptibles de mecenazgo cultural. Por otra parte, muchos de sus artículos, de acuerdo con las conclusiones del Dictamen 2014/0533 del Consell Jurídic Consultiu de la Comunitat Valenciana, tenían un carácter meramente programático y no contenían auténticas prescripciones acompañadas de efectos jurídicos, ni exigibles jurisdiccionalmente, por lo que su tenor era más propio de un plan o programa de impulso de la actividad cultural que de una ley") decantándose por la redacción de un nuevo texto legal para garantizar una mayor eficacia del mismo.

[285] También, se verá afectada por su aprobación la Ley 13/1997, de 23 de diciembre, de la Generalitat, por la que se regula el tramo autonómico del impuesto sobre la renta de las personas físicas y restantes tributos cedidos (DOGV núm. 3153, de 31/12/1997; y BOE núm. 83, de 07/04/1998).

[286] Su composición y funcionamiento han sido regulados mediante el Decreto 2/2019, de 11 de enero, que también regula los procedimientos para la declaración y la comunicación del interés social de proyectos y actividades culturales, científicas y deportivas no profesionales (DOGV núm. 8467 de 18.01.2019, pp. 5459-5468).

e intereses populares, el respeto a la diversidad cultural y al patrimonio histórico[287], así como una final referencia a la protección de la defensa de la creatividad "artística, científica y técnica", de la que otras normas institucionales básicas han hecho derivar un pretendido derecho de acceso en condiciones de igualdad tanto a la cultura como a la creatividad (e ingenio) [288]; siendo importante destacar que el principio programático trascrito sólo podrá ser invocado una vez desarrollado, algo que posibilita la norma legal referida, dictada a partir de las competencias exclusivas[289] asumidas por la Generalitat.

Finalmente, tras varios intentos fallidos, desde el Gobierno estatal se había alcanzado un acuerdo con el PdeCat en el Congreso para sacar adelante la reforma de la Ley 49/2002, de 23 de diciembre, de régimen fiscal de las entidades sin fines lucrativos y de los incentivos fiscales al mecenazgo, una vieja aspiración del sector cultural que llevaba varios años paralizada en el Congreso[290]. La aprobación, el pa-

---

287 Cuya *vis* expansiva puso de manifiesto anticipadamente la Ley 4/1998, de 11 de junio, del Patrimonio Cultural Valenciano (DOGV núm. 3267, de 18/06/1998; BOE núm. 174, de 22/07/1998).

288 De la que otras normas institucionales han hecho derivar, también, nuevos derechos sociales. Es el caso del art. 18 del la Ley Orgánica 1/2007, de 28 de febrero, que cataloga como derecho de ámbito cultural y en relación con la "creatividad", el derecho a acceder a condiciones de igualdad "a la cultura, a la creatividad artística, científica y técnica tanto individual como colectiva" (Ollers Vives, 2008: 195-209; y Hoyo Rodrigo, 2013: 294-295).

289 En concreto, las asumidas en los arts.49.1.4.ª (cultura); 49.1.5.ª (patrimonio histórico, artístico, monumental, arquitectónico, arqueológico y científico), sin perjuicio de lo que dispone el art. 149.1. 28 CE (defensa del patrimonio cultural, artístico y monumental español); 49.1.7.ª (investigación, academias cuyo ámbito principal de actuación sea la Comunitat Valenciana, de fomento y desarrollo de la I+D+I), sin perjuicio de lo que dispone el art. 149.1. 15 CE (fomento y coordinación general de la investigación científica y técnica); y 49.1.28.ª EACV (deporte y ocio), respectivamente.

290 Se habían presentado varias iniciativas en paralelo como una Proposición de Ley de Promoción del Mecenazgo, presentada por el Grupo Parlamentario Popular (Boletín Oficial de las Cortes Generales. Congreso de los Diputados. XIV Legislatura. Proposiciones de Ley. Serie B, núm. 15-1, de 9 de abril de 2021).

sado 26 de abril[291], por la Comisión de Hacienda y Función Pública del informe elaborado por la ponencia con competencia legislativa plena por decisión de la Mesa no ha sido, sin embargo, suficiente para llegar a aprobar un texto que tenía pendiente el trámite de enmiendas en el Senado[292]. Entre sus principales novedades, que buscaban actualizar una norma sobrepasada por los cambios tecnológicos y sociales de dos décadas, destacaban la prestación de servicios como mecanismo de colaboración con las ONGs; equiparar fiscalmente a las confesiones de notorio arraigo en España con aquellas que tienen acuerdos con el Gobierno (quedando también exentas del pago del IBI en los edificios destinados al culto y del Impuesto de Sociedades); o el incremento y ampliación tanto de los porcentajes de deducción como de los supuestos que dan derecho a deducción por donaciones, entre otros. Perdiéndose, pues, una oportunidad única de actualizar el marco legislativo vigente en sintonía con los desarrollos normativos autonómicos, así como de reforzar y consolidar nuestro modelo social.

Como conclusión, señalar que el mecenazgo es un compromiso de la sociedad civil, de la ciudadanía, que desde muy distintas instancias y posiciones económicas se propone encontrar las vías adecuadas para satisfacer sus ansias de colaboración en diversos ámbitos (investigación, educativo, sanitario, deportivo o, incluso, social), no única y exclusivamente ceñida al cultural. Algunos de los progresos de la reforma legal (estatal) proyectada iban precisamente en esa dirección: avances hacia la democratización del mecenazgo contrariamente a como comúnmente se ha entendido, una filantropía que nace exclu-

---

291 Aprobación por la Comisión con competencia legislativa plena de la Proposición de Ley de modificación de la Ley 49/2002, de 23 de diciembre, de régimen fiscal de las entidades sin fines lucrativos y de los incentivos fiscales al mecenazgo (Boletín Oficial de las Cortes Generales. Congreso de los Diputados. XIV Legislatura. Proposiciones de Ley. Serie B, núm. 143, exp. 122/000117).

292 Proposición de Ley de modificación de la Ley 49/2002, de 23 de diciembre, de régimen fiscal de las entidades sin fines lucrativos y de los incentivos fiscales al mecenazgo. (624/000021). Boletín Oficial Cortes Generales. Senado XIX Legislatura. Proposiciones de Ley. Serie B, núm. 496, de 22 de mayo de 2023, pp. 77-114.

sivamente de las grandes corporaciones y patrimonios (*family offices*). Resulta por tanto urgente cambiar una visión desacertada y consideramos que la ley valenciana contribuye a ello, a través no sólo de su apertura sino debido al retorno social tangible que representa que, no olvidemos nunca, es también un ejemplo efectivo de la colaboración publico-privada en beneficio del conjunto social.

X. *Otros ámbitos de interés*

Cabe por último destacar, también, la acción desplegada en otros ámbitos que ha permitido también desarrollar la Carta Social Valenciana de forma sectorializada, en muchos casos en ámbitos coincidentes con la agenda política gubernamental desplegada por el Botànic (ciudadanía abierta; regeneración democrática...). A continuación se profundizará en alguno de tales aspectos.

DE LA MEMORIA "HISTÓRICA" A LA DEMOCRÁTICA: NUEVOS DERECHOS

Anticipándose al marco estatal, el Botànic ha querido hacer de la memoria un elemento decisivo para fomentar y configurar formas de ciudadanía más "abiertas, inclusivas y plurales", aunque sea a costa de retorcer el proceso histórico impulsando una legislación que no sólo regula una materia sensible sin haber sido previamente consensuada sino que responde a criterios impuestos de parte.

Así, la Ley 14/2017, de 10 de noviembre, de memoria democrática y para la convivencia de la Comunitat Valenciana (DOGV núm. 8168, de 13 de noviembre de 2017, pp. 40538-40568; y BOE núm. 311, de 23 de diciembre de 2017, pp. 127894 a 127928, persigue garantizar ciertos derechos no sólo a las "víctimas (directas) de la guerra civil y el franquismo" [art. 3.b)], extendiendo dicha consideración sino, también, a sus familiares más cercanos (hasta tercer grado de consanguineidad y afinidad, dado el tiempo trascurrido), a sus parejas (uniones convivenciales more *uxorio* o no matrimoniales) e, incluso, a quiénes se vieron perjudicados de cualquier modo por prestar ayuda, protección y/o asistencia a aquellas [art. 3.b). 3]. Concretándose, también, en la letra de la ley [art. 4. apdos. b) y c)] un listado de individuos y grupos o colectivos[293] merecedores

---

293 A título individual (extendido a sus familiares) gozan de una especial consideración legal los siguientes sujetos: desaparecidos; exiliados; obligados a una serie de penas (trabajos forzosos, confinamiento, torturas, violen-

de una especial protección en las medidas de acción positiva que se pretenden impulsar.

La Ley descansa en una serie de principios comunes (verdad, justicia, reparación, concordia, convivencia, pluralismo político, defensa de los derechos humanos, cultura de paz, igualdad intersexos...) a los que apela la norma en su Exposición de Motivos; sin embargo, esta se refiere a una de las proclamas estatutarias, aludiendo no sólo a que "uno de los objetivos esenciales de la estructura política de la Comunitat Valenciana, establecido en el art. 1.3 del Estatuto de Autonomía, es el refuerzo de la democracia" sino vinculándolo también expresamente al reconocimiento de derechos y libertades (colectivos e individuales) propiciados por el doble estándar del denominado "constitucionalismo multinivel", tal y como ha venido a reconocer otro precepto estatutario (art. 8 EACV).

Igualmente, de tales principios y valores, se derivan obligaciones para con la Generalitat, como la genérica de velar "por la protección y defensa de los valores e intereses del Pueblo valenciano" (a partir del mandato contenido en el art. 12 EACV) o al extender y sus medidas de acción positiva "tanto al derecho de las víctimas a

---

cia sexual, escarnio público o, incluso, muerte, en campos de exterminio y concentración); guerrilleros antifranquistas; represaliados (tanto por el ejercicio de sus libertades e ideas políticas o religiosas como por su orientación sexual, identidad de género, situación familiar o por su diversidad funcional, incluyendo a los que ejercieron cargos o empleos públicos en el régimen republicano); presos (por oposición al régimen o defensa de la República); bebés robados durante el franquismo; o, incluso, los damnificados por causas lingüísticas.... Desde un punto de vista colectivo, se incluyen también a "grupos o sectores sociales o profesionales, científicos, artísticos y culturales" (con mención especial a la represión cultural y lingüística); los " partidos políticos, sindicatos, logias masónicas, movimiento feminista y agrupaciones culturales" represaliados; ciertas minorías culturales, étnicas (pueblo romaní o gitano), lingüísticas y religiosas"; u otros colectivos no específicos que puedan ser incluidos en el plan estratégico previsto por la ley. Alguno de esos grupos vulnerables, como es el caso de los "niños robados" durante la dictadura, merecen la atención individualizada de la ley (Disposición Adicional 5ª) haciendo un especial llamamiento a los poderes públicos (estatales y autonómicos) para esclarecer su identidad y conseguir su reparación.

que se investigue la violencia y persecución que tuvo lugar durante la Guerra Civil y la Dictadura franquista, como su derecho a la justicia (art. 2.3)" (De la Cuesta y Odriozola, 2018: 28-29). Así, la mayor parte del articulado, concentrado en los cuatro primeros títulos, se vinculan al reconocimiento de nuevos derechos: a la verdad (Título I), que introduce la obligación de esclarecer ciertas violaciones de derechos humanos sucedidas en el pasado, elaborar un censo "público" de víctimas e identificar a los desaparecidos; a la justicia (Título II), que incluye protocolizar las actuaciones que puedan tipificarse como constitutivos de delitos sobre los hechos relacionados con la memoria "histórica", la garantía de la efectividad de los derechos de información, asistencia y ayuda, así como la colaboración (nacional e internacional) y seguimiento de los informes y recomendaciones que puedan producirse; a la memoria democrática valenciana (Tít. III), a través de la regulación de la preservación, recuperación y acceso a los documentos, la protección de los lugares, espacios e itinerarios de esta o el apoyo a las entidades memorialísticas, incluyendo su introducción en el contenido curricular oficial; y, por último, a la reparación y al reconocimiento a las víctimas (Título IV), cuyas acciones se encomiendan a un eventual plan estratégico[294], incorporando medidas tendentes a prevenir actividades públicas contrarias a la memoria democrática (a través de la eliminación de símbolos y

294 El Plan Estratégico de Memoria Democrática de la Comunitat Valenciana ha sido aprobado en fecha 31/03/2023 (pocas semanas antes de la finalización de la legislatura) e incluye seis ejes de actuación (exhumaciones e identificación de las víctimas; eliminación de vestigios contrarios a la memoria democrática y dignidad de las víctimas; participación de la sociedad civil en la implementación de las políticas memorialísticas; reparación y reconocimiento de las víctimas del franquismo; enseñanza de la memoria democrática en la enseñanza reglada; y las buenas prácticas tanto a nivel vertical como horizontal, con el Estado y otras Comunidades Autónomas) diferentes a que buscan concretar el conjunto de políticas públicas para la recuperación, protección y conservación de la memoria "democrática" valenciana, concretados a través de 32 objetivos distintos. Igualmente incluye medidas específicas relativas a los trabajos de indagación, localización, exhumación e identificación de las víctimas, entre las que cabe destacar la actualización del mapa de fosas, la creación del banco de datos de ADN para la memoria o, incluso, un mecanismo de coordinación con la Iglesia Católica para la retirada de los vestigios ligados a la dictadura franquista.

vestigios que atenten contra su dignidad) y fomentar su reconocimiento y homenaje.

Catálogo que se completa con normas referidas a la organización administrativa[295], que sirven para la creación del Instituto Valenciano de la Memoria Democrática, los Derechos Humanos y las Libertades Públicas (Título V), al que se le encomienda la salvaguarda de los derechos de información, ayuda y/o asistencia y se le reconoce un activo papel en la autorización, aseguramiento y recuperación de los restos de los desaparecidos; así como un exhaustivo régimen sancionador (Título VI) que prevé sanciones de hasta 150.000 euros por destruir o no conservar ciertos emplazamientos memorialísticos. En tales supuestos, el departamento "competente en materia de memoria democrática" está facultado para ejercitar una acción procesal específica de la Generalitat, vehiculizada a través de su Abogacía General, ante la jurisdicción ordinaria o, incluso personarse en procesos ya abiertos, "de conformidad con la Ley de asistencia jurídica de la Generalitat, para el ejercicio de las correspondientes acciones procesales frente a los órganos jurisdiccionales, por la existencia de indicios de comisión de delitos en esta materia".

Como puede observarse, el instrumento legal citado ha venido a incorporar una serie de medidas para la recuperación de la memoria histórica (rebautizada recientemente como "democrática" por la acción del legislador estatal), la dignificación y reparación de las víctimas y la promoción de la convivencia, a partir de un marco legal estatal[296], que ha sido recientemente renovado ampliando las

---

295 No únicamente el título competencial referido a "Normas procesales y de procedimiento administrativo derivadas de las particularidades del Derecho sustantivo valenciano o de las especialidades de la organización de La Generalitat" (artículo 49.1.3ª) ha servido de fundamento a la ley autonómica, sino otros dada la integralidad y amplitud de las medidas que contempla. En concreto, tales títulos competenciales son los siguientes: art. 49.1. 4ª y 5ª (cultura y patrimonio cultural);art. 49.1.9ª (ordenación del territorio y urbanismo); art. 49.1.36ª (administración de justicia); art. 50.2 (expropiación forzosa); art. 53 EACV (enseñanza).

296 La Ley 52/2007, de 26 de diciembre, por la que se reconocen y amplían derechos y se establecen medidas en favor de quienes padecieron persecución o violencia durante la guerra civil y la dictadura (BOE núm. 310, de

posibilidades de desarrollo autonómico en dicho ámbito. Aunque, por el momento, el resultado ha sido adverso, desactivando ab initio alguna de sus medidas, como la constitución de una "Comisión de la Verdad" [297] (en línea con lo recomendado por Naciones Unidas para conflictos de especial violencia). Sin embargo, la sorprendente intención de aplicar de forma retroactiva (aun tácitamente, algo que no es la regla general desde luego en el Ordenamiento español, aprovechándose del silencio legal) las previsiones legales referidas a las nacionalizaciones[298] ensancha las posibilidades de la legislación

---

27/12/2007) (más conocida como la Ley de Memoria Histórica) ha sido recientemente derogada por la Ley 20/2022, de 19 de octubre, de Memoria Democrática (BOE núm. 252, de 20 de octubre de 2022, pp. 142367-142421). Un resumen de los principales contenidos de ambas puede encontrarse en De la Cuesta Arzamendi, José Luis y Odriozola Gurrutxaga, Miren (2018). "Marco normativo de la memoria histórica en España: legislación estatal y autonómica. *Revista Electrónica de Ciencia Penal y Criminología* (20-08), 1-38; y Flores Juberías, C. (2022). La Ley de "Memoria Democrática". *Razón Española* (229), 61-77.

297 Algunos expertos han, incluso, dudado de la viabilidad práctica de su creación. Como el exdirector del Memorial Democràtic de Catalunya, Jordi Palou, quien lo ha llegado en calificar de auténtico "brindis al sol", según la información publicada en *El Diario.es* de fecha 29/08/2018. Disponible en la siguiente dirección web: https://www.eldiario.es/sociedad/valle-caidos-reliquia-renuncia-gobierno_1_1965502.html

298 La referida Ley 20/2022, establece, en su Disposición Adicional 8ª, la posibilidad de adquirir la nacionalidad española para una serie de sujetos: "a) los nacidos fuera de España de padre o madre, abuelo o abuela, que originariamente hubieran sido españoles, y que, como consecuencia de haber sufrido exilio por razones políticas, ideológicas o de creencia o de orientación e identidad sexual, hubieran perdido o renunciado a la nacionalidad española; b) los hijos e hijas nacidos en el exterior de mujeres españolas que perdieron su nacionalidad por casarse con extranjeros antes de la entrada en vigor de la Constitución de 1978; c) los hijos e hijas mayores de edad de aquellos españoles a quienes les fue reconocida su nacionalidad de origen en virtud del derecho de opción de acuerdo a lo dispuesto en la presente ley o en la Disposición Adicional 7ª de la Ley 52/2007, de 26 de diciembre, por la que se reconocen y amplían derechos y se establecen medidas a favor de quienes padecieron persecución o violencia durante la Guerra Civil y la Dictadura".

Para tales supuestos, será necesario que los interesados formalicen la declaración de opción en el plazo de 2 años desde la entrada en vigor del

estatal[299] (al contrario de lo sucedido con la autonómica) amparándose en la ampliación de derechos (de ciudadanía) que comporta y ello, aunque paradójicamente, los descendientes más cercanos en el tiempo puedan conseguirla antes que los destinatarios originales de la ley.

GENERANDO MARCOS DE INTEGRIDAD EN EL SISTEMA PÚBLICO VALENCIANO: DE LA TRANSPARENCIA AL GOBIERNO ABIERTO

El despliegue del mandato estatutario dirigido al legislador y que se contiene en el art. 9.1 ("Sin perjuicio de lo que dispone la legislación básica del estado, una Ley de Les Corts regulará el derecho a una buena administración y el acceso a los documentos de las instituciones y administraciones públicas valencianas") ha sido uno de los ámbitos de mayor "inflación" normativa entre los que se incluyen en la Carta [participación general donde puede englobarse el mandato de promoción dirigido a los "agentes sociales y (al) conjunto de la sociedad civil" en los asuntos públicos (art. 9.4, parraf. 2º EACV) y específica de colectivos, como los jóvenes o personas con discapacidad funcional expresamente incluidos en los arts. 10.3 y 13.1 EACV, ligados el primero a todas las dimensiones del desarrollo y únicamente a la social el segundo)]; hasta el punto de aprobarse tres instrumentos legales específicos durante la vigencia de la Carta.

---

instrumento normativo (21/10/2022), sin perjuicio de la posibilidad de prórroga de dicho plazo, por un año más, mediante Acuerdo del Consejo de Ministros.

299 Desde otra problemática se pregunta el profesor Josu de Miguel Bárcena (2023). "¿Es necesario un fiscal de Memoria Democrática?". *Diario El Mundo,* de 12 de junio, acerca del sentido técnico de tener una fiscalía especializada en memoria democrática "sin delitos que perseguir o legalidad que defender". Criticando la conversión del órgano (fiscalía de Memoria Democrática) en "una oficina de reclamaciones de la industria memorialística que el propio legislador ha puesto en marcha para que el pasado no nos abandone".

Si bien es cierto que el buen gobierno no puede considerarse auténticamente un derecho social en el sentido tradicional, ya que estos garantizan condiciones de vida dignas y justas y, normalmente, son vehiculizados a través de prestaciones y/o servicios; este viene referido a cómo se ejerce el poder y la autoridad proyectados hacia la ciudadanía. Se trata por tanto, también de objetivos y principios dirigidos a la ciudadanía, que se refuerzan por tanto con prácticas que promueven la transparencia, la rendición de cuentas o la participación individual o colectiva (fundamentalmente a través de grupos), entre otros. Un ámbito que busca mejorar y favorecer la confianza de la ciudadanía en las instituciones y que se ha visto favorecido en distintos momentos de la vigencia de la Carta. Así, la Ley 2/2015, de 2 de abril, de la Generalitat, de Transparencia, Buen Gobierno y Participación Ciudadana de la Comunitat Valenciana[300], (únicamente ha permanecido en vigor su Título V, hasta abril de 2023), derogaba el marco legal previo[301] a la vigencia de la Carta entrando en vigor tres años después (tras una *vacatio legis* de ocho meses, periodo que no evitaría a su vez su modificación posterior un mes después). Habiendo sido desplegada a través de los Decretos 56/2016, de 6 de mayo, que aprueba el Código de Buen Gobierno de la Generalitat[302]; y 105/2017, de 28 de julio, en materia de transparencia y de regulación del Consejo de Transparencia, Acceso a la Información Pública

300 DOGV núm. 7500, de 08 de abril de 2015, pp. 10242-10264; y BOE núm. 100, de 27 de abril de 2015, pp. 36274-36300, respectivamente. Para un análisis global de la Ley autonómica y sus desarrollos normativos puede consultarse Díez Sánchez, Juan José; y García Macho, Ricardo Jesús (Coords.) (2019). Comentarios a la Ley 2/2015 de 2 de abril, de Transparencia, Buen Gobierno y Participación Ciudadana de la Comunitat Valenciana. Madrid: Editorial Reus.

301 Conformado por las Leyes 11/2007, de 20 de marzo, de la Generalitat, de Comunidades de Valencianos en el Exterior (BOE núm. 95, de 20 de abril de 2007, pp. 17436 a 17439); 11/2008, de 3 de julio, de la Generalitat, de Participación Ciudadana de la Comunitat Valenciana (BOE núm. 200, de 19 de agosto de 2008, pp. 34837 a 34843); y 11/2009, de 20 de noviembre, de la Generalitat, de Ciudadanía Corporativa (BOE núm. 301, de 15 de diciembre de 2009, pp. 105780 a 105788) y su desarrollo organizativo (Decreto 206/2007, de 19 de octubre, del Consell, por el que se crea la Comisión Interdepartamental para la Participación Ciudadana).

302 DOCV núm. 7781, de 13 de mayo de 2016, pp. 11415-11438.

y Buen Gobierno[303], que suponían el primer desarrollo reglamentario autonómico en la materia y que ha sobrevivido (con modificaciones) a la derogación de la primera.

La decisión de desdoblar las tres materias reguladas por la anterior (transparencia y buen gobierno, por un lado; participación, por otro), llevará a la aprobación de la Ley 1/2022, de 13 de abril, de Transparencia y Buen Gobierno[304], una de las leyes más avanzadas en su ámbito en el panorama autonómico y pionera en muchos aspectos, que plasma y desarrolla los derechos a una buena administración y el acceso a los documentos de las instituciones y administraciones públicas valencianas que habían sido incorporados estatutariamente (al igual que en la Carta), garantizando la transparencia en la actividad pública e inspirándola. Su entrada en vigor, sin embargo, se ha hecho por fases temporales: Capítulo II del Título I relativo a la publicidad activa (22 de abril de 2023); arts. 39 (procedimiento de mediación) y 49 (composición y estatuto personal del Consejo Valenciano de Transparencia), en el momento en que cesen sus actuales integrantes y, en todo caso, cuando se produzca la renovación del órgano a partir de su nueva composición y mandato (reducida de 5 a 3 miembros con un mandato de duración de 5 años); y el resto de la Ley (12 de mayo de 2022).

Entre sus novedades más destacadas, cabe destacar no sólo que carece de Exposición de Motivos (a diferencia de su precedente leal), evidenciando una evidente deficiencia de calidad normativa; incrementando en el ámbito subjetivo su ámbito de aplicación. Además de la Administración de la GVA y sus entidades instrumentales, se inclui-

---

303 Que ha sido modificado mediante Decreto 16/2021, de 29 de enero (DOGV núm. 9012 de 03.02.2021).

304 DOCV núm. 9323, de 22 de abril de 2022, pp. 21787-21830; y BOE núm. 119, de 19 de enero de 2022, pp. 69211-69262. Un análisis exhausto sobre dicho instrumento normativo puede encontrarse en Montero Caro, Mª Dolores (2023). "La consolidación de la transparencia como principio extraestatutario en la Comunitat Valenciana: a propósito de la Ley 1/2022, de 13 de abril, de Transparencia y Buen Gobierno de la Comunitat Valenciana" en Castellanos Claramunt, Jorge (Dir.). *Balance y análisis tras 40 años del Estatuto de Autonomía de la Comunitat Valenciana.* Valencia: Tirant lo Blanch, 85-108.

rán sistema público universitario valenciano, a las empresas contratistas o beneficiarias de ayudas y subvenciones (al superar los 50.000 euros o cuando representen el 40% de sus ingresos anuales), llegando a afectar las obligaciones de buen gobierno, incluso, al ámbito local y alcanzando las referidas a publicidad activa tanto a partidos políticos, como organizaciones sindicales y asociaciones empresariales del ámbito territorial valenciano. Reconoce, a su vez, un papel determinante a la Agencia de Prevención y Lucha contra el Fraude y la Corrupción de la Comunitat Valenciana (AVAF)[305], creada mediante Ley 11/2016, de 28 de noviembre[306]; configurándose como una entidad pública adscrita directamente a les Corts Valencianes, dirigida a la prevención y erradicación del fraude y la corrupción de las instituciones públicas valencianas, impulsando la integridad y la ética pública y fomentando, a su vez, una nueva "cultura" tanto en el ciclo (diseño, ejecución y evaluación) de las políticas públicas como en el ámbito de la gestión *lato sensu* (art. 1.3). A pesar de que el balance de su actuación[307] resulte

---

305 La AVAF se crea en ejercicio de la competencia exclusiva que el art. 49.1 EACV otorga a la Generalitat en la organización de sus instituciones de autogobierno. Mediante la creación de la AVAF, tal y como declara la Exposición de Motivos de su ley de creación (Ley 11/2016, de 28 de noviembre), la Generalitat da cumplimiento a la Resolución 58/4 de la Asamblea General de naciones Unidas, de 31 de octubre de 2003, mediante la cual se aprueba la Convención de las Naciones Unidas contra la corrupción, en cuyo art. 6 se concreta la necesidad de crear órganos encargados de prevenir la corrupción en los diferentes Estados miembros de la organización mundial.

306 DOCV núm. 7928, de 30 de noviembre de 2016, pp. 33329-33342; y BOE núm. 306, de 20 de diciembre de 2016, pp. 88764-88779, respectivamente.

307 Entre sus logros más destacados, podemos destacar la recuperación de activos (0,5 millones de euros en total, una quinta parte del presupuesto que soporta la institución en 2022); la protección de denunciantes (hasta un total de 29), al haberse anticipado en el ámbito valenciano en la protección de denunciantes, función que también ha venido a reconocerle, recientemente, la legislación estatal [Ley 2/2023, de 20 de febrero, reguladora de la protección de las personas que informen sobre infracciones normativas y de lucha contra la corrupción (BOE núm. 44, de 21 de febrero de 2023, pp. 26140 a 26189)]; o, por último, el avance en la promoción de planes de integridad de los organismos de la Generalitat (o entidades locales), ámbito en el que cabe destacar la reciente publicación de un manual de integridad para "electos", disponible en la siguiente dirección web: https://

bastante tímido en comparación con el prolijo catálogo de funciones[308] legalmente encomendadas.

Regula asimismo de forma más detallada el Consejo Valenciano de Transparencia (CVT), con la finalidad de dotarle de mayor independencia y autonomía, modificando el sistema de designación de sus miembros (que pasan de 5 a 3, elegidos por mayoría de 3/5 de las Cortes valencianas entre profesionales de reconocido prestigio con más de 10 años de experiencia profesional por un plazo de 5

---

www.antifraucv.es/wp-content/uploads/2023/05/25052023-Manual-AVAF-Cargos-electos_-14.09h.pdf

308 El art. 4 de la Ley 11/2016 concreta los "fines y funciones" de la AVAF, entre los que cabe destacar los siguientes: la prevención e investigación de posibles casos de uso o destino irregular de fondos públicos y de conductas opuestas a la integridad o contrarias a los principios de objetividad, eficacia y sumisión plena a la Ley y al Derecho; la evaluación, en colaboración con los órganos de control existentes, de la eficacia de los instrumentos jurídicos y las medidas existentes en materia de prevención y lucha contra el fraude y la corrupción, con el fin de garantizar los máximos niveles de integridad, eficiencia y transparencia, especialmente en materia de contratación pública, procedimientos de toma de decisiones, prestación de servicios públicos y gestión de los recursos públicos, y el acceso y la provisión en el empleo público para garantizar el respeto a los principios de publicidad, igualdad, mérito y capacidad; hacer estudios y análisis de riesgos previos en actividades relacionadas con la contratación administrativa, la prestación de servicios públicos, las ayudas o las subvenciones públicas y los procedimientos de toma de decisiones, en colaboración con los servicios de auditoría o intervención. Asimismo, entre las funciones de la AVAF se en cuenta el prestar asesoramiento y formular propuestas y recomendaciones a les Corts, al Consell de la Generalitat y a las entidades incluidas en su ámbito de actuación (diputaciones y ayuntamientos) en materia de integridad, ética pública y prevención y lucha contra la corrupción; colaborar con los órganos competentes en la formación del personal en materia de integridad y ética pública; colaborar con los órganos competentes en materia de conflictos de intereses e incompatibilidades para prevenir y corregir actuaciones que pudieran infringir el régimen aplicable en cada caso; contribuir en la creación de una cultura social de rechazo frontal a la corrupción, bien a través de programas específicos de sensibilización dirigidos a la ciudadanía bien a través de la colaboración interadministrativa u otras organizaciones públicas y/o privadas; así como otras actuaciones cuyo contenido y finalidad puedan ser consideradas "acciones preventivas" en los ámbitos referidos.

años) con la finalidad de dotarle de una mayor profesionalización y autonomía presupuestaria y de gestión. Este organismo será determinante en el control del cumplimiento de las nuevas obligaciones legales, otorgando una mayor relevancia a su potestad sancionadora; contemplándose la necesidad de un informe (previo y preceptivo) del CVT en todas las resoluciones que pongan fin al procedimiento.

Cabe destacar, por último, que al aprobar dicho instrumento legal el Consell se ha convertido en la primera autonomía en contar con una ley de transparencia de segunda generación, plenamente adaptada a los retos actuales y que sin duda influirá en la proyectada reforma estatal (de una ley que data de 2013).

Otro aspecto que se ha reforzado es el valor de la ética pública y la mejora de los estándares de integridad. Además de definir un código de buen gobierno para los altos cargos, mediante el Decreto 56/2016, de 6 de mayo[309], se ha creado una oficina de control de conflictos de intereses, con una nueva normativa (Ley 8/2016, de 28 de octubre, de la Generalitat, de Incompatibilidades y Conflictos de Intereses de Personas con Cargos Públicos no Electos[310], desarrollada por el Decreto 65/2018, de 18 de mayo[311] y donde también cabe destacar los Decretos 56/2016, de 6 de mayo, por el que se aprueba el Código de Buen Gobierno de la Generalitat[312] y 95/2016, de 29 de

309 DOCV núm. 7781, de 13 de mayo de 2016, pp. 11415-11438.

310 DOCV núm. 7911 de 7 de noviembre de 2016, pp. 30399-30408 y BOE núm. 283 de 23 de noviembre de 2016, pp. 82045-82056, respectivamente.

311 DOCV núm. 8304 de 28 de mayo de 2018, pp. 22059-22080.

312 DOCV núm. 7781, de 13 de mayo de 2016. El llamado "Código de Buen Gobierno de la Generalitat" pretende guiar las actuaciones de los "altos cargos" con el objetivo de hacer unas administraciones públicas integras, eficaces y eficientes. Además de responder al mandato del artículo 14.1.a) 2º de la Ley 1/2022, de 13 de abril, de la Generalitat, de Transparencia y Buen Gobierno de la Comunitat Valenciana, persigue promover la mejora de la calidad democrática y la generación de vínculos de confianza entre las instituciones y la ciudadanía; estableciendo normas de carácter jurídico, criterios de conducta, valores democráticos y principios éticos (integridad, sobriedad, ejemplaridad, responsabilidad y cooperación), elevándolos a la categoría de obligado cumplimiento para los altos cargos de la Generalitat y de su sector público instrumental y cuantos se adhieran de forma voluntaria.

julio, de regulación, limitación y transparencia del régimen del personal directivo del sector público instrumental de la Generalitat[313]). En colaboración con Transparencia Internacional también se ha impulsado en 2018 un proyecto piloto para implementar acuerdos de integridad en compras públicas y auditoría ciudadana, con escasa aplicación práctica.

Cierra, por último, dicho marco normativo la Ley 25/2018, de 10 de diciembre, reguladora de la actividad de los grupos de interés de la Comunitat Valenciana[314], que se ha anticipado a una eventual regulación estatal (contenida en el Anteproyecto de Ley de Transparencia e Integridad en las Actividades de los Grupos de Interés[315], aprobado en el tramo final de la XIV legislatura estatal) y que ha sido desarrollada mediante Decreto 172/2021, de 15 de octubre[316].

Su objeto, desarrollado en el Título I ("Disposiciones Preliminares", arts. 1-4), se concreta en la regulación de "la actividad de influencia de los grupos de interés en el ámbito de la Generalitat" con el fin de asegurar la transparencia en la participación de éstos en "los procesos de elaboración y aplicación de políticas públicas, proyectos

---

313 DOCV núm. 7849, de 11 de agosto de 2016, pp. 23069-23074.

314 DOCV núm. 8443, de 13 de diciembre de 2018, pp. 48013-48028; y BOE núm. 23, de 26 de enero de 2019, pp. 7187 a 7206, respectivamente. Con posterioridad, esta norma se ha visto modificada a través de la Ley 8/2022, de 29 de diciembre, de medidas fiscales, de gestión administrativa y financiera, y de organización de la Generalitat (DOCV núm. 9501, de 30 de diciembre de 2022).

315 El Anteproyecto se concentra exclusivamente en las relaciones de los grupos con la Administración General del Estado (AGE) y su sector público, dejando al margen, en respeto de su autonomía normativa, la acción de los grupos de presión en el Parlamento, que se encuentra actualmente en tramitación en el Congreso de los Diputados (Proposición de reforma del Reglamento del Congreso de los Diputados para incorporar un nuevo Título XIV para la regulación de los grupos de interés, presentada por el Grupo Parlamentario Socialista), *Boletín Oficial de las Cortes Generales. Congreso de los Diputados* (XIV Legislatura). Serie B (Proposiciones de Ley) núm. 165-1, de 7 de mayo de 2021, págs. 1-10. Puede consultarse en la siguiente dirección web: https://www.congreso.es/public_oficiales/L14/CONG/BOCG/B/BOCG-14-B-165-1.PDF

316 DOCV núm. 9202, de 26 de octubre de 2021, pp. 44013-44030.

normativos e iniciativas parlamentarias" de conformidad a una serie de principios (legalidad, publicidad, transparencia, rendimiento de cuentas y responsabilidad en la gestión pública y la representación política). Este título preliminar concreta, también, otras cuestiones relevantes, que afectan a su consideración "legal"; o, incluso, aquellas actuaciones que quedan integradas en su "actividad de influencia", particularmente en el ámbito de la producción normativa. El Título II ("Registro de grupos de interés"), contine tres capítulos diferenciados; el primero de los cuáles hace referencia a su régimen de funcionamiento, concretándose el conjunto de obligaciones y derechos que configuran el sistema básico de su relación con la Administración de la Generalitat; estableciéndose, a continuación, un "código de conducta" concretándose las exigencias éticas y de transparencia a las que desde que se formalice su inscripción quedarán sometidos; concretándose en el tercero, los mecanismos y actuaciones de verificación, los procedimientos de alerta, que podrán culminar en su caso en la tramitación de denuncias o la apertura de eventuales investigaciones.

El contenido de mayor interés se concentra en los Títulos III ("Publicidad de los contactos mantenidos con grupos de interés durante la elaboración normativa") y IV (" Participación previa en la elaboración de normas"), que postula la necesidad de identificar la llamada "pisada o huella normativa", pretendiendo que acompañe al expediente normativo dándose finalmente publicidad a través del portal de transparencia; remitiéndose a un ulterior desarrollo reglamentario el proceso participativo en la elaboración de normas. El Título V clarifica el régimen sancionador, en el cual se identificarán los órganos competentes, así como los hechos que deben considerarse infracciones y su cuantía.

Este instrumento legislativo ha sido finalmente desarrollado mediante el Decreto 172/2021, de 15 de octubre, tras solucionar algunas dificultades presupuestarias iniciales (dotación de personal para el recién creado registro de grupos de interés Regia, gestionado por la Oficina de Conflictos de Intereses-OCCI) que impidieron su aprobación en, al menos, un par de ocasiones previas. La norma crea un Registro de grupos de interés de carácter "público, abierto y gratuito" que funcionará exclusivamente de manera electrónica y cuyo acceso se vehiculiza también a través de dichos medios. Quedando inscritos tanto organizaciones como representantes, que deberán darse de alta a través de un formulario que estará disponible en la web del mencionado registro y la inscripción se hará efectiva bien cuando sea autorizada bien cuando hayan trascurrido dos meses como máximo si antes no se produce ninguna notificación al interesado. La inscripción será de obligado cumplimiento para los grupos de interés y, en su defecto, "no podrán reunirse, entrevistarse o participar en las agendas de trabajo de los cargos públicos, ni del personal empleado público cuando las reuniones o entrevistas de trabajo se desarrollen con conocimiento o instrucciones previas del cargo público del que dependan". Ahora bien, en caso de que los miembros del Gobierno autonómico se reúnan con grupos de presión no inscritos en el Registro, la responsabilidad política recaerá sobre aquellos "cargos públicos y (...) empleados públicos" que hayan mantenido el contacto.

En el mismo, se tendrá que hacer constar información relativa a las reuniones que se celebren con los grupos de interés ("Los asuntos tratados, las comunicaciones, los informes y todos los documentos que se produzcan a consecuencia de la actividad de influencia, incluyendo sus contribuciones y participaciones voluntarias en consultas oficiales sobre propuestas normativas, actos jurídicos y otros procesos participativos"). La obligación de hacer constar toda esa documentación recaerá sobre el cargo público, quien estará obligado trascurrido un mes desde el encuentro; situación que difiere de los empleados públicos, quienes deberán comunicarlo de forma "inmediata" al superior jerárquico del que dependan orgánicamente.

Igualmente, se posibilitan controles periódicos, aleatorios y específicos de oficio sobre la veracidad de los datos y el cumplimiento del código de conducta anteriormente referido, por parte de los grupos de interés. En el supuesto de detectarse cualquier "inexactitud, omisión o error", se comunicará a la entidad u organización declarante para que pueda proceder a su actualización en un plazo máximo de diez días. En caso de que el requerimiento fuese desatendido puede iniciarse el procedimiento de investigación o, incluso, la incoación del procedimiento sancionador legalmente previsto. El catálogo de sanciones, previstas legalmente, podrán alcanzar hasta los 6.000 euros para los casos de mayor gravedad e, incluir, la baja del registro por plazo de uno a dos años, imposibilitándose el ejercicio de la actividad de influencia frente a la Administración de la Generalitat.

Además, podrá también recibir denuncias, con carácter confidencial (nunca anónimas), teniendo que estar fundamentadas en hechos materiales. Para hacer una denuncia se tendrán que ofrecer los datos de contacto de la persona denunciante, el grupo de interés al que se denuncia, los hechos, los supuestos incumplimientos o infracciones en los que han incurrido, la información en la que se basa la denuncia y los daños que ha podido sufrir la persona demandante en cuestión por el incumplimiento del grupo de presión denunciado.

En los supuestos de actividades de influencia que afecten al proceso normativo, "el órgano competente deberá emitir un informe de la huella de los grupos de interés donde se señalen las actividades celebradas: identidad de cargos públicos, grupos de interés con los que se ha tenido reuniones, día del contacto, objeto, documentación aportada o remitida". Toda una serie de datos que formarán parte de un expediente al que se dará plena transparencia al objeto de facilitar y posibilitar el libre acceso de cualquier ciudadano. Cuando se produzca cualquier incumplimiento, será la OCCI la que lleve a cabo la instrucción de los expedientes correspondientes; en el supuesto de que la persona responsable de la infracción tenga la condición de "alto cargo", bien de la Administración de la Generalitat bien de su sector público instrumental, se prevén multas de una cuantía de hasta 6.000 euros.

En todo caso, en la información que detalle el representante de la organización o empresa será obligatorio que figuren los nombres y apellidos, el cargo que ocupa en la organización, el teléfono de contacto, correo electrónico y dirección; por lo que hace a la información empresarial, será obligatorio que conste el nombre del grupo de interés, el tipo de organización que es, su web, correo electrónico, categoría, dirección, descripción y finalidad que persigue la organización. Debiendo también constar un apéndice financiero, que incluirá ciertos aspectos básicos: su "presupuesto anual y el volumen de negocio" para cualquier entidad; "la relación de clientes en nombre de los que realizan las actividades e ingresos globales" (en caso de tratarse de "consultorías, despachos de abogados o letrados que trabajen por cuenta propia"); así como el "desglose de (…) sus principales fuentes de financiación (indicando expresamente) su procedencia y naturaleza (distinguiendo financiación privada de pública y, dentro de esta última, si proviene de la Administración de la Generalitat o de su sector público instrumental), en caso de integrarse en cualquiera de las demás categorías que se incluye la norma (grupos empresariales, organizaciones no gubernamentales, asociaciones comerciales y empresariales, sindicatos, instituciones vinculadas a intereses políticos o colegios profesionales, entre otros).

Por último, debe recordarse que a dicho registro podrán adherirse otras administraciones públicas valencianas[317], como los ayuntamientos que lo deseen. A tal fin se posibilita el impulso y "la suscripción de convenios y otros mecanismos de colaboración con otras administraciones públicas, instituciones u otro tipo de entidades", sin que hasta la fecha haya sido posible por no haberse culminado el diseño de la plataforma digital dirigida a posibilitarlo.

Dicho ámbito se verá reforzado, a su vez, con la aprobación de instrumentos legales en materia de cuentas abiertas (Ley 5/2016, de 6 de mayo, de Cuentas Abiertas para la Generalitat Valenciana[318]). El compromiso de disponer de datos públicos en abierto, también se ha visto reflejado en el acuerdo gubernamental de adhesión a la Carta Internacional de Datos Abiertos de fecha 18/03/2021, así como a través de la promoción de la estrategia de datos abiertos de la Generalitat[319] a partir de un plan de acción bianual (2022-2023), de-

---

317 En este sentido, cabe recordar que el Ayuntamiento de València ha mostrado su voluntad de adherirse al registro local, habiéndose anticipado algunos años en la regulación de los grupos de presión y su relación con la Corporación.

318 DOCV núm. 7779 de 11 de mayo de 2016, pp. 11160-11164 y BOE núm. 132 de 1 de junio de 2016, pp. 35973-35978, respectivamente.

319 A través de este proyecto, que tiene como centro el portal de datos abiertos de la Generalitat (GVA Oberta), se quiere desarrollar un ecosistema de reutilización basado en el diálogo con los agentes sociales y el fomento de la innovación abierta a través de determinadas iniciativas en colaboración con el sistema público universitario y en colaboración con Las Naves del Ayuntamiento de València.

sarrollado en colaboración con la Alianza para el Gobierno Abierto (OGP) y que, tras la finalización del periodo de vigencia marcado, ha sido evaluado por la Sociedad Española de Evaluación de Políticas Públicas y en cuyas conclusiones[320] ha venido a insistirse en la necesidad de incorporar con mayor fortaleza a la sociedad civil, especialmente aquellos grupos que han quedado fuera del "mainstream institucional" y que quizás podrían focalizarse en alguno de los grupos de interés que aparecen priorizados en la Carta.

Otro gran hito normativo en el ámbito de la participación, lo constituye la Ley 4/2023, de 13 de abril, de Participación Ciudadana y Fomento del Asociacionismo de la Comunitat Valenciana[321], de aplicación tanto a la Administración de la Generalitat, a su sector público instrumental, como al ámbito local. El texto introduce un nuevo paradigma de "gobernanza participativa"[322] (acorde con una concepción de activa de la ciudadanía), que no sólo refuerza la implicación directa en los asuntos públicos, la toma de decisiones y la co-creación de políticas públicas y en la rendición de cuentas (accountability anglosajona) sino que se traduce, también, en el mismo proceso de elaboración legislativa, abriéndose a la incorporación de

---

320 Documento publicado en abierto en la siguiente dirección web: https://gvaoberta.gva.es/documents/7843050/175796778/20220519+Informe_OGP_19_05_22.pdf/b1de57ca-7b1a-4d48-bd47-f6611d26b664

321 DOCV núm. 9579, de 20 de abril de 2023 y BOE núm. 105, de 3 de mayo de 2023.

322 Que se ve reforzado por un nutrido número de leyes autonómicas, tales como: Leyes 25/2018, de 10 de diciembre, reguladora de la actividad de los grupos de interés de la Comunitat Valenciana (regulando el proceso de "huella" normativa en los procesos normativos impulsados por el Consell; 9/2003, de 2 de abril, de la Generalitat, para la igualdad entre mujeres y hombres (incorporando la perspectiva de género de manera trasversal a la búsqueda de la deseada paridad); 26/2018, de 21 de diciembre, de la Generalitat, de derechos y garantías de la infancia y la adolescencia (buscando una adaptación de los instrumentos participativos favoreciendo a los más pequeños); y 15/2017, de 10 de noviembre, de la Generalitat, de políticas integrales de juventud (fomentando la participación y el asociacionismo juvenil, además de la educación cívica); y 8/2010, de 23 de junio, de régimen local de la Comunitat Valenciana (a pesar de pasar de "puntillas" sobre un asunto tan importante), entre otros.

todo tipo de propuestas y/o aportaciones y posibilitando, en su mismo trámite parlamentario ante las Cortes Valencianas (Comisión de Coordinación, Organización y Régimen de las Instituciones de la Generalitat), la participación de expertos[323].

El nuevo instrumento refuerza así el ámbito de acción de otras leyes "integrales" o con evidente vocación de serlo (como las ya citadas Leyes 9/2003, de 2 de abril, para la igualdad entre mujeres y hombres; 15/2017, de 10 de noviembre, de políticas integrales de juventud; 6/2018, de 21 de diciembre, de derechos y garantías de la infancia y la adolescencia; o, incluso, 9/2018, de 24 de abril, de modificación de la Ley 11/2003, de 10 de abril, sobre el estatuto de las personas con discapacidad, entre otras), priorizando la participación de dichos colectivos (mujer, juventud e infancia y adolescencia) e introduciendo importantes novedades en un articulado, que deroga en su totalidad la Ley 2/2015.

Desde una visón amplia, la finalidad de la ley autonómica viene definida por tres objetivos fundamentales que guiarán todo su articulado: 1) combatir la desafección de la ciudadanía generando alianzas con entidades cívicas y locales del territorio; 2) fomentar la cultura participativa desde las edades más tempranas, a través del compromiso (formal e informal) de la Administración con la educación en la participación de los más jóvenes; y 3) focalizar la atención en los

---

[323] Diario de Sesiones de las Cortes Valencianas. Comisión de Coordinación, Organización y Régimen de las Instituciones de la Generalitat (X Legislatura), reuniones núms. 12/i II, de 23 y 24 de enero, pp. 290-313 y 316-338. Entre los comparecientes, figuran los siguientes: José Ignacio Pastor Pérez, miembro la Asociación Ciudadana y Comunicación (Acicom); Eduardo Béjar Méndez, presidente de la Asociación Plataforma Intercultural de España; Juan Antonio Caballero Defez, presidente de la Confederació d'Associacions Veïnals de la Comunitat Valenciana (Cave-Cova); y Carlos Flores Juberias, catedrático del Departamento de Derecho Constitucional y de CC Política y de la Administración de la Universitat de València; Mariano Vivancos Comes, profesor del Departamento de Derecho Constitucional y CC Política y de la Administración de la Universitat de València; Lluís Benlloch Calvo, miembro de la Red para la Gestión Comunitaria; Fernando Pindado Sánchez, abogado; y Daniel Tarragó Sanfeliu, socio director de Neòpolis y profesor asociado del Departamento de Sociología de la Universitat Autònoma de Barcelona.

colectivos más vulnerables (aquellos que se sitúan fuera del "mainstream institucional") y con más dificultades para lograr una participación activa en el diseño e implementación de políticas públicas (brecha digital; despoblación; edadismo; género; diversidad funcional; migrantes...).

Desde el punto de vista del objeto del presente estudio, resulta de interés identificar aquellos derechos que se reconocen, bien de forma individual o colectiva, en el art. 6 (y que se identifican con la "ciudadanía"), estos son los siguientes: i) derecho a participar en igualdad de condiciones a través mecanismos legalmente previstos (que se extiende también a otros avances legales ulteriores) (art. 6.1); ii) derecho de acceso a la información necesaria para participar en los diferentes mecanismos y procesos participativos de manera "gratuita, clara, sencilla y accesible", (reiterándose nuevamente el acceso en iguales condiciones y la no discriminación y, más concretamente, a "colectivos afectados por las diferentes brechas") (art. 6.2); iii) derecho a solicitar la colaboración de las administraciones públicas en actividades ciudadanas relacionadas con la participación (art. 6.3); iv) derecho a emitir su opinión (¿qué aporta frente a la libre expresión reconocida constitucionalmente?) y a alcanzar un "protagonismo" como "corresponsable en la toma de decisiones relativas a las políticas públicas" (art. 6.4); y v) derecho a promover la constitución de organizaciones y de agrupaciones de personas (asociaciones o fundaciones, tal y como mandata la constitución), cuyo ámbito ensancha a otro tipo de organizaciones sin personalidad jurídica ("foros, movimientos o plataformas de toda clase, con o sin personalidad jurídica, que tengan como finalidad la participación ciudadana, y a integrarse") (art. 6.5).

Sin duda este catálogo no supone un *numerus clausus* y debe ser ampliado en cuanto al fomento del asociacionismo (Título II) o, incluso, de los derechos de participación que se reconocen a los residentes en el exterior respecto de su integración en la participación institucionalizada que contempla la ley (Título III). Hubiera resultado de interés la introducción de un precepto específico (siguiendo el patrón de la Ley 7/2017, de 27 de diciembre, de Participación

Ciudadana de Andalucía[324]) referido a las obligaciones de las administraciones públicas valencianas en tal sentido[325].

Volviendo a las principales novedades del texto legal, pueden destacarse los siguientes: la desaparición del límite de edad para participar en los asuntos públicos (algo que, desde luego carece según que instrumentos de toda lógica cuando se trata de la participación en la redacción de proyectos normativos y/o reglamentarios); fortalecimiento del tejido asociativo y de la ciudadanía no organizada, abriendo nuevos canales de escucha entra la Administración y estos; situar a la participación ciudadana como eje trasversal de toda la acción política de la Generalitat, obligando a implementar procesos participativos en casi todos los órdenes (presupuestario, normativo…); priorización en la gestión de espacios públicos y proyectos educativos, a través de una pluralidad de entidades cívicas y prestando una

324 BOJA núm. 4, de 5 de enero de 2018, pp. 1-31 y BOE núm. 33, de 6 de febrero de 2018, pp. 13792-13817.

325 Considero que el legislador andaluz da una mejor solución a la sistemática de derechos reconocidos en un instrumento legal equiparable en cuanto a su materia (participación) al distinguir entre el principal derecho reconocido en el instrumento legislativo (derecho a la participación ciudadana, art. 6); la participación "efectiva" de la ciudadanía andaluza en el exterior (art. 7); "otros derechos" en los procesos cívicos o participativos (art. 8), como los citados anteriormente en el caso valenciano (recabar la colaboración de los poderes públicos andaluces o la publicación o difusión de los instrumentos participativos con las características anteriormente apuntadas, por ejemplo); incluyendo un interesante precepto referido a las obligaciones de las Administraciones Públicas andaluzas respecto a la participación ciudadana (art. 8), donde se incluyen algunos planteamientos que aparecen dispersos en el articulado de la ley valenciana, tales como la "potenciar, fomentar y garantizar el acceso a una efectiva (cultura de) participación ciudadana (….) facilitando el acceso a los colectivos más vulnerables" (apdo. b), el establecimiento de medios "digitales" (apdo. c), la colaboración no sólo pública sino privada ("ONGs y entidades de voluntariado", apdo. e), el "fomento de la participación ciudadana" (apdo g), por citar sólo alguno de ellos. Y donde también podrían incluirse la consecuencia pública derivada del ejercicio de los derechos apuntados (como "favorecer una mayor eficacia de la acción" político-administrativa o, incluso, la mejora y fortalecimiento de la "comunicación entre la acción gubernamental y la ciudadanía", entre otros).

especial atención a la infancia, adolescencia y juventud, así como medidas de accesibilidad para garantizar la universalidad en esta, lo que adquiere una especial importancia en personas con diversidad funcional.

Por primera vez, se amplía al conjunto de la ciudadanía la posibilidad de participar en la elaboración de normas (algo que implícitamente había descartado el texto de 2008) y planes de la Generalitat, anteriormente limitado a las personas o colectivos con un interés directo. Promueve los procesos participativos deliberativos; estableciéndose (cada dos años) la elaboración de los presupuestos participativos de la Generalitat y cuyo resultado tendrá un carácter vinculante. Algo que ha propiciado (antes incluso de la entrada en vigor de la nueva ley que detalla este aspecto en Título I, Cap. I y Sección 5ª, arts. 17-20) una de las primeras experiencias en una Administración autonómica de gran tamaño y población, habiéndose decidido directamente por los ciudadanos un gasto estimado cercano a los 125 millones de euros, según la información disponible en el portal GVA Oberta.

Por lo que hace a su dimensión organizativa, instituye un Consejo de Participación Ciudadana (Título I, Cap. II, Sección 2ª, arts. 29 y 30) con nuevas funciones, sirviendo de coordinación de los consejos comarcales de ciudadanía activa (nuevos órganos que funcionarán como extensiones territoriales del primero y al cual trasladarán sus debates y propuestas) existentes (art. 31); aunque se pierde una oportunidad única de integrar en un único órgano los distintos consejos participativos existentes a nivel sectorial; en estos la representación de la ciudadanía nunca podrá ser inferior al 60% de la composición total, contando con una composición equilibrada (que no paritaria) intersexos y una presencia reforzada de jóvenes.

En cuanto a la iniciativa ciudadana en materias no de ley (Título I, Cap. I, Sección 4ª, arts. 14-16), las propuestas requerirán 5.000 avales en un periodo de 5 meses para prosperar. En este caso, obligarán al departamento competente a emitir un informe de valoración técnica, económica y de oportunidad en un periodo máximo de 3 meses. En el ámbito formativo (Título II, Cap. I, art. 34) se incide en la importancia de los programas de formación y promoción para consolidar la cultura participativa en el conjunto de la sociedad valenciana (especialmente en la infancia, adolescencia y juventud), a través del sistema educativo valenciano (art. 36) y a través de la Red de Gobernanza Participativa de la Comunitat (art. 37), de base municipal. También se fomenta la innovación y la investigación a través de la colaboración con las universidades públicas valencianas, el movimiento asociativo (al que se dedica el Cap. III del Título II) y otras administraciones públicas. Incentivándose, además, la innovación con la implantación de laboratorios ciudadanos conformados como espacios de deliberación y generadores de propuestas para afrontar los nuevos retos sociales. Por último, la futura ley reconoce el papel fundamental de las entidades asociativas para el fomento de la participación de la sociedad civil en la vida pública; estableciéndose la elaboración de un plan de participación con una vigencia de tres años (que contrasta con el periodo bianual de los planes de acción de gobierno abierto o transparencia diseñados e implementados hasta la fecha).

Por último, se aborda la participación de las personas valencianas en el exterior (Título III), con el fin de fomentar y mantener sus vínculos vernáculos. Se dota de continuidad a los centros de valencianos en el exterior (Cevex) como principales espacios de participación (arts. 51 y 52), se sustituye la denominación del hasta ahora vigente "Consejo de Centros Valencianos en el Exterior" que pasa a denominarse "Consejo de Personas Valencianas en el Exterior" (art. 53) y que, como novedad, contará con la representación de ciudadanía activa no asociada. Regulándose un periodo transitorio, hasta la constitución de la nueva organización de los (Disposición Transitoria 2ª). Es intención del legislador valenciano garantizar una igual participación de los valencianos residentes en el exterior que los que, por el contrario, sí lo hacen en el territorio de la Comunitat (art. 50.1), a tal fin se garantiza su condición mediante una declaración responsable (art. 50.2) y creándose un registro electrónico a tal efecto (art. 54) que se incardina en el portal de participación de la Generalitat (GVA Participa). El texto pone, pues, especial énfasis en la juventud valenciana desplazada con el objetivo de facilitar su retorno a la Comunitat Valenciana[326], habiéndose implementado distintas iniciativas normativas a tal fin en el caso de ciertos colectivos (investigadores).

Como conclusión anticipada cabe señalar que la experiencia en la institucionalización de la transparencia ha evolucionado desde un enfoque centrado en la lucha contra la corrupción hasta la actual mayor relevancia de la transformación digital y la gobernanza abierta. En este sentido, cabe señalar que la construcción *ex novo* del marco de integridad valenciano (valorado positivamente por la Comisión Europea en sus últimos informes sobre prevención y corrección de desequilibrios macroeconómicos en España, como se señala en la evaluación anteriormente destacada) permite constatar que nos hallamos ante uno de los ámbitos que con mayor firmeza y solvencia se han desarrollado en el ámbito de la Carta de Derechos Sociales sin olvidarse de una mirada igualitaria e inclusiva que desea dejar a ningún colectivo al margen.

EL PODER DEL COMÚN: ASOCIACIONISMO, COOPERATIVAS Y COLEGIOS PROFESIONALES

Consciente del beneficio social del lema la "unión hace la fuerza", el legislador valenciano ha querido desarrollar tres proyecciones del poder del común a partir de la Carta, estos son los siguientes:

A) Asociacionismo. Dado que en 2008 (poco antes de aprobarse la Carta) se aprueba el marco jurídico común para asociaciones no sometidas a legislación específica (Ley 14/2008, de 18 de noviembre[327]). Su objeto, la regulación, promoción y el fomento de asociaciones de carácter "docente, cultural, artístico y benéfico-asistencial, de voluntariado social o semejante", cuyo ámbito territorial se cir-

---

326 El texto legal ha sustituido el término "retornados", que figuraba en el proyecto de Ley incluso durante su tramitación parlamentaria, para evitar o sortear su significado auténtico a través del cual se denominaba a los antiguos esclavos que regresaban a sus países de origen.

327 DOCV núm. 5900, de 25 de 11 de 2008, pp. 87872-87892 y BOE núm. 294, de 6 de diciembre de 2008, pp. 48922 a 48935.

cunscriba a la Comunitat Valenciana. El modelo asociativo se inspira en unos principios informadores (promoción; protección institucional; modernización de los instrumentos de organización, coordinación y funcionamiento; así como fomento del asociacionismo de interés público). Definiéndose el marco institucional (Tít. I), régimen jurídico (Tít. II) y organización y funcionamiento (III).

Este no ha impedido que se apruebe un marco específico (Ley 4/2023, de 13 de abril) que a pesar de regular la participación ciudadana subtitula el texto legal como de "fomento del asociacionismo", incidiéndose en el ámbito general, previamente regulado. A pesar de que su motivación ignora la Carta (aunque no así otros desarrollos legales aprobados con posterioridad, es el caso de las Leyes 26/2018, de 21 de diciembre, de derechos y garantías de la infancia y la adolescencia y 15/2017, de 10 de noviembre, de políticas integrales de juventud que se citan expresamente en su Preámbulo), la introducción de medidas de fomento son la vía que el legislador valenciano busca para consolidar (y, también, reforzar) una cultura participativa, uno de los ejes de actuación de la Agenda 2030 (mencionando, expresamente, en su exposición de motivos la meta 16.7 de los ODS, que trata de "garantizar la adopción en todos los niveles de decisiones inclusivas, participativas y representativas que respondan a las necesidades").

Ya en el interior de su articulado, se concretan medidas de fomento del asociacionismo (Cap. 3°, Tít. II), como "vía esencial y cualificada de la participación de la ciudadanía". Generando un deber genérico de promoción (art. 33) trasladado a los poderes públicos respecto de aquellas entidades ciudadanas (exigiéndoles personalidad jurídica y liberalidad) que realicen proyectos participativos; haciendo accesible (art. 39) dicha participación para los colectivos con mayores dificultades; incluyendo, por último, un mandato promocional del asociacionismo (art. 40.3) entre la población más joven (incluidos menores y adolescentes).

B) Cooperativas. En desarrollo de la competencia "exclusiva" sobre cooperativas (art. 49.1.21ª EACV) durante la vigencia de la Carta se ha aprobado la Ley 4/2014, de 11 de julio, de modificación de la Ley 8/2003, de 24 de marzo, de la Generalitat, de Cooperativas de la Comunitat Valenciana[328] que modifica ampliamente dicho marco legal, posibilitando la armonización con el resto de la legislación cooperativa española en algunas de sus regulaciones esenciales y facilitando, a su vez, el pleno desarrollo del cooperativismo valenciano dotándole de los instrumentos idóneos para alcanzar sus objetivos societarios y sociales. Por lo que ahora interesa, su Disposición Final 1ª autorizaba al Consell para que, mediante decreto legislativo aprobase un texto refundido de la Ley de Cooperativas de la Comunitat Valenciana, al que se incorporaran las disposiciones vigentes sobre la materia. A través de los Decretos Legislativos 1 y 2/2015, de 10 de abril y 15 de mayo, del Consell, mediante los cuales se aprueban tanto el texto refundido de la Ley de regulación de la actuación financiera de las cooperativas con sección de crédito en la Comunitat Valenciana[329], como el texto refundido de la Ley de Cooperativas de la Comunitat Valenciana[330], se da cumplimiento a dicho mandato. Es este uno de los pocos desarrollos legales de la Carta por parte del Gobierno popular que permanecen todavía vigente.

C) Consejos y colegios profesionales. En el ámbito de la denominada Administración "corporativa" cabe destacar la Ley 4/2019, de 22 de febrero, de modificación del capítulo II del título III de la Ley 6/1997, de 4 de diciembre, de Consejos y Colegios Profesionales de la Comunitat Valenciana[331] que introduce tres nuevos preceptos para garantizar la eficacia del mandato legal y proteger los derechos ciudadanos frente a quiénes ejercen una profesión colegiada sin estarlo (intrusismo) o, incluso, lo siguen haciendo tras una prohibición judicial o encontrarse suspendidos. Resultado de una Proposición legal (impulsada por el Grupo Parlamentario de Compromís) que conto con el apoyo unánime de la Cámara valenciana.

D) Estatuto consumidores y usuarios. En aplicación del principio rector de la política social y económica de defensa de las personas

---

328 DOCV núm. 7319, de 17 de julio de 2014, pp. 17728-17745 y BOE núm. 186, de 1 de agosto de 2014, pp. 14308-14345 (Disposición derogada).

329 DOCV núm. 7505, de 15 de abril de 2015, pp. 11276-11281.

330 DOCV núm. 7529, de 20 de mayo de 2015, pp. 14741-14807.

331 DOCV núm. 8495, de 27 de febrero de 2019, pp. 19003-19011 y BOE núm. 69, de 21 de marzo de 2019, pp. 28834- 28835.

consumidoras y usuarias (cuya garantía imponen a los poderes públicos el artículo 51.1 y 2 CE y el art. 9.5 EACV), a través de políticas favorables y sus derechos de asociacionismo, se ha aprobado la Ley 6/2019, de 15 de marzo, de la Generalitat, de modificación de la Ley 1/2011, de 22 de marzo, por la que se aprueba el Estatuto de las personas consumidoras y usuarias de la Comunitat Valenciana[332]. Si la segunda había sido una aplicación material directa de la reforma estatutaria sustanciada en 2006[333] concretando el primer estatuto del colectivo, habiendo sido materializada tan sólo un año antes de ser aprobada la Carta, la segunda ha quedado finalmente integrada en el Decreto Legislativo 1/2019, de 13 de diciembre[334], refundiéndose cuantas modificaciones habían acontecido hasta la fecha.

Las relaciones de consumo presentan una naturaleza esencialmente dinámica que ha ido ganado complejidad con el paso del tiempo, como consecuencia de la aparición de nuevos productos y/o modalidades contractuales, que plantean nuevas exigencias. El legislador valenciano ha entendido necesario ampliar la garantía del derecho a la información de los consumidores y usuarios; proporcionándoles una mejor defensa frente a "prácticas comerciales engañosas y desleales y cláusulas abusivas por parte, fundamentalmente, de entidades comerciales con una posición de dominio" e introduciendo, a su vez, ciertas mejoras posibilitadoras de hacerlas compatibles con la defensa de otros derechos sociales básicos, como es el caso del derecho a la vivienda[335]. En el sentido apuntado, la ley autonómica busca garantizar el derecho de las personas consumidoras en materia

---

332 DOCV núm. 8510, de 21 de marzo de 2019, pp. 13859-13864 y BOE núm. 90, de 15 de abril de 2019, pp. 39165-39172 (disposición derogada).

333 Una materia en la que la Comunitat Valenciana ostenta la competencia exclusiva al incluir la "defensa del consumidor y del usuario", según dicción literal, entre las materias relacionadas en el art. 49.1. 35ª EACV.

334 DOCV núm. 8704, de 24 de diciembre de 2019, pp. 55965-56003

335 Se ha aprobado recientemente la Ley 2/2017, de 3 de febrero, de la Generalitat, por la función social de la vivienda de la Comunitat Valenciana, y puede referirse a nivel estatal la Ley 1/2013, de 14 de mayo, de medidas para reforzar la protección a los deudores hipotecarios, reestructuración de deuda y alquiler social (BOE núm. 116, de 15/05/2013), una de las pocas normas estatales dictadas como consecuencia de una acción legislativa popular (reformulada por el legislador estatal) destinada a aliviar la situación

de titulización hipotecaria y otros créditos, así como evitar las prácticas comerciales antes apuntadas.

El contenido del texto refundido concreta tales derechos, en particular en su Título I ("Disposiciones Generales") y su Título II ("Derechos de las personas consumidoras y usuarias"). Así, en el primero aparecen concretados los derechos "básicos" (art. 4) del colectivo, tales como la protección de riesgos, de sus legítimos intereses "económicos y sociales" (especialmente frente a las prácticas comerciales "desleales" o las "prácticas abusivas), a la indemnización del daño producido y su reparación, a la información "correcta y suficiente" y la orientación, a la educación o formación específica o al asociacionismo en defensa de sus legítimos intereses, a la participación y audiencia, así como a disponer de procedimientos eficaces de protección (especialmente ante situaciones las situaciones de "inferioridad, subordinación e indefensión" que puedan encontrarse tanto individualmente o como grupo); haciendo un especial hincapié en los derechos lingüísticos (art. 8) que se concretan en el uso indistinto de las lenguas "oficiales" en territorio valenciano o la inclusión del principio de no discriminación lingüística, que impide en todo caso la falta de atención o su incorrección por el uso de cualquiera de las dos lenguas. También, incorpora un mandato a los poderes públicos de fomento del uso del valenciano "en las relaciones de empresas y profesionales" en su relación con el colectivo; adoptándose medidas para que tanto las condiciones generales de los contratos como las ofertas comerciales de todo tipo puedan facilitarse en la lengua propia, especialmente por lo que hace a los considerados "servicios básicos".

Es interesante hacer notar que la norma concreta la naturaleza (art. 5) de tales derechos, a los que se les califica como de carácter "imperativo"; imposibilitando tanto su renuncia como cualquier pacto que pretenda excluir la aplicación de la normativa vigente (que se garantiza, también, frente a los posibles actos "en (su) fraude"). Por último, no cabe olvidar la cláusula más beneficiosa al consumidor

---

de los deudores hipotecarios frente a la multiplicación de los desahucios como efecto colateral de la crisis económica y financiera de 2008.

y/o usuario en caso de conflicto con cualquier otra norma de Derecho autonómico.

Igualmente, se concretan los "colectivos de especial protección" (art. 6) que reúnen unas mismas circunstancias ("situación de inferioridad, subordinación, indefensión o desprotección más acusada por razón de su edad, origen o condición") y que el texto legal especifica: menores (niños y adolescentes); personas con diversidad funcional (física o motriz; visual; auditiva; psíquica o intelectual; o, incluso, multisensorial); mayores; migrantes; desplazados; y víctimas de violencia de género, respectivamente (posibilitando la ampliación de dicho catálogo reglamentariamente). Regulándose a continuación las denominadas "actuaciones de protección prioritarias" (art. 7), que alcanzan, en general, tanto a los productos o servicios de uso o consumo común y ordinario como, en especial, a aquellos bienes y productos de primera necesidad, servicios esenciales o de interés general, siendo todos ellos "objeto de atención, vigilancia y control prioritario" por parte de las Administración de la Generalitat. Especial protección que se extremará en una serie de supuestos: seguridad de los juguetes y artículos destinados a la infancia [art. 6. 2 a)]; idoneidad y composición de los productos infantiles, etiquetado e información ofrecida sobre los mismos [art. 6.2. b)]; publicidad dirigida al público infantil y adolescente [art. 6.2.c)]; accesibilidad de las personas con diversidad funcional [art 6.2. d)]; veracidad de los mensajes publicitarios sobre los productos alimentarios dietéticos, nutricionales, ecológicos y funcionales para evitar generar una "información falsa, tendenciosa o insuficiente" [art 6.2. e)]; y eficacia y agilidad en la resolución de controversias, especialmente cuando afecten a residentes temporales [art 6.2.f)].

En el segundo, se concretan otros derechos dignos de mención como los siguientes: derecho a la protección de la salud y seguridad (Cap. I, art. 16); derecho a la protección de los legítimos intereses económicos y sociales (Cap. II, art. 18); así como el derecho a la indemnización de los daños y a la reparación de los perjuicios sufridos (Cap. III, art. 21), que imponen una serie de obligaciones positivas por parte de los poderes autonómicos que se concretan en su articulado.

Por último, cabe señalar que el Cap. 2º del Título I recoge el catálogo de agentes del sistema de protección y defensa, destacando la creación del Consejo de Personas Consumidoras y Usuarias de la Comunitat Valenciana (art. 11). Y por otro, que el Título III se encuentra dedicado a concretar los mecanismos de protección administrativa, respectivamente.

Entre otras el paquete de propuestas legislativas sobre residuos con el objeto de reducir los depósitos en vertederos y aumentar el reciclado y la reutilización, que finalmente se han materializado mediante la aprobación de las Directivas siguientes:

- Directiva (UE) 2018/851 del Parlamento Europeo y del Consejo, de 30 de mayo de 2018, por la que se modifica la Directiva 2008/98/CE sobre los residuos (no está de más recordar que este último instrumento había sido el instrumento legislativo encargado de incorporar las políticas de prevención y las obligaciones de reciclaje contenidas en el Sexto Programa Comunitario en Materia de Medio Ambiente).
- Directiva (UE) 2018/850 del Parlamento Europeo y del Consejo, de 30 de mayo de 2018, por la que se modifica la Directiva 1999/31/CE relativa al vertido de residuos.

E) Cooperativas. A propuesta de la Confederación de Cooperativas de la Comunitat Valenciana (Concoval), el máximo órgano de representación de las cooperativas y de sus organizaciones en el ámbito territorial valenciano, se formuló en 2022 una propuesta de modificación de la legislación valenciana en materia de cooperativas, ante la Conselleria de Economía Sostenible, Sectores Productivos, Comercio y Trabajo que, tras su paso preceptivo por el Consejo Valenciano del Cooperativismo, se convirtió en el Decreto Ley 4/2023, de 10 de marzo, del Consell de modificación del Decreto Legislativo 2/2015, de 15 de mayo, del Consell, por el que se aprueba el texto refundido de la Ley de cooperativas de la Comunitat Valenciana[336], validándose finalmente por las Corts Valencianes[337].

---

336 DOCV núm. 9554, de 15 de marzo de 2023, pp. 15896-15913.

337 Resolución 656/X, del Pleno de las Corts Valencianes, sobre la convalidación del Decreto ley 4/2023, de 10 de marzo, del Consell, de modificación

Tales modificaciones, tanto de carácter sustantivo como por lo que hace al procedimiento registral (regulándose un procedimiento abreviado en cuanto a la constitución y disolución de cooperativas), venían obligadas por una serie de cambios legislativos y circunstancias diversas: la modificación por procedimiento de urgencia del Reglamento de registro de cooperativas, que había sido operada con anterioridad mediante el Decreto Legislativo 2/2015, de 15 de mayo, del Consell, por el que aprueba el texto refundido de la Ley de Cooperativas de la Comunitat Valenciana[338], que necesitaba de algunas habilitaciones legales (fundamentalmente, la encomienda de gestión al Registro Mercantil sobre las funciones del Registro de Cooperativas); la Ley 3/2023, de 13 de abril, de viviendas colaborativas de la Comunitat Valenciana[339], que necesitaba previamente de modificaciones de índole sustantiva en la Ley de Cooperativas; la crisis económica derivada de la alta inflación que ha exigido adaptaciones específicas en el sector cooperativo (posibilita la ejecución del plan de apoyo y fomento del cooperativismo de la Comunitat Valenciana —Fent Cooperatives— en coherencia con las modificaciones incorporadas en la Ley 8/2022, de 29 de diciembre, de medidas fiscales, de gestión administrativa y financiera, y de organización de la Generalitat [340]) y afianzando la colaboración institucional (que ha propiciado, entre otros aspectos, la reciente regulación de las cooperativas de iniciativa social, así como su declaración de utilidad pública); la necesidad de implantar herramientas que favorezcan el acceso a los fondos Next Generation; así como el surgimiento de las comunidades energéticas a través de cooperativas, extendiendo la calificación de cooperativas no lucrativas a todas las clases y actividades, favoreciendo la transformación de asociaciones, entre otros.

---

del Decreto legislativo 2/2015, de 15 de mayo, del Consell, por el que se aprueba el texto refundido de la Ley de cooperativas de la Comunitat Valenciana (RE núm. 70.526), aprobada en la sesión de 30 de marzo de 2023 (DOCV núm. 9572, de 12 de abril de 2023).

338 DOCV núm. 7529, de 20 de mayo de 2015.

339 DOCV núm. 9578, de 19 de abril de 2023, pp. 22753-22768; y BOE núm. 100, de 27 de abril de 2023, pp. 58251-58269

340 DOCV núm. 9501, de 30 de diciembre de 2022, pp. 71920-71073; y BOE núm. 52, de 2 de marzo de 2023, pp.31106-31298.

AFIANZANDO LA SOSTENIBILIDAD: CAMBIO CLIMÁTICO, TRANSICIÓN ECOLÓGICA Y ECONOMÍA CIRCULAR

Dentro de los compromisos adquiridos por el Consell en la X legislatura y la Declaración (institucional) de Emergencia Climática[341] (2019), y dentro del marco de acción climática de la UE y del Reino de España, el Gobierno del Botànic asumirá en su segundo mandato la responsabilidad de dotar de un mayor impulso a la lucha contra el cambio climático, ofreciendo respuestas tangibles ante la crisis ecológica y garantizando un nuevo marco normativo que permita conseguir la denominada "neutralidad" en el horizonte temporal de 2050 con el objetivo de avanzar en una sociedad y un territorio valenciano "resiliente" a los impactos del primero.

Compromisos programáticos todos ellos, vinculados con los mandatos estatutarios de "mantenimiento del paisaje, del territorio y del medio ambiente" y el impulso de un modelo de desarrollo "territorialmente equilibrado y sostenible", impulsando, a su vez, una "producción abiertamente sostenible" (arts. 18 y 19.1 EACV).

Culminando la legislatura que acaba de finalizar se aprobarán dos textos legislativos fundamentales en desarrollo de las previsiones estatutarias relacionadas con el medio ambiente y su reconocimiento ("toda persona tiene derecho a disfrutar de un medio ambiente seguro, sano y ecológicamente equilibrado", art. 17.2 EACV), que se completa con sendos mandatos a los poderes públicos: el primero, concretado a continuación del precepto aludido ("la Generalitat protegerá el medio ambiente, la diversidad biológica, los procesos ecológicos y otras áreas de especial importancia ecológica") y el segundo, en el precepto que cierra el Título II, referido a los derechos de los valencianos ("la Generalitat impulsará un modelo de desarrollo equitativo, territorialmente equilibrado y sostenible, basado en la incorporación de procesos de innovación [...] la producción ambientalmente sostenible y una ocupación estable y de calidad en

---

341 Disponible en la siguiente dirección web: https://agroambient.gva.es/documents/163279113/168811583/Declaraci%C3%B3n/439c2767-f807-40b0-ac61-0d2d35bb27c8

la que se garantice la seguridad y la salud en el trabajo", art. 19.1). Estos dos textos legislativos son, por un lado, la Ley 6/2022, de 5 de diciembre, del Cambio Climático y la Transición Ecológica de la Comunitat Valenciana[342] (LCCyTE); y, por otro, la Ley 5/2022, de 29 de noviembre, de residuos y suelos contaminados para el fomento de la economía circular en la Comunitat Valenciana[343] (LRSCyEC), respectivamente.

La primera de las acciones legislativas resulta coherente con los objetivos de la agenda global hacia el desarrollo sostenible, marcada por tes hitos fundamentales: el Acuerdo de París, de 12 de diciembre de 2015[344]; el desarrollo de sus reglas, a través del paquete de medidas adoptado en la Cumbre del Clima de Katowice (COP 24)[345]; así como los Objetivos de Desarrollo Sostenible de la Agenda 2030 para el Desarrollo Sostenible[346]; objetivos declarados de dos leyes estatales integrados en el Plan Nacional Reformas (Leyes 7/2021, de 20 de mayo, 7/2022, de 8 de abril, de cambio climático y transición energética[347] y de residuos y suelos contaminados para una economía circular[348], respectivamente) que inspirarán la acción del legislador

---

342 DOCV núm. 9486, de 9 de diciembre de 2022, pp. 65287-65364; y BOE núm. 43, de 20 de febrero de 2023, pp. 25144-25235.

343 DOCV núm. 9482, de 1 de diciembre de 2022, pp. 64009-64096; y BOE núm. 34, de 9 de febrero de 2023, pp. 18715-18815.

344 Instrumento de ratificación del Acuerdo de París, hecho en París el 12 de diciembre de 2015 (BOE núm. 28, de 2 de febrero de 2017, pp. 7703-7727).

345 En la siguiente nota informativa del Ministerio para la Transición Ecológica aparecen detalladas tanto las directrices sobre mitigación como el marco de transparencia adoptado en el Acuerdo de París, principal contenido del libro de reglas adoptado en la Cumbre del Clima celebrada en Katowice el 15/12/2018. Puede consultarse en la siguiente dirección web: https://www.miteco.gob.es/es/prensa/181215terminalacumbredelclimadekatowice_tcm30-485589.pdf

346 Disponible en la siguiente dirección web: https://www.un.org/sustainabledevelopment/es/objetivos-de-desarrollo-sostenible/

347 BOE núm. 121, de 21 de mayo de 2021, pp.62009-62052. Se aprueba de conformidad al Reglamento 2018/1999, de 11 de diciembre de 2018 (Ref. DOUE-L-2018-82105) y traspone, parcialmente, la Directiva (UE) 844/2018, de 30 de mayo (Ref. DOUE-L-2018-81023).

348 BOE núm. 85, de 9 de abril de 2022, pp. 48578- 48733. Asimismo, traspone las siguientes directivas: Directiva (UE) 2019/904, de 5 de junio (Ref.

autonómico y que persiguen una profunda transformación del modelo económico, así como conquistar un nuevo "contrato social" de prosperidad inclusiva, a partir de la estrategia globalista mencionada. Más concretamente, la primera (que tiene carácter básico posibilitando un nivel de protección mayor en el ámbito autonómico), persigue la descarbonización de la economía española con el propósito de reducir un 40% las emisiones contaminantes en 2030 (igual que, con perspectiva del 205 el 100% de la energía provenga de fuentes renovables). La segunda, propiciar la transición a un modelo económico "circular", que garantice el uso racional y solidario de los recursos. Ambas implican una severa transformación del modelo económico hasta ahora vigente y avanzar hacia un (nuevo) "contrato social" para el s. XXI (también calificado de "prosperidad inclusiva", Costas Comesaña, 2021).

En el primero de los ámbitos la actuación del Consell, hasta llegar a la nueva ley autonómica, se había centrado en diversas estrategias de actuación (periodo 2008-2012 que comprendía el periodo de aplicación del Protocolo de Kioto, finalizando con la puesta en marcha de la Carta valenciana; y periodo 2013-2020, cuya revisión estratégica ha propiciado la actualmente vigente 2020-2030, a partir de su actualización al Acuerdo de París y los compromisos adquiridos por la UE), que han configurado el cambio climático como una prioridad estratégica para el Gobierno valenciano. Así como la aprobación del Decreto ley 14/2020, de 7 de agosto, del Consell, de medidas para acelerar la implantación de instalaciones para el aprovechamiento de las energías renovables[349]; un cambio de modelo cuyo giro generará una crisis política en el Departamento de Emergencia Climática y Transición Ecológica (al igual que, durante el primer mandato del Botànic, la introducción del sistema de reciclaje y recompensa (SDR), generó una crisis interna en Medio Ambiente).

DOUE-L-2019-81016) y Directiva (UE) 2018/851, de 30 de mayo (Ref. DOUE-L-2018-80998).

349 DOCV núm. 8893, de 28 de agosto de 2020, pp. 32878-32930. Convalidado mediante Resolución 14/X, de 4 de septiembre de 2020, de la Diputación Permanente (DOCV núm. 8904, de 14 de septiembre de 2020, pp. 34203-34203).

Dicho instrumento legal[350], a partir de las atribuciones que le sirven de fundamentación[351], incorpora algunas definiciones o "principios rectores" (Título Preliminar), contenidos los segundos pero no las primeras en su correlato estatal (Ley 7/2021); estos se revelarán más como orientaciones generales que como auténticos o verdaderos principios jurídicos con valor normativo, y que afectarán a ámbitos tan genéricos como la "cohesión social y territorial", la "salud pública", la "resiliencia" (finalmente no incorporada al articulado); la "no regresión" y la obligación de seguir la "evidencia científica disponible" sobre cambios de clima, entre otros. Se trata, por tanto, de un cúmulo de orientaciones que necesitarán, con posterioridad, de una concreción normativa ulterior como garantía de su plena efectividad, a partir de la naturaleza misma de los llamados "principios rectores" (de política social y económica). A continuación, se detallan en el ámbito territorial valenciano los aspectos competenciales y de gobernanza de la política climática (Título I), dando no sólo continuidad a la Comisión de Coordinación de Políticas de Cambio Climático [352]en su calidad de órgano técnico colegiado de coordina-

---

350 En la elaboración de la ley valenciana influyeron, sin dudas, otros precedentes legislativos aprobados en otros territorios, tales como la Ley 10/2019, de cambio climático y transición energética de las Islas Baleares (BOIB núm. 27, de 2 de marzo de 2019; y BOE núm. 89, de 13 de abril de 2019, pp. 38974-39031) y la Ley 8/2018, de 8 de octubre, de medidas frente al cambio climático y para la transición hacia un nuevo modelo energético en Andalucía (BOJA núm. 199, de 15 de octubre de 2018, pp. 14-53; y BOE núm. 269, de 7 de noviembre de 2018, pp. 108161-108201).

351 Entre los títulos competenciales que inciden sobre las materias reguladas en la Ley autonómica (expresamente atribuidas a la Generalitat por el EACV), se hallan las siguientes: ordenación del territorio y del litoral (artículo 49.1.9ª EACV); transporte (artículo 49.1.15ª EACV); urbanismo y la vivienda (artículo 49.1.9ª EACV); planificación económica e industria (artículo 52 EACV); instalaciones de producción, distribución y transporte de energía (artículo 49.1.16ª EACV); servicio meteorológico de la Comunitat Valenciana (artículo 49.1.32ª) o régimen energético (artículo 50.5 EACV).

352 Creada mediante Decreto 3/2013, de 4 de enero (DOCV núm. 6937 de 7 de enero de 2013, pp. 275-278), la Comisión garantiza la adecuada coordinación de los diferentes departamentos del Consell para el desarrollo de las políticas de cambio climático, realizando un seguimiento de la ejecución de la anteriormente mencionada Estrategia Valenciana ante el Cambio Climático (2020-2030).

ción y colaboración interdepartamental sino introduciendo un nuevo órgano de consulta y participación de la sociedad civil (Consejo Asesor y de Participación en Medio Ambiente[353]) y otro asesor del Consell de carácter técnico-científico (Comité de Expertos de Cambio Climático de la Comunitat Valenciana[354]) en los ámbitos apuntados (cambio climático y transición energética).

A continuación, tras incluir la citada Estrategia valenciana de cambio climático y energía (art. 10) se concretan los principales instrumentos de planificación (Título III): básicamente, el Plan Valenciano de Energía y Cambio Climático (Cap. I); los Planes de acción para el clima y la energía sostenible o para las instalaciones de energías renovables (Cap. II); los escenarios climáticos o inventario de emisiones de gases de efecto invernadero (Cap. III); o, incluso, la perspectiva "climática" (Cap. IV) que se introduce como novedad para la normativa proyectada. Por último el instrumento normativo también regula: la reducción de emisiones en las políticas sectoriales (Título III); las medidas de adaptación a los efectos del cambio climático y transición "justa" (Título IV); las políticas de concienciación, educación y ejemplificación en la Administración de la Generalitat (Título V); los instrumentos para la reducción de emisiones de gases de efecto invernadero y la adaptación al cambio climático (Titulo VI); y el marco sancionador y disciplinario en la materia (Título VII).

El segundo instrumento legislativo será el resultado de una Proposición de Ley[355] presentada en las Cortes Valencianas e impulsada por los grupos parlamentarios (Socialista, Compromís y Unides

---

353 Que había sido creado con anterioridad mediante Decreto 5/2016, de 22 de enero, del Consell, por el que se regula el Consejo Asesor y de Participación del Medio Ambiente (DOGV núm. 7705, de 26 de enero de 2016, pp. 1692-1694).

354 En la legislación básica del Estado de cambio climático y transición energética se crea y regula [art. 37 de la Ley 7/2021, enmarcado dentro del Título IX ("Gobernanza y Participación pública")], un órgano análogo, denominado "Comité de Personas Expertas de Cambio Climático y Transición Energética", responsable de evaluar y hacer recomendaciones sobre las políticas y medidas de energía y cambio climático", incluida las normativas.

355 Butlletí Oficial de les Corts Valencianes, núm. 137/X, de 27 de enero de 2021, pp. 29127-28202.

Podem) que daban soporte al Gobierno del Botànic. Está dirigida, según su parte expositiva, (párrafo I, *in fine*), "a fomentar la economía circular en la Comunitat Valenciana y a incorporar los criterios de economía circular en materia de política de residuos, así como a impulsar la prevención y reducción de la generación de residuos, la preparación de los residuos para su reutilización y reciclaje, y la reutilización y el reciclaje de los residuos, con particular atención a los residuos domésticos y comerciales, cuya competencia de recogida y tratamiento recae fundamentalmente en las administraciones públicas locales". Dedicando una parte mayoritaria de su articulado a aspectos vinculados a la prevención y la adecuada gestión de los residuos domésticos y comerciales, así como de los residuos de envases ligeros, especialmente de bebidas.

Persigue pues afianzar el modelo productivo valenciano, a partir de dos palancas: sostenibilidad y circularidad, habiendo sido uno de los "planes tractores" entorno a los cuáles se ha articulado la Propuesta de Estrategia Valenciana para la Recuperación (2020)[356]; habiéndose alineado también con las estrategias europea[357] y española[357] que se identifican con su mismo nombre.

---

356 Como respuesta a la pandemia, el Gobierno autonómico fomentó el diálogo con los agentes sociales e impulso acuerdos de amplio espectro (sociales, institucionales y políticos) buscando articular una hoja de ruta en la búsqueda de soluciones. Este documento es el resultado del llamado Acuerdo social Alcem-nos (julio 2020), donde se recogen más de 1.000, que el documento de la EVR articula. Igualmente, ha integrado las políticas de recuperación diseñadas en los últimos meses por la Unión Europea (Instrumento de Recuperación de la UE) y el Gobierno español (Plan de Recuperación, Transformación y Resiliencia). Las distintas versiones de dicho documento (Propuesta, Resumen Ejecutivo y Documento de Trabajo) están disponibles en la siguiente página web: https://presidencia.gva.es/es/web/gvanext/que-es-en-que-consisteix-

357 Entre los objetivos de la Estrategia Europea de Economía Circular (EEEC) figuran tanto la "ampliación de la escala de la economía circular" (extendiéndola a los principales agentes económicos), como el aseguramiento y racionalización del marco regulador, adaptándolo a un futuro sostenible para permitir la maximización de las oportunidades derivadas de dicho tránsito (tal y como establece la Comunicación de la Unión Europea), tal y como establece la Comunicación "Cerrar el círculo: un plan de acción de la UE para la economía circular" (COM (2015) 614 final), que la Comisión

---

Europea presentó el 2 de diciembre de 2015 al Parlamento Europeo, al Consejo, al Comité Económico y Social Europeo y al Comité de las Regiones. Disponible en la siguiente dirección web: https://eur-lex.europa.eu/legal-content/ES/TXT/?uri=CELEX%3A52015DC0614), y que forma parte de del conjunto de normas vinculadas a los objetivos del Pacto Verde y la neutralidad climática de la UE para 2050. En su "Introducción" señala que la transición a una economía más circular, en la cual el valor de los productos, los materiales y los recursos se mantenga en la economía durante el mayor tiempo posible, y en la que se reduzca al mínimo la generación de residuos, constituye una contribución esencial a los esfuerzos de la Unión Europea encaminados a lograr una economía sostenible, hipocarbónica, eficiente en el uso de los recursos y competitiva. Una transición de ese tipo brinda la oportunidad de transformar nuestra economía y de generar nuevas ventajas competitivas y sostenibles para Europa.

Añade la citada Comunicación que la economía circular impulsará la competitividad de la Unión Europea al proteger a las empresas contra la escasez de recursos y la volatilidad de los precios, y contribuir a crear nuevas oportunidades empresariales, así como maneras innovadoras y más eficientes de producir y consumir. Creará puestos de trabajo a escala local adecuados a todos los niveles de capacidades, así como oportunidades para la integración y la cohesión social. Al mismo tiempo, ahorrará energía y contribuirá a evitar los daños irreversibles causados en lo relativo al clima y la biodiversidad, y a la contaminación del aire, el suelo y el agua, a causa de la utilización de los recursos a un ritmo que supera la capacidad de la Tierra para renovarlos.

Aunque las estrategias europeas de circularidad se remontan a 2015, el primer paquete de medidas se ha aprobado en 2022 y contempla, entre otras, las siguientes medidas: i) Una propuesta de Reglamento sobre diseño ecológico de los productos sostenibles, que amplía el ámbito de aplicación y establece criterios mínimos de eficiencia energética, circularidad y reducción global de la huella ambiental y climática de los mismos. ii) Una medida transitoria hasta la entrada en vigor del Reglamento, basada en un plan de trabajo sobre diseño ecológico y etiquetado energético para el periodo 20222024. ii) Una estrategia con medidas para promover textiles sostenibles y circulares de aquí a 2030, acompañada de una consulta, hasta el 15 de mayo, sobre cómo ayudar al ecosistema textil a dicha transición. iii) La revisión del Reglamento sobre productos de construcción de 2011. iv) Y una propuesta de Directiva sobre capacitación de los consumidores para mejorar la información y protección contra las prácticas desleales.

Hasta la fecha se han aprobado dos planes de acción de economía circular de la Unión Europea: "Cerrar el círculo: un plan de acción de la UE para la economía circular" (2015) y "Un nuevo Plan de Acción de Economía

Para el desarrollo de esta materia, la Generalitat se ha servido del art. 50.6 EACV[359], según el cual le corresponde, en el marco de la legislación básica del Estado, el desarrollo legislativo y la ejecución en materia de protección del medio ambiente, sin perjuicio de sus

---

Circular para una Europa más limpia y competitiva" (2020), además de con el Pacto Verde Europeo referido y la Agenda 2030 para el desarrollo sostenible.

358 La Estrategia Española de Economía Circular (España Circular 2030), aprobada el 6 de junio de 2020 por el Consejo de Ministros, alineándose con los objetivos de los dos planes de acción de economía circular de la UE. Posee, además, una visión a largo plazo, cuya consecución facilitarán sucesivos planes de acción trienales; el primero, aprobado el 25 de mayo de 2021. Este contempla 116 medidas que la AGE pondrá en marcha a lo largo del trienio 2021-2023 para consolidar un modelo económico circular y descarbonizado. Las medidas se articulan en torno a 5 ejes relacionados con el cierre del círculo (producción, consumo, gestión de residuos, materias primas secundarias, y reutilización del agua) y 3 líneas de actuación de carácter (sensibilización y participación; investigación, innovación y competitividad; y empleo y formación), a partir de indicadores comunes a los Estados Miembros de la UE; siendo el último en añadirse la participación del sector residuos a la emisión de gases de efecto invernadero.
Por último, el modelo organizativo de la Estrategia Española de Economía Circular (EEEc) establece la creación de un Consejo de Economía Circular con objeto de colaborar en la aplicación, seguimiento, revisión y elaboración de propuestas anuales en el marco de la misma y cuya composición cambiará cada tres años coincidiendo con el ámbito temporal de los Planes de Acción de Economía Circular (PAECs).
Puede consultarse dicho documento en la siguiente dirección web: https://www.miteco.gob.es/es/calidad-y-evaluacion-ambiental/temas/economia-circular/espanacircular2030_def1_tcm30-509532_mod_tcm30-509532.pdf

359 Este mismo precepto ha servido de base, con anterioridad, para la aprobación tanto de la (ya derogada) Ley 10/2000, de 12 de diciembre, de residuos y suelos contaminados de la Comunitat Valenciana (DOGV núm. 3898, de 15/12/2000 y BOE núm. 5, de 05/01/2001), mediante la cual se concretó el marco regulador de la política autonómica de residuos, de conformidad con la normativa básica estatal, y sus instrumentos de planificación autonómica en materia de residuos, a partir del principio general de coordinación competencial entre la Generalitat y las Administraciones locales en orden a una planificación concertada y eficaz, así como el actualmente vigente Decreto 55/2019, de 5 de abril, del Consell, por el que se aprueba la revisión del Plan integral de residuos de la Comunitat Valenciana (DOCV núm. 8536 de 26.04.2019, pp. 19686-19753).

facultades para establecer normas adicionales de protección. Esta competencia incluye, en todo caso, la regulación de la prevención de residuos de envases y embalajes (desde su generación a su conversión en residuos), así como su gestión, traslado y disposición final. En este ámbito, la Generalitat puede establecer políticas propias más exigentes, así como concretar y dotar de desarrollo las previsiones "básicas" en materia de medio ambiente habilitando legislativamente a las Corts Valencianes a dotarse de normas adicionales de protección como es el caso.

Aunque no sólo la atribución medioambiental le ha servido de fundamentación jurídica, al suponer un desarrollo o ejecución de la normativa europea[360] con incidencia en el ámbito competencial (art. 61.3.d) EACV)

Entre los objetivos contemplados por la Ley 5/2022 se encuentran los siguientes: a) Garantizar que los residuos se gestionarán sin poner en peligro la salud humana, mejorando la calidad de vida de los ciudadanos de la Comunidad Valenciana. b) Dar prioridad a las actuaciones tendentes a prevenir y reducir la cantidad de residuos generados y su peligrosidad. c) Obtener un alto nivel de protección, utilizando procedimientos o métodos que no provoquen incomodidad por el ruido o los olores, no atenten contra los paisajes o lugares de especial interés, ni perjudiquen el medio ambiente creando riesgos para el agua, el aire, el suelo, la flora y la fauna. d) Desarrollar instrumentos de planificación, inspección y control que favorezcan la suficiencia, seguridad y eficiencia de las actividades de gestión de los residuos. e) Asegurar la información a los ciudadanos sobre la

---

360 Directiva (UE) 2018/852 del Parlamento Europeo y del Consejo, de 30 de mayo de 2018, por la que se modifica la Directiva 94/62/CE relativa a los envases y residuos de envase.
Directiva (UE) 2018/849 del Parlamento Europeo y del Consejo, de 30 de mayo de 2018, por la que se modifican la Directiva 2000/53/CE relativa a los vehículos al final de su vida útil,
Directiva 2008/98/CE, del Parlamento Europeo y del Consejo, de 19 de noviembre, sobre residuos, denominada Directiva marco de residuos, que Directiva 2006/66/CE relativa a las pilas y acumuladores y a los residuos de pilas y acumuladores y la Directiva 2012/19/UE sobre residuos de aparatos eléctricos y electrónicos.

acción pública en materia de gestión de los residuos, promoviendo su participación en el desarrollo de las acciones previstas.

Después de una labor conceptual (Título I) donde podemos observar cómo nociones de la economía se deslizan al ámbito jurídico (algo que ya viene siendo costumbre en el Derecho Medioambiental desde hace tiempo), la Ley desarrolla algunos aspectos organizativos de interés (Título II, Cap. I), como la creación de la Agencia Valenciana de Residuos y Economía Circular (AVREC) configurada como "entidad de derecho público, integrada en el sector público administrativo de la Generalitat" (art. 8), a la cual se faculta para el ejercicio de potestades administrativas y la realización de actividades técnicas, prestacionales y de fomento en materia de residuos[361]. En este proceso de transición hacia el nuevo modelo económico, resultará fundamental el papel que deben jugar los agentes económicos y sociales; quizás sea la clave de la existencia de un Consejo de Participación (art. 17) (siguiendo la pauta de su correlato a nivel estatal) cuya "composición, estructura y funciones" determinarán los estatutos (todavía no aprobados) de la Agencia.

Como exponente de los instrumentos de planificación (Título III), el Plan integral de residuos de la Comunitat Valenciana (PIRCV) se erige en el instrumento director y coordinador de cuantas actuaciones se realicen en el territorio. Desde 1997, la Comunitat Valenciana contaba con un Plan integral de residuos, aprobado mediante Decreto 317/1997, de 24 de diciembre (modificado mediante el Decreto 32/1999, de 2 de marzo); con posterioridad fue aprobado uno nuevo mediante Decreto 81/2013, de 21 de junio (modificándose con posterioridad a través del Decreto 55/2019, de 5 de abril, por el que se aprueba la revisión del Plan integral de residuos de la Comunitat Valenciana[362]). Normativa que ha de completarse, entre otras normas, con la Ley 6/2014, de 25 de julio, de la Generalitat, de prevención, calidad y control ambiental de actividades en la Comunitat

---

[361] Como señalan los preceptos 3.1.c) y 155.1 y 4 de la Ley 1/2015, de 6 de febrero, de la Generalitat, de Hacienda Pública, del Sector Público Instrumental y de Subvenciones (DOCV núm. 7464, de 12/02/2015, pp. 4075-4145; y BOE núm. 49, de 26/02/2015, pp. 17042-17123).

[362] DOCV núm. 8536, de 26 de abril de 2019, pp. 19686-19753.

Valenciana[363], así como la Ley 2/1989, de 3 de marzo, de impacto ambiental[364].

A finales del mes de marzo, coincidiendo con el fin de la X legislatura, se hacía público que la Comisión Bilateral de Cooperación Administración General del Estado (AGE)-Generalitat había acordado iniciar negociaciones para resolver discrepancias sobre la constitucionalidad de la ley. En concreto, aquellas que tenían que ver con una serie de preceptos [arts. 2 (definiciones); 3 (ámbito de aplicación), 6 (clasificación y lista europea de residuos), 7 (principio de protección de la salud humana y el medio ambiente), 32 (entrada y salida de residuos de territorio nacional), 33 (autorización de las operaciones de recogida y tratamiento de residuos), 35 (Comunicación previa al inicio de las actividades de producción y gestión de residuos, 37 (Obligaciones del productor del producto), 41 (contenido mínimo de las normas que regulen regímenes de responsabilidad ampliada del productor), 43 (alcance de la contribución financiera de los productores del producto a los sistemas de responsabilidad ampliada), 47 (transparencia y diálogo en los sistemas d responsabilidad ampliada), 64 (archivo cronológico de la gestión de residuos), 67 (naturaleza y finalidad del nuevo impuesto especial sobre los envases de plástico no reutilizables) y las disposiciones adicionales 2ª 8regulación de las bolsas de plástico)y 5ª (normas sobre protección de la salud y prevención de riesgos laborales)], acordándose crear un grupo de trabajo *ad hoc* para elevar a la Comisión el acuerdo definitivo y comunicárselo con posterioridad al Tribunal Constitucional. Poco menos de un años antes, el Alto Tribunal[365] había estimado la

363 DOCV núm. 7329, de 31/07/2014, pp. 19079-19147 y BOE núm. 231, de 23/09/2014, pp. 74201-74281.

364 DOCV núm. 1201, de 8 de marzo de 1989, pp. 1391-1396 y BOE núm. 87, de 12 de abril de 1989, pp. 10530-10532

365 Pleno. Sentencia 76/2022, de 15 de junio de 2022. Cuestión de inconstitucionalidad 1679-2021. Planteada por el Juzgado de lo Contencioso-Administrativo núm. 2 de Alicante en relación con el artículo 60.2 de la Ley de las Corts Valencianes 6/2014, de 25 de julio, de prevención, calidad y control ambiental de actividades en la Comunitat Valenciana (BOE núm. 171, de 18 de julio de 2022, pp. 102360-102382).

cuestión de inconstitucionalidad (núm. 1679-2021[366]) planteada por el juzgado de lo Contencioso-Administrativo núm. 2 de Alicante en relación al art. 60 de la Ley 6/2014, de 25 de julio, de prevención, calidad y control ambiental de actividades en la Comunitat Valenciana[367], al atribuir efectos "positivos" al silencio en el otorgamiento de autorizaciones para actividades que requieran evaluación de impacto ambiental vulnerando las competencias de Estado tanto en materia de procedimiento administrativo común (art. 149.1.18 CE), como de legislación básica de medio ambiente (149.1.23 CE). Cabe recordar que, el fin perseguido por la ley valenciana tenía como finalidad la adaptación de los instrumentos de intervención ambiental vigentes a requerimientos legales más exigentes; limitando la autorización previa a los supuestos de actividades con una elevada o media incidencia ambiental y que, por motivos de interés público debían someterse a una autorización ambiental integrada o, incluso, licencia ambiental. Cuestión que está en el origen de la controversia que da origen a la cuestión de inconstitucionalidad elevada ante el Tribunal Constitucional.

---

366 Cuestión de inconstitucionalidad núm. 1679-2021, en relación con el artículo 60.2 de la Ley 6/2014, de 5 de julio, de prevención, calidad y control ambiental de actividades en la Comunitat Valenciana, por posible vulneración de los por posible vulneración de los arts. 149.1.18 y 149.1.23 CE. (BOE núm. 247, de 15 de octubre de 2021, pp. 125468-125468).

367 DOCV núm. 7329, de 31 de julio de 2014, pp. 19079-19147; y BOE núm. 231, de 23 de septiembre de 2014, pp. 74201-74281. Ley, por cierto, dictada al amparo del mandato constitucional de protección del medio ambiente (art. 45 CE) y en virtud de las competencias recogidas en el artículo 50.6 EACV (Protección del medio ambiente), sin perjuicio de las facultades de la Generalitat para el dictado de normas adicionales de protección en dicha materia.

XI. A modo de conclusión

Transcurridos diez años desde la aprobación de la primera Carta autonómica de Derechos sociales, un complemento necesario del Estatuto valenciano para evidenciar la relevancia de estos en la construcción del Estado autonómico social su irradiación sobre el ámbito competencial de la Generalitat, se hacía necesario y urgente preguntarse, también, acerca de cuál había sido su desarrollo real y específico en los últimos tiempos. Y de hacerlo con el propósito tanto de conocer las obligaciones de los poderes públicos valencianos derivadas de los principios (rectores), mandatos y directrices contenidos en dicho documento como, también, abordar la configuración legal en clave de derechos. Este es el propósito de la monografía que el lector tiene entre sus manos y que constituía, sin duda, una tarea que quedaba pendiente en el ámbito del Derecho autonómico valenciano., a pesar de los mucho que se ha publicado sobre los derechos estatutarios de los valencianos.

A pesar de que se trata de un texto pionero en el ámbito de las reformas territoriales desplegadas en la primera década del s. XXI, y único en su configuración legal (Ley 4/2012, de 15 de octubre) y características (carácter programático y garantista), cabe destacar que la demora en su aprobación ha perjudicado a su misma vigencia y efectos, condicionados por dos crisis: la económico-financiera, que tendrá su punto álgido en el año de su aprobación (recesión económica) y la pandémica, en los momentos finales del periodo estudiado. Y todos somos perfectos conocedores de los daños colaterales que las crisis (sea cual sea su origen) ocasionan tanto a los derechos sociales reconocidos como a sus proyectados desarrollos; aun así, en cuanto la situación económica resulta favorable el avance en la consolidación y conquista de nuevos derechos se hace inevitable, a pesar de la amenaza omnipresente de la deuda pública (cerrándose 2022 con con la cifra más alta en relación al PIB: 55.000 millones de euros).

Considero también que la inexistencia de una cartera departamental específica reservada a estos (igual que sucede en el ámbito estatal, a través del Ministerio de Derechos Sociales y Agenda 2023), ha impedido su seguimiento pormenorizado y el despliegue normativo de la Carta, al contrario de lo que se hizo con la norma institucional básica tras su aprobación (y que permitió un ingente desarrollo normativo en el Derecho civil foral, por ejemplo).

Otro debate bien distinto es el mayor o menor grado de originalidad de los derechos consignados en la misma, dado que su desarrollo legal ha venido a reiterar derechos que ya figuraban en la legislación sectorial específica, con lo que el interés pasa a los mecanismos de garantía de estos, como ha sucedido por ejemplo en el ámbito de los servicios sociales inclusivos.

Se podrá achacar a la Carta de Derechos sociales todos los déficits que se quiera (asistematicidad a la hora de estructurar principios y mandatos al legislador valenciano; falta de ambición o tibieza en su generalización o especificación; ausencia de garantías efectivas para darles cumplimiento...) pero en la mayoría de los casos éstos son directamente atribuibles a la controversia intrínseca entorno a su naturaleza, que ha provocado un intenso y fructífero debate en la doctrina constitucionalista.

Igualmente, en el ámbito contextual cabe destacar que el avance lento pero inexorable del modelo social, en permanente construcción, tanto a nivel europeo como español, y que ha recibido un gran impulso en los últimos años; algo que también se ha trasladado al desarrollo legislativo desplegado a partir de la Carta.

Los objetivos fijados por la UE en las áreas de igualdad de oportunidades y empleo, capacidades y protección e inclusión social que deben alcanzarse a finales de la década, en consonancia con los Objetivos de Desarrollo Sostenible (ODS) de Naciones Unidas; una "hoja de ruta" que ha permitido al Gobierno español no solo ir consolidando sino ampliar, también, los pilares de nuestro Estado Social (sanidad, educación, pensiones, dependencia y, muy recientemente, vivienda) a partir del sistema de gobernanza reforzado de la Agenda 2030 posibilitando una respuesta a la crisis multidimensional post-Covid. Precisamente, el hecho mismo de dichos avances hace que la Carta tenga que ser conceptuada como un instrumento flexible en constante redefinición.

La ingente producción legislativa autonómica, especialmente la acontecida en los últimos años, ha provocado que algunos consideren que el avance en materia de derechos sociales se ha dado más en el desarrollo que el mismo texto programático que ha sido analizado. Igualmente, la agenda social del Gobierno español ha venido a incidir con fuerza en determinados ámbitos, condicionando como se ha podido ver, la acción del legislador autonómico (vivienda, servicios sociales, transición energética, economía circular...), aunque este se haya adelantado en numerosas ocasiones al estatal (identidad y expresión de género, servicios sociales inclusivos, gobierno abierto...). Una acción, cuestionada, también ante la jurisdicción con resultado desigual (sanidad universal vs. derechos de tanteo y retracto en materia de vivienda).

En este contexto se hace preciso, también, actualizar los grandes ejes que articulan la Carta (igualdad de trato y no discriminación; lucha contra la pobreza y exclusión; igualdad de oportunidades; asistencia universal; inclusividad; defensa integral de la familia; protección reforzada de grupos vulnerables), que podían ser simplificados de conformidad al pilar "europeo" y sus indicadores de seguimiento, y que inspirará la acción del legislador a partir del ámbito competencial propio y específico (ya que ciertos ámbitos, como legislación laboral, prestaciones por desempleo o pensiones, por citar tres ejemplos que figuran entre los principios y derechos esenciales para el buen y justo funcionamiento de la economía social y de mercado y de los sistemas de bienestar europeos quedarían en el caso español fura del ámbito de competencias de la Comunitat y, muchos otros condicionados por la legislación básica estatal, como sucede en el caso de la igualdad de los españoles en el ejercicio de sus derechos y obligaciones constitucionales; la educación o la protección medioambiental, entre otros).

Lo que si resulta cierto es que la profundización en tales ejes por parte del legislador valenciano ha sido enormemente desigual si atendemos a sectores específicos (véase, por ejemplo, el contraste entre la "integralidad" en la defensa de la familia o la ofrecida al género, por ejemplo) o, incluso, la trasversalidad que se ha dejado sentir en múltiples áreas o ámbitos materiales (es el caso de la inclusividad proyectada en las áreas educativa, social —rebautizada a efectos organizativos como "políticas inclusivas"— o justicia, por citar algunos ejemplos).

Igualmente, los avances en la legislación valenciana de derechos sociales ha superado con creces la previsión normativa concretada en la Carta, dando sistematicidad propia a ciertos ámbitos [en concreto, el de la igualdad en la diversidad (de la orientación sexual); el de los servicios sociales inclusivos con todas sus extensiones y ramificaciones; o, incluso, el de la transición ecológica, que es el más reciente]. Por tal motivo, se ha llegado incluso a cuestionar su validez como "legislación de mínimos" incapaz de presentar un estándar de protección más perfeccionado que su ulterior desarrollo. De lo que no cabe ninguna duda es que más que su derogación, sería urgente una actualización más precisa que posibilitase su alineamiento con los ejes básicos de actuación con los marcos europeo y nacional, delimitando con mayor detalle las políticas públicas que estando en el ámbito competencial de la Generalitat podrían ser desarrolladas a partir de aquellos, sin caer tampoco en una mera trasposición (como ha sucedido, por ejemplo, en los ámbitos de transición ecológica y economía circular o, incluso, el de diversidad familiar, a pesar de no haberse concretado finalmente).

La Carta tampoco acierta, en muchas ocasiones, a la hora de determinar y especificar cuáles son los grandes ámbitos materiales (ampliados en otras Cartas-servicio de Derechos sociales, como la madrileña o la vasca) en que debe desenvolverse el reconocimiento de los derechos sociales (igualdad intersexos; familia; discapacidad funcional-en su denominación más actualizada y precisa-; migrantes...) lo que conduce, inevitablemente, a una recurrente confusión. Algo que hemos podido observar a través de los distintos desarrollos (directos, a partir de su configuración interna misma; de servicios públicos básicos o de referencia; afianzando "nuevos" pilares en la construcción del estado del bienestar; o desarrollando su carácter excluyente, reservado a ciertos grupos de población...) que se han producido y sobre el que ahora avanzaremos una serie de conclusiones.

La legislación en materia de promoción de la mujer e igualdad intersexos ha recibido un gran impulso durante la vigencia de la Carta, pese a tener pendiente el gran compromiso de modificar el instrumento básico (Ley valenciana de Igualdad 9/2003); sin embargo, sus actualizaciones parciales o los desarrollos de alguno de sus contenidos (paridad) trasladado a la totalidad de las instituciones y órganos (estatutarios) de autogobierno (Ley 12/2017, de 2 de noviembre) ha sido sin duda enormemente positivo. Por el contrario, la obsolescencia (no programada) de la Ley autonómica (2003) no ha podido ni siquiera ser evitada por la reforma (y sustitución) proyectada sobre la misma para avanzar en un ámbito de trasversalidad (género) que buscaba impregnar todas y cada una de las políticas del Consell a través de un impacto "colateral" de la que difícilmente podían escapar; impidiéndose trasladar a la misma algunas garantías "reforzadas" en los ámbitos del empleo y la ocupación (Real Decreto-ley 6/2019, de 1 de marzo) o ciertas definiciones de derecho antidiscriminatorio (Ley 4/2023) concretadas a nivel estatal, y que podían haberse sorteado a través de una delegación legislativa (como sí ha sucedido en el caso vasco: Decreto Legislativo 1/2023, de 16 de marzo, por el que se aprueba el texto refundido de la Ley para la Igualdad de Mujeres y Hombres y Vidas Libres de Violencia Machista contra las Mujeres[368]).

El avance en el ámbito de la violencia de género, también, resulta destacable, aunque más que por su desarrollo legal (siendo la Ley 7/2012, aprobada un mes más tarde que la Carta), por haberse alcanzado un pacto de estado (autonómico) congregando a la totalidad de las fuerzas políticas presentes en la Cámara (lamentablemente, su proyectada y anunciada actualización, no ha sido posible finalmente en este último mandato).

No quisiera, también, dejar pasar la oportunidad de destacar la *contradictio in terminis* que supone la defensa de planteamientos del feminismo "clásico" con otros que implican la autodeterminación "sexual", a partir de la doctrina "queer" (más allá del sexo), que ha permitido la conquista de nuevos derechos derechos LGTBiQ+ (identidad y expresión de género, despatologización de la transexualidad...), gracias al impulso legislativo autonómico (Leyes 8/2017 y 23/2018) incluso por delante del estatal (Ley 4/2023).

---

368 BOPV núm. 60, de 27 de marzo de 2023, pp. 1-58; y BOE núm. 89, de 14 de abril de 2023, pp. 53097-53149.

El desarrollo legislativo de las políticas "integrales" en favor de las familias ha sido, sin duda, el más deficiente; viniendo condicionado por el deseo de derogar de forma inmediata una de las pocas (si no la única) iniciativas legislativas "populares" que han tenido entrada en las Corts valencianas y resultando finalmente aprobadas: Ley 6/2009, de 30 de junio, de protección a la maternidad, centrada en la atención social a la mujer gestante, pero con una proyección transversal en la totalidad de la acción del Consell. En contraste, el Botànic ha impulsado, en tiempo de descuento del segundo de sus mandatos, un proyecto de Ley de Diversidad Familiar (finalmente caducado) que prácticamente trasladaba y reproducía en el ámbito autonómico la "pluralidad" de situaciones familiares otro proyecto estatal de similares características con la intención de garantizar el pleno reconocimiento jurídico una institución desdibujada eso sí en su carácter "matrimonial" (algo que proyectaba sobre la misma una tacha de inconstitucionalidad, advertida en sus antecedentes legislativos).

Por lo que hace a la diversidad funcional, la Ley 9/2018 (que actualiza el estatuto jurídico contenido en la Ley 11/2003 a la luz de la Convención de UN sobre Discapacidad) supone un marco legal integral de actuación respecto del colectivo, recogiendo su catálogo de derechos y garantizando el ejercicio libre de la autodeterminación personal, a través de comunicaciones accesibles (braille, signos, estenotipia u otros sistemas alternativos) que, no obstante, ya habían sido introducidas tempranamente en el estatuto jurídico de las personas con diversidad funcional. El reciente aval del Tribunal Constitucional a la LOMLOE, ha reabierto un interesante debate que enfrenta a la educación "inclusiva" (promocionada no sólo por la legislación básica estatal sino también por desarrollos autonómicos) y a la especial (configurada como centros de apoyo y recursos de la primera), sobre la base del derecho de todo estudiante a permanecer dentro del sistema educativo, garantizando la mejor atención en aras a optimizar sus capacidades y posibilitar su adaptación socio-laboral. La promoción, pues, de la primera es la tendencia (frente al mandato legal de desaparición de la segunda en un plazo de 10 años), aunque la falta de una planificación estatal (pese a haber trascurrido dos años desde la entrada en vigor de la norma) y la necesidad de mayores recursos para la integración de las personas con diversidad funcional en las aulas "ordinarias" plantean un horizonte de incertidumbre por salvaguardar.

En cuanto a los migrantes, por último, el desarrollo ha sido también prácticamente nulo, dada la vigencia del llamado "compromiso" de integración (introducido por la avanzada Ley 15/2008, de 5 de diciembre) que ha mantenido su vigencia a la espera de una actualización legal en el sector. Algo que no ha sucedido con otros colectivos, como el de los menores (niños y adolescentes) donde la legislación integral y en clave de derechos que existía (Leyes 12/2008 y 8/2008, esta última referida a sus derechos de salud) se ha visto sustituida por una nueva que les reconoce su ciudadanía activa y de pleno derecho (Ley 26/2018) proyectándose, a su vez, en otros ámbitos (como el educativo o el participativo, entre otros) y que podríamos considerar como uno de los desarrollos más auténticos de la Carta. Igual que sucede con la juventud (que cuenta con un nuevo marco "integral" a partir de la Ley 15/2017) y que, también, se verá reforzada en su aspecto asociativo recientemente. Sin olvidar, por último, el desarrollo del Derecho civil valenciano cuya frustrada (hasta la fecha) recuperación y blindaje constitucional ha tenido un protagonismo inusitado en estos últimos años, teniendo como ámbito subjetivo a alguno de los colectivos priorizados por la Carta.

En cuanto al desarrollo de los servicios sociales básicos, el balance que arroja el despliegue normativo de la Carta es desigual. El instrumento para recuperar la sanidad universal no fue el más idóneo (siendo el utilizado, también, para la adopción de medidas extraordinarias en la lucha sanitaria contra la pandemia) a la vista de su resultado, persiguiendo su "blindaje" (igual que el modelo de gestión sanitaria directa) a través de un cambio legislativo estatal que, finalmente, no se llegará a materializar. En el ámbito educativo, la introducción del plurilingüismo en el sistema educativo ha sido la prioridad, trasladando la iniciativa a los grupos parlamentarios de les Corts que daban soporte al Consell, tras el fracaso del decreto inicial, considerado discriminatorio. Tampoco puede considerarse positiva la conflictividad en la renovación de los conciertos (cuya normativa había sido renovada anticipándose a la LOMLOE) que ha llevado a una judicialización inusitada en el sector, negando la libre elección de modelo educativo a cientos de familias. Pese a ello, la gestión educativa del Botànic ha favorecido muchos elementos determinantes de la legislación básica estatal (coeducación, inclusividad o "contenidos" del nuevo currículo a partir de la Agenda 2030 y los ODS, entre otros), aunque incumplido el compromiso legislativo de desarrollar un marco "integral" en dicho ámbito.

El mejor ejemplo de que el avance de la legislación sectorial en materia de derechos sociales lo representa la Ley de Servicios Sociales inclusivos, una ley de carácter estructural (donde se integra el subsistema de atención a la dependencia y la renta garantizada de ciudadanía, entre otros) que diseña un sistema de servicios sociales como el de salud, con atención primaria, específica y residencial; dando entrada a nuevos derechos subjetivos (acceso al sistema público de servicios sociales que no ha podido garantizarse a nivel estatal, por cierto; o a las prestaciones y servicios del catálogo, siguiendo el modelo del sistema de atención a la dependencia), blindando su "esencialidad" y asegurando su protección jurisdiccional, entre otros aspectos destacables. Aspectos que ya son familiares a la dependencia y que, ahora, quieren extenderse en el ámbito del derecho subjetivo al acceso a una vivienda "digna y asequible"; ámbito en donde el TC ha avalado el decreto valenciano de tanteo y retracto para afianzar el parque público de vivienda, una de las grandes asignaturas públicas pendientes del autogobierno.

En el ámbito de los colectivos, sin duda, uno de los más beneficiados ha sido el LGTBiQ+ con el avance de leyes que garantizan y refuerzan sus derechos, y cuyo tenor se ha visto respaldado a nivel estatal con posterioridad. Más allá de los beneficios de la mención registral del sexo y ciertos protocolos (trans) y contenidos formativos (educación afectivo sexual, derechos e historia del movimiento LGTBiQ+) en el ámbito educativo, la cláusula antidiscriminatoria introducida en cada uno de los instrumentos autonómicos no amplifica la garantía constitucional vinculada al principio de igualdad de trato y no discriminación.

Por último, el ámbito de las garantías también ha sido desarrollado en la salvaguarda de los derechos de los valenciano-hablantes, aunque con desigual acierto. Contrasta la negociación del plurilingüismo en el ámbito de la enseñanza privada (titularidades) con otras acciones de refuerzo de la igualdad lingüística, como la cuestionada Oficina de Derechos Lingüísticos o los usos institucionales y administrativos de las lenguas oficiales en la Administración de la Generalitat, que serán finalmente declarados ilegales por vulnerar el reparto competencial. Debería aportarse por la convivencia lingüística y dejar de falsear el lenguaje llamando diversidad lingüística a lo que en realidad es una burda maniobra para excluir al castellano como lengua vehicular de la enseñanza y ciertos ámbitos institucionales. La recuperación del servicio público de radiodifusión (y su "esencialidad" jurídica) que representa un importante avance en cuanto a los desarrollos vinculados al fomento de la identidad, la cultura y la lengua de los valencianos, puede ser un potente instrumento en este sentido para facilitar dicho objetivo, sin exclusiones de ningún tipo.

Quiero referirme, a continuación, a escasa originalidad de los derechos incorporados en el catálogo de la Carta. Aun así, la introducción de ciertos derechos (sanidad y educación) silenciados sus versiones primigenias, han permitido un importante desarrollo tanto de la sanidad universal (ODS 3º) como de la educación inclusiva (la otra vertiente de la educación de calidad, ODS 4º), a través de normas de distinto rango normativo.

El ámbito de salud ha estado sacudido por los terribles efectos de la doble crisis que hemos padecido esta última década (económico-financiera y de salud pública, debido a la pandemia) garantizado (nominalmente) su acceso a una de las primeras normas (de urgencia) aprobada por el Botànic (Decreto ley 3/2015, de 25 de julio), que no ha impedido que ciertas poblaciones sean a fecha de hoy todavía exclisdas por el sistema como denuncian las organizaciones médicas; sin embargo, la aprobación de la Ley 10/2014, de 29 de diciembre, de Salud de la Comunitat Valenciana[369] anticipa el marco legal para gestionar eficazmente una pandemia que terminará por remover los cimientos del sistema valenciano de salud.

En el ámbito educativo, los esfuerzos se han centrado en dar solución a una de las grandes cuestiones pendientes en el sistema educativo valenciano, dar entrada a un sistema plurilingüe no inmersivo

---

369 DOCV núm. 7434, de 31 de diciembre de 2014, pp. 32201-32242 y BOE núm. 35, de 10 de febrero de 2015, pp. 11133-11181.

que debe ser perfeccionado, la implantación del nuevo modelo de FP o, incluso, el desarrollo de un programa complejo y completo en previsión de la legislación educativa básica aprobada en 2020.

Otros de los derechos de carácter social, singularmente incorporados a la Carta (atención gerontológica adecuada) no han recibido ningún desarrollo legal, se supone que más por depender de marcos institucionales ya superados (Plan Gerontológico Valenciano) que por diluirse en desarrollos legales que dan un tratamiento común a distintas realidades. Más en particular, cabe referirse al genérico derecho a la atención social que, en poco más de un lustro, ha convertido en exigible un derecho que hasta la fecha era un modelo asistencial. Al derecho de acceso a una vivienda digna qdesarue, a pesar de las regulaciones autonómica y estatal, no ha dado solución al problema manifestando cierta inoperancia de los poderes públicos a la hora de concretar medidas efectivas que ayuden a garantizar la efectividad paulatina del derecho. O, por último, el mismo derecho al cuidado, muy presente como vimos en borradores de distintas leyes proyectadas (igualdad de género o diversidad familiar) y que se ha quedado a las puertas de su configuración legal.

En cambio, otros derechos, por el contrario, sí han recibido un desarrollo digno de consideración. Como el derecho a un buen gobierno que, a pesar de las dudas que genera su consideración "social" ha propiciado marcos de integridad en el sistema institucional valenciano (especialmente tras las dos últimas legislaturas) deconstruyendo el marco normativo que sobre transparencia, buen gobierno y participación ciudadana (Ley 2/2015, de 2 de abril) aprobado al poco tiempo de la entrada en vigor de la Carta. El deseo de partir de cero en este ámbito para enterrar la considerada "hipoteca reputacional" hizo que el Botànic se aprestase a ir modificando por fases o secuencias la legislación en este ámbito (básicamente Leyes 1/2022 y 4/2023, de 13 de abril), completando dicho ámbito una pléyade de leyes (lobbies, presupuestos y cuentas abiertas, etc.) que han generado un armazón jurídico que ahora tiene tras de sí el reto de pasar de la normatividad a la practicidad a la hora de consolidar una gobernanza social e inteligente.

Igual sucede con el derecho a gozar de un "medio ambiente seguro, sano y ecológicamente equilibrado" (art. 17.2 EACV), que no puede desvincularse de cierto deber proteccionista traducido en una serie de importantes desarrollos legislativos que afectan al mercado: no sólo la ansiada transición ecológica (que no puede desvincularse de los efectos del cambio climático y sus soluciones) sino el cambio de modelo productivo (a partir del paradigma económico de la circularidad).

Qué duda cabe que el avance en el reconocimiento y garantía de derechos sociales exige la persecución ciertos objetivos políticos que constituyen la aspiración de una sociedad más justa y para ello se recurre, con mayor o menor acierto al lenguaje de los derechos. acertadamente o no, al lenguaje de los derechos. A la vista de lo analizado es más que cuestionable que la Carta haya sido un instrumento inspirador del despliegue normativo de los derechos subjetivos que ha ido incorporando la producción legislativa de las Corts valencianes, especialmente por el nulo número de textos que la incluyen expresamente como antecedente. Sin embargo, no cabe por ello minimizar su potencialidad para visibilizar el horizonte hacia el que queremos encaminarnos y, hacerlo, con una flexibilidad mayor que de la que goza nuestra norma institucional básica. Por este motivo y por los argumentos señalados con anterioridad sería oportuno y conveniente retomar su actualización, a través de un proceso participativo abierto a la ciudadanía, su actualización, aprovechando las novedades incorporadas en el último de los textos legales aprobados en las Corts valencianes la X legislatura y posibilitando su discusión y mejora más allá del trámite parlamentario clásico o, incluso, la participación de expertos. Aprovechando, también, la experiencia de esta última década que con sus aciertos y errores ayudaría, sin duda, a fortalecer y consolidar nuestro compromiso con los derechos sociales, algo de lo que no puede prescindir ninguna sociedad democráticamente avanzada.

Bibliografía

Agost-Felip, Mª Raquel (2022). "Protección de las personas mayores y de las personas en situación de dependencia. Apuntes desde el sistema público de Servicios Sociales", *Drets. Revista Valenciana de Reformes Democràtiques* (6), 181-196.

Aguiló Lucia, Lluís (2004). "Comunidad Valenciana" en Tornos Mas, Joaquín (Dir.) *Informe Comunidades Autónomas.* Barcelona: Instituto de Derecho Público, 297-339.

Aldeguer Cerdá, Bernabé (2020). "El impacto de las cuotas sobre la representación política de las mujeres en les Corts (1995-2019)", *Corts. Anuario de Derecho Parlamentario* (33), 239-279.

Álvarez Cuesta, Henar (2023). "Balance y perspectivas del Ingreso Mínimo Vital", *IgualdadES* (8), 227-249.

Andrés Segovia, Belén (2014). "Problemas planteados por el cierre de RTVV y el Decreto ley 5/2013 del Consell" en Boix Palop, Andrés y Vidal Beltrán, Jose Mª (Coords.) *La nueva regulación del audiovisual: medios, derechos y libertades.* Pamplona: Thomson Reuters-Aranzadi, 417-438.

AAVV (2017). *Informe jurídico-social sobre la situación de las personas migrantes en la Comunitat Valenciana.* Valencia: Instituto de Derechos Humanos-Universitat de València

AAVV (2023). *El derecho de tanteo y retracto en el marco de las políticas de vivienda pública. Implicaciones sociales y territoriales en el contexto valenciano.* Valencia: Cátedra de vivienda y derecho a la vivienda-Universitat València.

Balaguer Callejón, Mª Luisa (2005). "Trasversalidad de Género y Estatuto de Autonomía", *Revista Artículo 14* (18), 4-13.

Balaguer Callejón, Francisco (2008) «Derechos, principios y objetivos de los Estatutos de Autonomía reformados», *Anuario Jurídico de La Rioja* (13), 11-31.

Balaguer Callejón, Francisco (2009). "Los derechos sociales en los nuevos estatutos de autonomía" en AAVV. *La actualidad de los derechos sociales.* Bilbao: Ararteko, 11-26.

Balaguer Callejón, Francisco (2009) «Los derechos sociales en los nuevos estatutos de autonomía», en AAVV: *La actualidad de los derechos sociales.* Bilbao: Ararteko, 11-26.

Baño León, José Mª (Dir.) (2007). *Comentarios al Estatuto de Autonomía de la Comunitat Valenciana.* Pamplona: Thomson Reuters-Civitas.

Bar Cendón, Antonio (2012). "La política social de la UE", Lex Social: Revista de los Derechos sociales (2), 26-46.

Bar Cendón, Antonio (2014). "La política social de la Unión Europea" en Terol Becerra, Manuel y Jimena Quesada, Luis (Eds.). *Tratado sobre protección de derechos sociales.* Valencia: Tirant lo Blanch, 333-355.

Caamaño Domínguez, Francisco (2007) «Sí pueden (declaraciones de derechos y Estatutos de Autonomía)», *Revista Española de Derecho Constitucional* (79), 33 y ss

Barragué Calvo, Borja (2023). "España (no) es país para pobres. Apuntes sobre la teoría y la práctica del Ingreso Mínimo Vital", *IgualdadES* (8), 251-267.

Buchardó Parra, Anna (2023). "Revisión del art. 13 del Estatuto de Autonomía de la Comunitat Valenciana a la luz de los compromisos internacionales de España en materia de discapacidad" en Castellanos Claramunt, Jorge (Dir.). *Balance y perspectivas tras 40 años del Estatuto de Autonomía de la Comunitat Valenciana.* Valencia: Tirant lo Blanch.

Cabellos Espiérrez, Miguel Ángel (2008). "la relación derechos-Estado Autonómico en la sentencia sobre el Estatuto valenciano", *Revista d'Estudis Autonòmics i Federals* (7), 106-144.

Cabo, Antonio de (2009) "La renta básica como derecho social", en AAVV. *La actualidad de los derechos sociales.* Bilbao: Ararteko, 71-78.

Canosa Usera, Raúl (2013) "Derechos sociales y principios rectores en los Estatutos de autonomía. El modelo autonómico de Estado social" en López Guerra, José Luis; García Ruiz, José Luis; y García Fernández, Francisco Javier (Dirs.). *Constitución y desarrollo político: estudios en homenaje al Profesor Jorge de Esteban,* Valencia, Tirant lo Blanch, 673-720.

Caravantes López de Lerma, Gloria María (2019). «El derecho de participación en las políticas sociales: el proceso participativo para la elaboración de la Ley valenciana de Servicios Sociales», *Cuadernos de Trabajo Social* (33), 99-113.

Carmona Cuenca, Encarna (2006). "Los derechos sociales de prestación y el derecho a un mínimo vital", *Nuevas políticas públicas. Anuario multidisciplinar para la modernización de las Administraciones Públicas* (2), 173-197.

Carrillo, Marc (2007) «Los derechos, un contenido constitucional de los Estatutos de Autonomía», *Revista Española de Derecho Constitucional* (80), 49-73.

Cascajo Castro, José Luis; Terol Becerra, Manuel; Domínguez Vila, Antonio; y Navarro Marchante, Vicente (Coords.) (2012). *Derechos sociales y Prin-*

cipios rectores. Actas del IX congreso de la Asociación de Constitucionalistas de España. València: Tirant lo Blanch.

Castellanos Claramunt, Jorge y Arnau García, José Carlos (2021). "Los Grupos de Interés i Lobbies" en Martin Cubas, Joaquín, Garrido Mayol, Vicente y Roig Berenguer, Rosa (Coords). *Política y Gobierno en la Comunitat Valenciana.* Valencia: Tirant Lo Blanch, 359-370.

Catalá i Bas, Alexandre (2005) "La inclusión de una carta de derechos en los Estatutos de Autonomía", *Revista Española de la Función Consultiva* (4), 181-204.

Cortell Simón, Mª José (2022). "La renta valenciana de inclusión: de ayudas económicas asistenciales al derecho de garantía de inclusión social", *Drets. Revista Valenciana de Reformes Democràtiques* (6), 231-241.

Costas Comesaña, Antón (2021). "Un contrato social para la prosperidad inclusiva", *Temas para el Debate* (321), 27-30.

Cuenca Cervera, J. Javier (2022). "El derecho a gozar de servicios públicos de calidad: de la buena administración a las capacidades institucionales. El caso de la Generalitat Valenciana", *Drets. Revista Valenciana de Reformes Democràtiques* (6), 105-119.

Cuesta Arzamendi, José Luis; y Odriozola Gurrutxaga, Miren (2018). "Marco normativo de la memoria histórica en España: legislación estatal y autonómica. *Revista Electrónica de Ciencia Penal y Criminología* (20-08), 1-38

De Miguel Bárcena, Josu (2023). "*El Tribunal Constitucional y la eutanasia*". *El Mundo,* de 6 de abril. Disponible en https://www.elmundo.es/opinion/2023/04/06/642c5088e4d4d8570a8b458c.html

De Miguel Bárcena, Josu (2023). "*¿Es necesario un fiscal de Memoria Democrática?*". *El Mundo,* de 12 de junio. Disponible en https://www.elmundo.es/opinion/columnistas/2023/06/12/6484b5eafc6c83b3538b457b.html

Díez Sánchez, Juan José; y García Macho, Ricardo Jesús (coords.) (2019). *Comentarios a la Ley 2/2015 de 2 de abril, de Transparencia, Buen Gobierno y Participación Ciudadana de la Comunitat Valenciana.* Madrid: Editorial Reus.

Díez-Picazo Giménez, Luis María (2006) "¿Pueden los Estatutos de Autonomía declarar derechos, deberes y principios?", *Revista Española de Derecho Constitucional* (78), 63 y ss.

Díez-Picazo Giménez, Luis María (2007) "De nuevo sobre las declaraciones estatutarias de derechos: respuesta a Francisco Caamaño", *Revista Española de Derecho Constitucional* (81), 63 y ss.

Diez Velasco, Isabel (2023). "La protección de personas víctimas de trata en el anteproyecto de Ley Orgánica Integral contra la Trata y la Explotación de Seres Humanos: el caso de la infancia y las personas solicitantes de asilo", *IgualdadES* (8), 141-168

Expósito Gómez, Enriqueta (2007) «La regulación de los derechos en los nuevos Estatutos de Autonomía», *Revista d, Estudis Autonomics i Federals* (5), 147-01.

Fajardo García, Isabel Gemma (2022). "Els drets i deures de les valencianes i els valencians en ocasió del 40 aniversari de l´Estatut d´Autonomía de la Comunitat Valenciana", *Drets. Revista Valenciana de Reformes Democràtiques* (6), 5-20.

Flores Juberías, C. (2022). La Ley de "Memoria Democrática". *Razón Española* (229), 61-77.

Freixes Sanjuán, Teres; Sevilla Merino, Julia (Coords) (2005). *Género, Constitución y Estatutos de Autonomía.* Madrid: Instituto Nacional de Administración Pública.

Fukuyama, Francis (2019). *Identidad. La demanda de dignidad y las políticas de resentimiento.* Bilbao: Deusto.

Garrido Mayol, Vicente (Dir.) (2013). *Comentarios al Estatuto de Autonomía de la Comunitat Valenciana.* València: Tirant lo Blanch-Consell Jurìdic Consultiu Comunitat Valenciana.

Garrido Mayol, Vicente (2020). El ejercicio (¿libre?) de la prostitución. Entre la dignidad y la libertad individual de la persona en Valiño Ces, Almudena; Rodríguez Álvarez, Ana y Castillejo Manzanares, Raquel (Dirs). *El género y el sistema de (in)justicia.* València: Tirant lo Blanch. 335-355.

Garrido Mayol, Vicente (2020). El Plurilingüismo en la enseñanza., Una vida dedicada al Parlamento en AAVV, *Estudios en Homenaje a Lluís Aguiló i Lucía. València.* Valencia: Cortes Valencianas, 215-239

Garrido Mayol, Vicente (2022). "El derecho a una vivienda digna de las ciudadanas y ciudadanos valencianos", *Drets. Revista Valenciana de Reformes Democràtiques* (6), 243-246.

Garrido Mayol, Vcente (2022). "Vivienda y colectivos vulnerables" en Cervilla Garzón, Mª Dolores y Zurita Martin, Isabel (Dirs.). *Hacia una nueva configuración del derecho constitucional a la vivienda.* Pamplona: Aranzadi, 267-296.

Gascón Cuenca, Andrés (2022). "La protección de los derechos de las personas en situación de dependencia en la Comunitat Valenciana: una evaluación", *Drets. Revista Valenciana de Reformes Democràtiques* (6), 197-212.

Gómez-Ferrer Morant, Rafael (2007). "Los principios de unidad y autonomía en el Estatuto de Autonomía de la Comunitat Valenciana en Bañó

León, José Mª (Dir.). *Comentario al Estatuto de Autonomía de la Comunidad Valenciana.* Pamplona: Thomson-Civitas, 17-53.

Gonzalvo Cirac, Esperanza (2021). "La LOMLOE y la educación diferenciada (Breve estudio a la luz de la STC 31/2018, de 10 de abril)", *Revista General de Derecho Constitucional* (34), 1-39.

Guillem Carrau, Javier (2017) "La llei de contractes agraris: un paso constitucional en materia de derecho foral civil valenciano", *Corts. Anuario de Derecho Parlamentario* (29), 335-363.

Guillem Carrau, Javier (2017). "Las enmiendas de participación ciudadana: su inserción en el procedimiento legislativo ordinario de Les Corts Valencianes". *Asamblea: revista parlamentaria de la Asamblea de Madrid* (36), 115-138.

Igareda González, Noeloa (2012). "El derecho al cuidado en el estado social de derecho", *Anuario de Filosofía del Derecho* (XXVIII), 185-206.

Jimena Quesada, Luis (2019). "El constitucionalismo social y los objetivos de desarrollo sostenible (ODS)". *Lex social: revista de los derechos sociales* (9), 13-45

Jimena Quesada, Luis (2022). "La aplicación judicial de la Carta Social Europea en España: nuevas garantías para los derechos sociales tras la ratificación de la versión revisada", *Teoría y Realidad Constitucional* (50), 247-290

Jimena Quesada, Luis (2023). "El Ingreso Mínimo Vital como derecho fundamental social de nueva generación", *IgualdadES* (8) 205-225

Juanmarti Mestres, Arnau; López Casasnovas, Guillem; y Valla Castelló, Judit (2018). "*The deadly effects of losing health insurance*". Barcelona: Instituto de Economía de Barcelona (IEB)-Centre de Recerca en Economia i Salut (CRES-UPF). Disponible en línea (consulta 4/04/2023): https://www.upf.edu/documents/3329791/0/CRESWP201802104.pdf/5d15cc11-7ed5-bef6-e9e7-aa53a30005e9

Lasa López, Ahinoa (2023). "La Constitución social en el orden autonómico valenciano: entre la vinculación y la desconexión jurídico-Material" en Castellanos Claramunt, Jorge (Dir.) *Balance y análisis tras 40 años del Estatuto de Autonomía de la Comunitat Valenciana.* València: Tirant lo Blanch. 126-168.

Lasa López, Ahinoa (2023). "Derechos sociales y orden jurídico europeo: efectos constitucionales de la desubjetivización política de los conflictos materiales de las desigualdades", *IgualdadES* (8), 79-109.

Manent Alonso, Luis y Guardia Hernández, Juan José (2016). "El régimen jurídico del plurilingüismo en la enseñanza no universitaria en España", *Revista de Derecho Político*, 96, 213-248.

Marcos Abato, Marcos (2007) "Asistencia social" en Bañó León, José Mª (Dir.): *Comentario al Estatuto de Autonomía de la Comunidad Valenciana.* Pamplona: Thomson-Civitas, 782-804.

Marrades Puig, Ana (2016). "Los nuevos derechos sociales. El derecho al cuidado como fundamento del pacto constitucional". *Revista de Derecho Político* (97), 209-242

Marrades Puig, Ana (Coord.) (2021). *Los cuidados en la era COVID-19. Análisis jurídico, económico y político.* València: Tirant lo Blanch.

Marshall, Thomas H. (2007). *Ciudadanía y clase social.* Madrid: Alianza.

Martin Cubas, Joaquín; Garrido Mayol, Vicente; Roig i Soler, Rosa (Eds.). *Política y Gobierno en la Comunitat Valenciana.* València: Tirant lo Blanch.

Martínez Agut, Mª del Pilar (2013). "Ley 4/2012, de 15 de octubre, por la que se aprueba la Carta de Derechos Sociales de la Comunitat Valenciana", *Quaderns d'animació i educació social* (18), 1-17.

Meco Tèbar, Fabiola (2022). *Comentarios a la Ley Valenciana de Infancia y Adolescencia.* València: Tirant lo Blanch.

Mestre Delgado, Juan Francisco (2007) "Los derechos de los valencianos reconocidos en el Estatuto" en Bañó León, José Mª (Dir.): *Comentario al Estatuto de Autonomía de la Comunidad Valenciana.* Pamplona: Thomson-Civitas, 91-112.

Montero Caro, Mª Dolores (2023). "La consolidación de la transparencia como principio extraestatutario en la Comunitat Valenciana: a propósito de la Ley 1/2022, de 13 de abril, de Transparencia y Buen Gobierno de la Comunitat Valenciana" en Castellanos Claramunt, Jorge (Dir.). *Balance y análisis tras 40 años del Estatuto de Autonomía de la Comunitat Valenciana.* Valencia: Tirant lo Blanch, 85-108.

Nuevo López, Pablo (2023). "*El Tribunal Constitucional y la eutanasia, un retroceso contra la civilización*". El Debate, de 24 de marzo. Disponible en https://www.eldebate.com/sociedad/20230324/constitucionalidad-eutanasia-sistema-derechos-fundamentales_103147.html

Observatorio del Derecho Universal a la Salud de la Comunitat Valenciana (2018). *14 Informe (septiembre).* Valencia: Médicos del Mundo Comunitat Valenciana, Societat Valenciana de Medicina Familiar i Comunitària y Cáritas Diocesana de Valencia. Disponible en dirección web: https://www.cgtrabajosocial.es/app/webroot/files/castellon/files/Informe_14_ODUSALUD_Anualidad_hasta_062018.pdf

Pérez i Seguí, Zulima (2019). "La regulación del lobby en la Comunitat Valenciana. La Ley 25/2018, de 10 de diciembre, de la Generalitat, Reguladora de la Actividad de los Grupos de Interés en la Comunitat Valenciana" en Rubio Núñez, Rafael (Dir). *La regulación de los grupos de interés en España. Análisis de la normativa autonómica, local y sectorial.* Madrid: Centro de Estudios Políticos y Constitucionales, 151-180.

Pisarello, Gerardo (2007). *Los derechos sociales y sus garantías. Elementos para una reconstrucción.* Madrid: Trotta.

Presno Linera, Miguel Ángel y Sarlet, Ingo Wolfang (Eds.) (2010) *Los derechos sociales como instrumento de emancipación.* Pamplona: Thomson-Aranzadi.

Presno Linera, Miguel Ángel (2014) «¿Derechos sociales fundamentales?». *El Diario.es,* de 5 de diciembre de 2014. https://www.eldiario.es/agenda-publica/impacto_social/derechos-sociales-fundamentales_1_4482315.html

Ponce Solé. Juli (2009). *La lucha por el buen gobierno y el derecho a una buena administración mediante el estándar jurídico de la diligencia debida.* Madrid: Marcial Pons.

Rey Martínez, Fernando (2019). *Derecho antidiscriminatorio.* Pamplona: Thomson Reuters-Aranzadi.

Rey Martínez, Fernando (2021). *Segregación escolar en España. Marco teórico desde un enfoque de derechos fundamentales y principales ámbitos: socioeconómico, discapacidad, etnia y género.* Madrid: Marcial Pons.

Ridaura Martínez, Mª Josefa (2016). "Comunitat Valenciana" en Aja Fernández, Eliseo y García Roca, Javier (Dirs.) *Informe Comunidades Autónomas 2016.* Barcelona: Observatorio de Derecho Público, 297-308.

Ridaura Martínez, Mª Josefa (2019). "Comunitat Valenciana" en Aja Fernández, Eliseo y García Roca, Javier (Dirs.) *Informe Comunidades Autónomas 2019.* Barcelona: Observatorio de Derecho Público, 205-216.

Ridaura Martínez, Mª Josefa y Barroso Márquez, Juan Francisco (2022). "Los deberes en el Estatuto de Autonomía". *Drets. Revista Valenciana de Reformes Democràtiques* (6), 53-71.

Robert, Sabrina y Ricard, Pascal (Coords). *White Paper 18 SDGs beyond 2030.* Brussels: International Law Association.

Rodríguez Arana, Jaime (2013). *El derecho a una buena Administración para los ciudadanos. Un modelo global de Administración.* Madrid: Instituto Nacional de Administración Pública.

Rosado Villaverde, Cecilia (2008) "Los derechos en los Estatutos de Autonomía: una visión comparada de la jurisprudencia constitucional española e italiana", *Revista General de Derecho Público Comparado* (3).

Sáenz Royo, Eva (2009) «Derechos de protección social y Estado autonómico: los márgenes constitucionales de la actuación del Estado y de las

Comunidades Autónomas», en Embid Irujo, A. (Dir): *Derechos económicos y sociales*, Madrid, Iustel, 25 y ss.

Sánchez Barroso, Borja (2023). "Lobos cuidando de las ovejas". Las Provincias, de 12 de abril. Disponible en https://www.ucv.es/actualidad/todas-las-noticias/artmid/5804/articleid/9035/lobos-cuidando-de-las-ovejas-borja-sanchez-las-provincias

Sánchez Ferriz, Remedio (2007) "Comentario al Título II del Estatuto de Autonomía de la Comunidad Valenciana de 2006", *Corts: Anuario de derecho parlamentario* (18), 367-385.

Sánchez Ferriz, Remedio (2007). "Sobre las recientes reformas estatutarias: derechos, deberes, principios rectores y políticas públicas", *Cuadernos constitucionales de la Cátedra Fadrique Furió Ceriol* (60-61), 85-103.

Sánchez Ferriz, Remedio (2011) "Acotaciones sobre la Carta Valenciana de los Derechos Sociales prevista en el Estatuto de 2006", *Revista Valenciana d'Estudis Autonòmics* (56), 52-93.

Sánchez Ferriz, Remedio (2013). *Lectura "constitucional" del artículo 149.1.8ª de la Constitución: (sobre la competencia de la Generalitat Valenciana en materias de derecho civil).* Valencia - Tirant lo Blanch.

Sánchez Ferriz, Remedio (2022). "Els drets dels valencians i les valencianes en l´Estatut d´Autonomía". *Drets. Revista Valenciana de Reformes Democràtiques* (6), 21-33.

Sancho López, Marina (2016). "La Carta de drets Socials de la Comunitat Valenciana, una oportunitat perguda o un referent a enfortir ", *Revista de Derecho Civil Valenciano* (19), 1-18.

Sevilla Merino, Julia (2007). "Los derechos de las valencianas en los nuevos estatutos de autonomía", *Corts. Anuario de Derecho Parlamentario* (18), 205-234.

Sevilla Merino, Julia; Ruíz Martínez, Julia (2023). *Igualdad y Poder. Un reto tras 40 años de autonomía.* València: Federació de Dones Progressistes de la Comunitat-UGT.

Simón Yarza, Fernando (2021). "Los conciertos en la LOMLOE. Ruptura de un consenso constitucional", *Revista General de Derecho Constitucional* (35), 1-32.

Tornos Mas, Joaquín (2017) "Derechos sociales, Comunidades Autónomas y crisis económica", en Aja Fernández, E.; García Roca, J.; Montilla Marts, J.A.; y Díez Bueso, L. (Dirs.): *Informe Comunidades Autónomas 2016*, Barcelona, Instituto de Derecho Público, 35-75.

Tornos Mas, Joaquín y Galán Galán, Alfredo (2007). *La configuración de los servicios públicos sociales como servicio público. Derecho subjetivo de los ciuda-*

danos a la prestación del servicio. Madrid: Ministerio de Trabajo y Servicios Sociales.

Tornos Mas, Joaquín (2017). "Derechos sociales, Comunidades Autónomas y crisis económica" en Aja Fernández, Eliseo; García Roca, Javier; Montilla Martos, José Antonio (Dirs.) *Informe Comunidades Autónomas 2016.* Barcelona: Instituto de Derecho Público, 35-75.

Torres Muro, Ignacio (2012) "Derechos sociales y Comunidades Autónomas", *Foro* (1), 87-108.

Tur Alsina, Rosario (2007). "La introducción de un catálogo de derechos en el nuevo Estatuto de Autonomía de la Comunitat Valenciana", *Revista Valenciana d'Estudis Autonòmics* (47/48), 181-260.

Uceda i Maza, Xavier (2022). "La defensa i promoció dels drtes socials de les valencianes i els valencians. La Carta del Drets Socials", *Drets. Revista Valenciana de Reformes Democràtiques* (6), 163-180.

Ventura Franch, Asunción (2022). "40 años de Estatuto de la Comunitat Valenciana: de la promoción de la mujer a la igualdad de mujeres y hombres", *Drets. Revista Valenciana de Reformes Democràtiques* (6), 213-230.

Vidal Beltrán, José Mª (2014). "Las nuevas perspectivas jurídicas derivadas de la renuncia a la prestación del servicio público de televisión por las Comunidades Autónomas. El ocaso de RTVV" en Boix Palop, Andrés y Vidal Beltrán, Jose Mª (Coords.). *La nueva regulación del audiovisual: medios, derechos y libertades.* Pamplona: Thomson Reuters-Aranzadi, 389-415.

Vidal Beltrán, José Mª (2019). *Libertades informativas y medios de comunicación: conformación, desmoronamiento y reconstrucción del espacio comunicativo audiovisual de la Comunitat Valenciana.* València: Tirant lo Blanch.

Vidal Prado, Carlos (2021). "Una ley que rompe consensos: la LOMLOE escoge el camino equivocado", *Revista General de Derecho Constitucional,* 35, 1-23.

Vidal Prado, Carlos (2023). "¿Y ahora quien defiende la Constitución?". *ABC,* de 3 de mayo de 2023.

Vivancos Comes, Mariano (2013) "Artículo 13 (Carta de Derechos Sociales)", en Garrido Mayol, Vicente (Dir.): *Comentarios al Estatuto de Autonomía de la Comunitat Valenciana.* Valencia: Tirant lo Blanch-Consell Jurídic Consultiu de la Comunitat Valenciana, 297-314.

Vivancos Comes, Mariano (2022). "Límites a la libertad de enseñanza y Ley Orgánica de Educación (LOMLOE). Un debate constitucional en permanente definición". *Revista de Derecho Político* (114), 89-117.